民俗文化产业论纲

黄江平 程珊珊 谢灵君 著

文化产业创新研究丛书·刘轶 主编

中国出版集团
东方出版中心

作 者 简 介

黄江平，女，复旦大学中文系毕业。现任上海社会科学院文学研究所民俗学与非物质文化遗产保护研究室主任、副研究员、硕士生导师。近年来主要从事民俗学、非物质文化遗产保护和古镇文化研究。出版有《明清上海市镇文化景观研究》《丰子恺：文苑丹青一代师》《鸠摩罗什大师画传》《弘一法师画传》等著作。

程珊珊，女，上海社会科学院文学研究所民俗学专业硕士研究生。研究方向：都市民俗学、民俗文化产业。

谢灵君，女，上海社会科学院文学研究所民俗学专业硕士研究生。研究方向：都市民俗学、民俗文化产业。

目　　录

绪　论

民俗文化产业是文化产业的重要组成部分，是文化产业的拓展与延伸，文化产业既是资源型产业，也是创意型产业，民俗文化产业与文化产业犹如树根与大树。文化产业这棵树，它的根必须深深扎在传统文化土壤之中，扎在民俗文化土壤之中。民俗文化是广大人民群众创造、共享和传承的原生态文化，是最具民族特征和地域特色的文化，它影响着中华文化的内涵与品质、形象与风采、个性与特色。从文化结构来看，民俗文化具有独立的、完整的文化形态，它由物质民俗文化、社会民俗文化、精神民俗文化所组成。以民俗文化为资源的民俗文化产业，既具有自身独特的产业形态和系统，又具有与其他文化产业融合的极大张力。因此，凡能够作为产业开发的民俗文化，都是民俗文化产业可资利用的资源。民俗文化产业资源具有巨大的经济价值，例如，民间工艺品、民歌民乐音像制品、民族民间歌舞演出、民俗节庆活动等，都能够在调整产业结构与转变发展方式中发挥积极作用。

我国有着丰富的民俗文化产业资源，它不仅存在于物质民俗文化之中，也存在于社会民俗文化、精神民俗文化之中；不仅存在于物质文化遗产之中，也存在于非物质文化遗产之中。民俗文化是民间底层的生活文化，无论是吃、穿、住、行等物质民俗文化，还是娱乐、休闲、审美、信仰等精神民俗文化，都是融于人民群众血脉、与人民群众生活密切相关的文化。例如在居住民俗中，上海的石库门、北京的四合院、陕西的窑洞、云南的吊脚楼、福建的土楼、广东的碉楼以及里面陈设的家具、物品等，无不散发着浓厚的生活文化和生活气息。在艺术民俗中，如年画、剪纸、雕塑、刺绣等，更寄托了人们对幸福生活的追求。民俗文化产业开发离不开人民群众的参与和认同。人民群众既是民俗文化产业的参与主体,也是民俗文化产业开发的主体,只有真正调动起人民群众参与民俗文化产业的热情和积极性,民俗文化产业才能显示出生机与活力,才能有源源不断的动力与激情。

地域性和民族性是民俗文化产业的重要特征,也是文化多样性和差异性的重要表现形态。发展民俗文化产业有助于不同地区根据自身的文化资源与特色,推动文化产业发展进入差异化竞争的发展轨道,从而达到文化产业的互补与融合,扩大文化产业的空间,促进文化产业的良性发展。如曲阳的石雕、东阳的木雕、石佛寺的玉雕、蔚县的剪纸等民间工艺品;广西的《印象·刘三姐》、云南的《云南映象》、浙江的《宋城千古情》等大型演艺;中国吴桥国际杂技节、洛阳牡丹文化节、潍坊国际风筝会、秦淮灯会等节庆活动;晋商文化的平遥古城、藏传佛教的布达拉宫等旅游品牌,都无不展现出民俗文化的多样性、差异性和独特性。近年来,我国各地在国家特色文化产业政策推动下,积极挖掘整合特色民俗文化资源,发挥资源禀赋优势,将资源优势转化为产业优势和资本优势,带动了当地社会经济的发展。如山东临沂的柳编产业、浙江东阳画水镇的中国结产业、陕西华县皮影文化产业、贵州水城县农民画产业等都形成了颇有特色的民俗文化产业。

民俗文化产业广泛涉及民俗文化产品与服务的各个领域,如民俗文化产品的设计、民俗文化节庆的筹办、民俗文化演艺的策划、民族民俗民间艺术博览会的陈列布展,等等。民俗文化产业融合性特点表明,民俗文化作为传统文化资源,与文化产业各行业高度融合。民俗文化的文化元素和文化符号是文化产业取之不尽、用之不竭的重要文化资源。在民俗文化资源积淀丰厚的地区,民俗文化产业已经或正在发展成为当地的支柱型产业,如四川自贡的灯会及相关产业、河北吴桥的杂技及相关产业、潍坊的风筝及相关产业等。作为资源产业和内容产业,民俗文化产业还广泛融入报刊业、出版业、影视业、演艺业、音像业、娱乐业、广告业、会展业、艺术品经营业、网络服务及软件开发等行业,并伴随着这些行业的发展而发展。又比如,在城市旅游兴起和发展过程中,城市民俗文化成为城市旅游的重要资源。城市民俗文化对外地游客,特别是外国游客具有极强的吸引力。大多数外国游客来到中国,不仅是游览自然风光,而且对中国的风土人情特别感兴趣。调查显示,外国游客对自然风光感兴趣的只占约 20%,而对城市风情和民间风俗感兴趣的却各占 40% 左右。因此,民俗文化旅游不仅是乡村旅游的重要组成部分,在城市也同样重要。上海的城隍庙商圈、田子坊、新天地以及朱家角古镇等民俗风情浓郁的地方,都是外国游客必到之处。

文化产业重在创新创意,民俗文化产业在创新创意方面具有独特优势。利用民俗文化独有的文化符号、文化内涵进行的创意创新,推动民俗文化产业在更高层次上发展,是民俗文化产业发展的必然要求。例如,民间故事历来是电影戏曲的创作题材,中国传统故事花木兰就曾被电影、电视剧、豫剧舞蹈等多种文艺形式所表现。1998 年被美国迪士尼公司改编成了动画片,受到了全世界的欢迎,获得了可观的经济效益。2008 年,美国梦工厂又将中国国粹——武术和中国国宝——熊猫,糅合在一起,制作了一部以中国功夫为主题、以中国国宝熊猫为主人公的动作喜剧电影——《功夫熊猫》,影片以中国古代为背景,其景观、布景、服装以及食物均充满中国元素,获得了不同凡响的票房收入。创意带来的经济效益由此可见一斑。日本很多动画片也广泛取材于中国民间文学。美国、日本是世界上的文化产业大国,他们的创意产品对我们有一定的启发意义。

近年来,我国在文化创意产业方面作出了较好的探索,取得了一定的成绩,成功打造出诸多有影响力的民俗文化创意产业品牌,如《印象·刘三姐》、潍坊国际风筝会，上海田子坊、新天地等。创意是用新观念、新思维、新方法、新技术，对文化资源进行深度开发。例如，《印象·刘三姐》广泛利用现代舞台技术效果，将桂林山水和民族文化熔铸一身，展示了一种原生态的生活场景，创造了超越舞台效果、跨越舞台概念的奇迹，彻底颠覆了人们身临剧场的传统，从而深深打动了观众。上海的马术表演也是现代技术的运用和转型，它利用马术的惊险、奇特的特点，在声、光、电等技术的运用上取得了非常好的效果。当然，我国民俗文化产业在创新创意方面，总体上还比较薄弱，特别在民俗文化的元素和内涵的提炼和转型方面还需要进一步提高。创意产业在国际上的兴起，被认为是继高新技术产业后的经济发展又一个新增长点。创意产业是文化产业发展的最高形态，也是未来文化产业发展的趋势与主流方向。

2009 年 9 月 26 日，国务院印发《文化产业振兴规划》（国发[2009]30 号），标志着文化产业已经上升为国家战略性产业。2011 年 10 月 18 日中国共产党第十七届中央委员会第六次全体会议通过的《中共中央关于深化文化体制改革　推动社会主义文化大发展大繁荣若干重大问题的决定》，首次在中央文件中将文化产业确立为国民经济支柱性产业。2012 年 2 月 23 日，文化部正式向社会发布了《文化部"十二五"时期文化产业倍增计划》（文产发[2012]7 号），明确了"十二五"时期文化系统文化产业指导思想、发展思路、发展目标、主要任务、重点行业和保障措施。2014 年被誉为文化产业的政策年，大大小小的扶持政策几乎没有间断。这些政策各有侧重，有推进文化产业融合的《关于推进文化创意和设计服务与相关产业融合发展的若干意见》（国发[2014]10 号），有加快文化贸易发展的《关于加快发展对外文化贸易的意见》（国发[2014]13 号），有促进文化金融合作的《关于深入推进文化金融合作的意见》（文产发[2014]14 号），有扶持小微文化企业的《关于大力支持小微文化企业发展的实施意见》(文产发[2014]27号),有推进特色文化产业的《关于推动特色文化产业发展的指导意见》(文产发[2014]28号),等等。2015年1月,文化部文化产业司下发了《关于征集文化产业项目的通知》,面向社会征集特色文化产业、藏羌彝文化产业走廊和丝绸之路文化产业重点项目。在各地认真组织和积极推荐下,经资格审查和专家评审,确定了2015年年度特色文化产业重点项目66个、藏羌彝文化产业走廊重点项目24个、丝绸之路文化产业重点项目26个。其中,特色民俗文化产业占有绝大多数比例。例如:北京的戏曲文化数字平台、山西繁峙县的刺绣、辽宁朝阳市的宫廷绒绣、黑龙江的冰山杂技、苏州的宋锦文化传播、苏州的核桃雕刻、浙江的龙泉宝剑生产、福建福安市的畲族银雕工艺、景德镇的陶瓷非遗保护、山东威海市的鲁绣、山东阿胶县的阿胶生产、广西的京族独弦琴艺术、贵州的传统手工苔茶加工、甘肃的崆峒旅游、青海的穆斯林文化特色网帽生产、宁夏的文化旅游产品、新疆的少数民族服饰,等等。丝绸之路项目覆盖到内蒙古、广西、海南、陕西、甘肃、青海、宁夏、新疆八个省区。说明了文化产业发展无论从国内经济文化发展的角度,还是从国家文化主权战略的角度,都已经到了十分关键的时候。虽然国家至今还没有正式发布专门的民俗文化产业政策,但从国家已经发布的文化产业政策来看,同样包含着对民俗文化产业发展的政策支持,而其中关于特色文化产业、藏羌彝文化产业、小微文化企业的政策,对民俗文化产业实现跨越式发展更是具有极大的推动作用。因为特色文化产业、藏羌彝文化产业大多是具有地方特色的民俗文化产业,而民俗文化产业大多具有分散经营的特点,企业规模都不大,筹资困难,亟需相关政策助推其发展。

自20世纪90年代以来,国际上文化产业发展迅速,市场规模不断扩大,对经济增长的贡献率不断增强。在此背景下,国际文化交流也越来越多地表现在文化产品、文化服务和文化资本的竞争上。世界知识产权组织统计的最新数据显示,2013 年,全球文化产业增加值占 GDP 的比重平均为 5.26%,约 3/4 的经济体在 4.0% ~6.5%之间。其中,美国最高,达 11.3%,韩国、巴西、澳大利亚、中国、新加坡和俄罗斯均超过 6%,加拿大、英国、南非等则分别达到 5.4%、5.2%、4.1%。根据联合国贸易和发展会议数据显示,2012 年,世界文化产品进出口总额达 9 055 亿美元,是 2003 年的 1.9 倍,年均增长 7.4%。其中,文化产品出口和进口额分别达到 4 738 亿和 4 317 亿美元,分别是 2003 年的 2.1 倍和 1.8 倍,年均分别增长 8.7% 和 6.6%。2014 年,亚洲发展中经济体对外直接投资额高达 4 400 亿美元,首次超过北美和欧洲成为全球最大的对外投资来源地。其中,中国对外直接投资额再创新高,达到 1 160 亿美元,同比增长 15.5%。如果算上中国企业在第三地的融资再投资,我国对外投资规模约为 1 400 亿美元左右,超过中国利用外资约 200 亿美元,表明对外投资将成为中国产业升级和经济增长的重要动力。

面对越来越高的文化贸易竞争压力,以往以官方和民间文化活动为主的对外文化交流方式显然已经不再能满足文化"走出去"的要求。必须采取文化交流与文化贸易并重的方针,推动文化产品、文化服务、文化企业"走出去"。2011 年 11 月 18 日,首个国家文化对外贸易基地在上海外高桥保税区成立。目前,在上海国家文化对外贸易基地注册的企业涉及影视、出版、演艺、游戏、动漫、传播、传媒、绘画、雕塑等诸多文化领域。贸易的本质是自愿的货品或服务交换,国际贸易的本质就是国际间的商品交换,是国际间的社会劳动交换,是国与国之间的互通有无。要在国际贸易中取得优势,就要向世界提供独特的文化产品,让人家愿意接受并购买。中国古代的丝绸贸易、瓷器贸易、茶叶贸易、棉布贸易等物质文化产品之所以在世界贸易中占有绝对优势,中国古代的典籍、书画、中医药等精神文化产品之所以受到日本、朝鲜、越南等国的崇拜和欢迎,就是因为这些文化产品的唯一性、独特性和无可替代性,而这正是赢得国际贸易市场的基础。

民俗文化是一个国家或民族的集体记忆,民俗文化产业"走出去",对我国文化产业发展具有四两拨千斤的作用。近几年来,随着文化产业"走出去"步伐加快,国内大量影视作品、出版读物、文艺演出纷纷走出国门。如上海芭蕾舞团在"中华风韵"的美国巡演中,曾推出两部戏售卖:欧洲古典芭蕾《仙女》和根据中国民间故事改编的中国民族芭蕾舞剧《梁祝》。上海芭蕾舞团原以为古典芭蕾更容易为当地市场所接受,但在最终售出的32场演出中,《梁祝》意外地占到28场。《梁祝》歌颂了真挚的爱情,表达了人类共同的美好情感,这样一个故事在"芭蕾化"以后,国外观众同样能够接受。而电视剧《媳妇的美好时代》《金太狼的幸福生活》,纪录片《舌尖上的中国》在国外的热播,都说明了我国民俗文化产业"走出去"的美好前景。

第一章 民俗文化产业的概念与分类

民俗文化产业是在文化产业兴起的大背景下应运而生的一个独特的文化产业类型，是文化产业的拓展与延伸，虽然它在国家统计局颁布制定的文化及相关行业分类中还不是一个独立门类，但在我国各地文化产业发展实践中，民俗文化产业却占有很大比例。对民俗文化产业概念进行科学界定，并在此基础上对民俗文化及其相关产业进行科学分类，是论述民俗文化产业理论与实践问题的前提。

第一节 民俗文化产业的概念

民俗文化产业是以民俗文化资源为依托的产业。近年来，我国各地在民俗文化资源的利用过程中，积累了丰富经验，但仍有不少理论问题有待探讨。其中，最基本的问题是对民俗文化产业概念的界定。

一、民俗文化

民俗文化是一个国家和民族整体文化的重要组成部分。钱穆在其《中国学术通义》一书之《序》中把文化分为“上层”与“下层”，认为：“上层首当注意其‘学术’，下层则当注意其‘风俗’。学术为文化导先路。苟非有学术领导，则文化将无向往。非停滞不前，则迷惑失途。风俗为文化奠深基。苟非能形成为风俗，则文化理想，仅如空中楼阁，终将烟消而云散。”[①]钱穆所说的“学术”文

---

① 钱穆. 中国学术通义（新校本）[M]. 九州出版社，2012：1.

化可以理解为高雅文化，“风俗”文化则可视为民俗文化。钟敬文在《话说民间文化》一书的自序中把文化分为三个层次：“中国传统文化有三个干流。首先是上层社会文化，从阶级上说，即封建地主阶级所创造和享有的文化；其次是中层社会文化，城市人民的文化，主要是商业市民所有的文化；最后是底层社会的文化，即广大农民所创造和传承的文化。”[①]由此可见，无论是钱穆的“二分法”，还是钟敬文的“三分法”，他们都肯定了民俗是社会中下层人民大众所创造的文化，是处于基础地位的文化。民俗文化的特征表明，民俗不是僵化的、一成不变的文化，而是一直处于发展、演变和更新之中的生生不息的文化。民俗文化向上流动，是上层文化、精英文化、雅文化得以滋养和创造的前提条件；民俗文化向前流动，是一手连接过去，一手伸向未来的不断发展中的文化。仲富兰认为，“民俗在本质上是一种带有鲜明特点的、沟通传统与现实、物质生活和精神生活的文化现象”。[②] 民俗文化由民俗一词发展而来，由于民俗本身即是一种文化现象，所以，民俗即民俗文化：“民俗，即民间风俗，指一个国家或民族中广大民众所创造、享用和传承的生活文化。”[③]这是目前中国民俗学界有关民俗的通用概念，也是本书在写作过程中所依据的概念。

二、文化产业

文化产业的相关概念是由德国法兰克福学派学者霍克海默和阿多诺在20世纪40年代提出的，当时称之为“文化工业”。霍克海默和阿多诺不仅提出了一个新概念，而且也预示了一个巨大的新产业的诞生。虽然文化产品作为商品由来已久，如图书出版、戏

① 钟敬文. 话说民间文化[M]. 人民日报出版社，1990：2.

② 仲富兰. 中国民俗文化学导论[M]. 浙江人民出版社，1998：28.

③ 钟敬文. 民俗学概论[M]. 上海文艺出版社，1998：1.

剧电影、书画拍卖，等等，但是作为一个产业的出现却是20世纪八九十年代以后的事情。随着文化产业对经济的贡献率越来越高，各国都把发展文化产业提高到国家发展战略的高度。但是，由于各国文化理念不同，对文化产品的依赖度不同，至今仍然没有一个国际上通用的文化产业的概念。在美国、加拿大等北美国家，文化产业被称为版权产业；在英国、新西兰等国家，文化产业被称为创意产业；在日本、韩国等国家，文化产业被称为内容产业，日本政府认为，凡是与文化相关联的产业都属于内容产业。

与世界发达国家相比，我国文化产业起步较晚，相关研究也相对滞后。我国对文化产业的研究大约起于21世纪初。学界首先从各自不同的角度对文化产业概念进行了界定。例如，张晓明、胡惠林、章建刚在第一本"中国文化产业蓝皮书"《中国文化蓝皮书——2001～2002年：中国文化产业发展报告》的总报告《迎接中国文化产业发展的新时代》中认为，"就所提供产品的性质而言，文化产业可以被理解为向消费者提供精神产品或服务的行业；就其经济过程的性质而言，文化产业可以被定义为'按照工业标准生产、再生产、储存以及分配文化产品和服务的一系列活动'"。在我国，"文化产业除了具有一般产业属性之外，还具有某些特殊的社会和意识形态属性"。① 李江帆认为，"文化产业就是国民经济中生产具有文化特性的服务产品和实物产品的单位的集合体"。他认为文化产业概念可以在三个宽窄不一的范围中使用，第一是狭义文化产业，即人们常说的"科教文卫"中的"文化"概念；第二是广义文化产业，即"文教广电业"；第三是文化相关产业，即把与文化产品的生产、交换、分配和消费直接相关的行业纳

① 江蓝生，谢绳武. 2001～2002年：中国文化产业发展报告[M]. 社会科学文献出版社，2002：2.

入文化相关产业范围。[①] 21 世纪初,我国文化产业研究尚处于起步阶段,学者们给出的定义既各有侧重,也各有特点。随着文化产业的发展,文化产业的概念渐趋明晰。国家统计局在《文化及相关产业分类(2004)》(国统字[2004]24 号)中,将文化产业定义为:"文化及相关产业是指为社会公众提供文化、娱乐产品和服务的活动,以及与这些活动有关联的活动的集合。"在《文化及相关产业分类(2012)》(国统字[2012]63 号)中,将文化产业的概念精炼为:"文化及相关产业是指为社会公众提供文化产品和文化相关产品的生产活动的集合。"重点突出了文化产品和文化相关产品的生产活动,把原先的文化服务纳入文化产品范围,从而扩大了文化产品的内涵和外延。

三、民俗文化资源

文化产业以文化资源为依托,通过创意和创新推动其自身的发展。资源利用是人类社会赖以生存与发展的前提。资源主要有两大类:一类是自然资源,即未被人化的自然;一类是人们在长期的生产生活实践中创造和积累的文明成果,即文化资源。文化资源是精神和物质的集合,是人类社会发展的重要支撑。中国民俗文化源远流长,各个地区、各个民族拥有丰富的民俗文化资源,形成中华民族共同的文化记忆。

民俗文化资源非常丰富,如衣、食、住、行等方面的生活习俗;生育、婚丧等方面的人生礼俗;春节、元宵、中秋等岁时节庆习俗以及工商贸易、民间工艺、民间艺术等习俗文化都是宝贵的民俗文化资源。通过对民俗文化资源的整合利用,可开发出具有巨大潜力的民俗文化产业门类。民俗文化资源总体包括物质文化资源和非物质文化资源两部分,其中,非物质文化资源占有很大比例。如民

---

① 李江帆.文化产业:范围、情景与互动效应[J].经济理论与经济管理,2003(4).

俗活动、民俗风情、民俗技艺等都属于非物质文化资源。物质民俗文化资源与非物质民俗文化资源往往难以截然区分，因为物质民俗文化资源承载着大量非物质文化资源信息，非物质民俗文化资源往往以物质民俗文化资源为载体来展示其独有的文化内涵。但无论是非物质文化资源还是物质文化资源，都是人类在长期生产生活实践中积累的宝贵财富，是民俗文化产业发展的源泉。

民俗文化资源并不等同于民俗文化产业资源，民俗文化产业资源是指能够作为文化产品和文化服务要素的民俗文化资源。分清其中的界限，是民俗文化产业化的基本前提。在文化产业逐渐上升为国家文化战略的大背景下，文化与经济之间的联系日益密切，作为文化重要组成部分的民俗文化，也更深地介入到社会经济生活中，成为文化产业发展中不可或缺的文化要素。不仅那些具有典型的物质商品特质的剪纸、泥人、皮影戏、年画等民间手工艺，即便是民间传说、民间信仰、民间游戏、民间故事、民俗语言等也已经不再是一种纯粹自在的精神活动，而是已经深深地渗入到经济活动中，成为一种富有活力的文化产品和文化服务，成为推动经济发展的重要民俗文化因素。但是，长期以来，在民俗文化资源开发过程中，也出现了盲目开发和过度开发的现象。在大力发展文化产业趋势下，民俗文化产业化开发成为主流。但是，部分民间文化资源在商品化过程中，被捆绑上盲目追求经济利益最大化快车，忽视民俗文化的本来意义。民俗文化产业开发必须处理好保护传承和开发利用、公益性利用与产业化经营、原生态与变异性三个关系。要对民俗文化资源进行合理分类，对于适于产业开发，能够满足市场需要的民俗文化资源，进行有效合理的开发。[①] 正确区分民俗文化资源与民俗文化产业资源是民俗文化保护与民俗文化产

① 俞俭，刘德龙. 民俗文化产业开发要处理好三个关系. 新华网，http://news.xinhuanet.com/local/2015-11/15/c_1117145755.htm.

业开发的根本立足点。

四、民俗文化产业

对于什么是民俗文化产业，目前还没有统一的定义。学术界对民俗文化产业概念的研究大致可归为三个角度。一是强调民俗文化产业的创意性，认为“民俗文化产业是一种在保护原生态基础上的文化创意产业”。[①] 二是强调民俗文化产业的生产性，认为“民俗文化产业是以民俗文化作为核心品牌价值的一系列工业的、生活的产品或者服务的产业链条”。[②] 三是强调民俗文化产业的经营性，认为“民俗文化产业化是指以市场为导向，以企业为龙头，将民俗文化产品的生产、加工、销售、服务等有机结合起来，形成民俗文化产业区域化布局、专业化生产、一体化经营、社会化服务、规范化管理的市场民俗文化经营体系”。[③] 民俗文化产业是以民俗文化产业资源为依托的文化产业门类，民俗文化产业资源包含着丰富的文化价值、思想价值和精神价值，通过社会化生产、市场流通和销售，转化为巨大的经济价值。民俗文化产业化过程就是将民俗文化产业资源转化为文化产品和文化服务的过程。

民俗文化产业作为文化产业的组成部分，其概念界定必然与文化产业概念高度关联。我国文化产业起步较晚，对文化产业的研究也明显落后于发达国家。从发展过程来看，我国文化产业发展大致经过了三个阶段。即起步阶段、发展阶段和国家战略阶段。2000 年 10 月，中共中央在关于制定“十五”规划的建议中，首次使用了“文化产业”这一概念，标志着我国文化产业正式起步。2003 年 9 月，文化部制定下发《关于支持和促进文化产业发展的若干

① 开健，占峰. 关于桐城民俗文化产业开发的思考[J]. 合肥学院学报，2012(6).
② 林彦. 民俗文化产业创新发展与知识产权保护[J]. 传播与版权，2014(1).
③ 杨宁. 对河南民俗文化产业可持续发展的思考[J]. 周口师范学院学报，2014(4).

意见》(文产发[2003]38号),将文化产业界定为:“从事文化产品生产和提供文化服务的经营性行业。文化产业是与文化事业相对应的概念,两者都是社会主义文化建设的重要组成部分。文化产业是社会生产力发展的必然产物,是随着中国社会主义市场经济的逐步完善和现代生产方式的不断进步而发展起来的新兴产业。”我国文化产业进入稳步发展轨道,并强调文化产业是一个经营性行业。2004年4月,国家统计局制定了《文化及相关产业的分类》,把文化产业定义为“为社会公众提供文化、娱乐产品和服务的活动,以及与这些活动有关联的活动的集合。”这一定义表明,文化产业的核心部分是提供文化、娱乐产品和服务的活动,此外还包括相关联的生产活动。至此,我国对文化产业的定义逐渐明晰。2009年9月26日,国务院发布《文化产业振兴规划》,这是我国第一部文化产业专项规划,标志着文化产业已经上升为国家战略性产业。

随着信息产业的发展,以互联网为代表的新兴产业与文化产业相互渗透,有必要对原有概念进行重新界定。2012年7月,国家统计局对2004年制定的《文化及相关产业分类》进行修订,并予以发布,对文化产业的定义进行了更为精炼的表达。指出,文化产业是“为社会公众提供文化产品和文化相关产品的生产活动的集合”。民俗文化产业是文化产业的分支门类,民俗文化产业是通过民俗文化生产、流通、销售,为社会公众提供民俗文化产品和服务的活动,以及与这些活动相关联的生产活动的集合。如果将民俗文化服务作为广义的民俗文化产品,即参照《文化及相关产业分类(2012)》的表述,民俗文化产业可定义为:民俗文化产业是为社会公众提供民俗文化产品和民俗文化相关产品的生产活动的集合。文字越简洁,内涵越丰富。其中,“民俗文化产品和民俗文化相关产品”表明了生产的对象和产品的文化性质,而“生产活动”则包括生产、流通和销售等各个环节的经济活动。民俗文化产业应该在实现社会效益和经济效益相统一,坚持走中国特色文化产业发展道路,积极推动中华民族文化繁荣发展,努力开拓国内国际文化市场,增强中华文化在国际上的影响力、竞争力中发挥积极作用。

第二节　民俗文化产业的分类

行业分类是对从事国民经济生产和经营的单位或者个体的组织结构体系的详细划分。科学的行业分类有助于国家对国民经济发展趋势的把握和宏观管理,也有助于提高各行业统计数据的准确性。但当今产业之间、行业之间相互投资频繁,综合经营较多,跨界融合已经成为一种趋势。同时,传统产业与新兴产业横向衔接与纵向更替时时都会发生,从而给行业的准确划分带来一定的难度。因此,不仅需要根据国民经济发展对国家统计进行适时调整,还要及时地有针对性地对新兴产业进行科学分类,以便科学地指导新兴产业的健康发展。行业划分标准是制定行业发展政策的重要依据。因此,文化产业的科学分类对研究文化产业与国民经济增长的关系至关重要。

一、国外各主要国家和组织文化产业分类

随着文化产业在全球的快速发展,文化产业在国民经济产业和对外贸易中的地位越来越凸显。1985 年,联合国教科文组织最早建立了文化产业分类标准,制定了统计框架,并于 1993 年作了进一步修正。联合国教科文组织的统计框架把文化产业定义为:以艺术创造表达形式和遗产古迹为基础而引起的各种活动和产出。具体包括文化遗产、出版印刷业的著作文献、音乐、表演艺术、视觉艺术、音频媒体、视听媒体、社会文化活动、体育和游戏、环境和自然十大类。这一概念和分类标准成为规范各国文化产业统计

工作的指导性文件。①

从世界范围来看,文化产业从组织结构上基本可以划分为三类:一是生产与销售以相对独立的物态形式呈现的文化产品的行业(如生产与销售图书、报刊、影视、音像制品等行业);二是以劳务形式出现的文化服务行业(如戏剧舞蹈演出、体育、娱乐、策划、经纪业等);三是向其他商品和行业提供文化附加值的行业(如装潢、装饰、形象设计、信息咨询、文化旅游等)。② 不同国家和地区对文化产业的阐述不尽相同,世界各国根据本国文化产业发展的实际状况,分别对本国文化产业进行了具体而宏观的行业划分。比如:

在英国,文化产业被称为创意产业。英国在 1998 年出台的文件《英国创意产业路径》中明确提出创意产业的概念:创意产业起源于个体创意、技巧及才能,通过知识产权发挥作用,是拥有创造财富和就业机会潜力的产业。英国政府还明确了出版、音乐、表演艺术、电影、电视和广播、软件、游戏软件、广告、建筑、设计、艺术品和古董交易市场、手工艺品以及时装 13 类产业属于创意产业。

20 世纪 90 年代,美国用版权产业来说明产业状况。其版权产业分为核心版权产业、部分版权产业、分销版权产业和版权相关产业等。就文化产业的行业范围而言,包括了文化艺术类、影视业、图书业和音乐唱片业等诸多内容。美国通过立法加强知识产权保护,扩大版权产业范围。③ 同期出台的《北美产业分类系统》(NAICS)则把新闻、出版、影视、通讯和信息四大门类融为一体。信息内容主要是文化内容。所以信息产业又被称为信息文化产业或文化信息产业。这样,在北美产业分类系统中,文化产业实际包括信息文化产业与艺术、娱乐与消遣两大类。

---

① 熊澄宇,傅琰. 关于当前我国文化产业分类标准的研究[J]. 社会科学战线,2012(1).
② 常凌. 文化产业的概念与分类. 新闻与传播研究[J],2013(12).
③ 史宝娟,刘敬. 文化产业的一个新的分类[J]. 河北联合大学学报,2013(4).

1995 年,日本文化政策推进会议制定了《新文化立国：关于振兴文化的几个重要策略》,提出了 21 世纪“文化立国”的战略方针。在日本,文化产业具体包括：文化艺术业、信息传播业、个人爱好与创作、娱乐、观光旅游业。日本将娱乐和观光旅游纳入文化产业,至少说明这两个产业在日本具有重要地位,是日本经济发展的重要推动力。其中游戏和动漫的开发和生产是日本娱乐业乃至整个日本经济的支柱产业,而旅游观光业也是日本经济的努力方向。

2001 年,澳大利亚通讯、信息技术和艺术部颁布了《全国文化娱乐业统计分类》。澳大利亚统计局下属的全国文化和休闲统计中心也制定和颁布了《澳大利亚文化和娱乐分类》。在行业分类里,澳大利亚的文化和娱乐产业被划分为遗产类、艺术类、体育和健身娱乐类、其他文化娱乐类四大类。

法国是一个非常重视本国文化传统和文化遗产保护的国家,法国政府在界定和划分文化产业的范围上试图通过文化产业找寻民族文化生存的可能,扩大传统文化发展的空间。因此,法国对文化产业的范围也相对较窄,主要包括为展现传统文化服务的文化基础设施建设、文化设施的管理、图书出版、电影、旅游业等几个方面。[①]

芬兰更倾向于使用“内容产业”一词。芬兰在 1997 年出台的文化产业最终报告给出了文化产业的定义：文化产业是基于文化意义内容的生产活动,包括文学艺术、音乐创作、新闻出版业、网络业、广播影视业、音像业,以及一切具有现代文化内容标志的产品和贸易活动。[②] 是对文化产业所作的最为宽泛的一种界定。

韩国政府在 1997 年的金融风暴中转向发展文化产业,尤其注重向电子游戏、音乐及电子网络等新产业倾斜。丹麦政府选定了电影、音乐、新兴媒体的内容生产作为其文化产业发展的重点领域。

---

① 国内外对文化产业界定的综述. 百度文库,http://wenku. baidu. com.

② 史宝娟,刘敬. 文化产业的一个新的分类[J]. 河北联合大学学报,2013(4).

新加坡早在1998年就将创意产业定为21世纪的战略产业，出台了《创意新加坡》计划，又在2002年9月全面规划了创意产业的发展战略。① 总之，文化产业本身是一个不断发展的概念，由于各国不同的国家战略和文化政策，导致其概念范围有宽窄，分类有侧重。

表1 国外各主要国家和组织文化产业分类②

国家或组织	名　称	分　　类
联合国教科文组织	文化产业	文化遗产、出版印刷、音乐、表演艺术、视觉艺术、社会文化活动、体育、游戏、环境、自然
美　国	版权产业	文化艺术业（表演艺术、艺术博物馆）、影视业、图书报刊、出版业等
北　美	文化信息产业	信息文化产业与艺术（出版业、电影和录音业、广播、因特网出版和广播、电讯业、因特网服务提供、其他信息服务等）、娱乐和消遣（表演艺术、体育比赛和相关的行业、古迹遗产机构、游乐、赌博和娱乐业等）
澳大利亚	文化娱乐产业	自然遗产（博物馆、古董和收藏品、环境遗产、图书馆和档案馆）、艺术（文学和印刷媒体、表演艺术、音乐创作和出版、视觉艺术和手工艺、设计、广播、电子传媒和电影、其他艺术）、体育和健身娱乐类（赛马和赛狗、体育和健身休闲场所、体育和健身服务、体育和健身休闲产品的制造和销售）、其他文化娱乐（赌博、娱乐行业、饭店、户外娱乐、社区和社会组织、其他文化和娱乐服务、文化和娱乐设备的建设、其他文化和娱乐产品的制造和销售）

① 国内外对文化产业界定的综述. 百度文库，http://wenku. baidu. com/.

② 根据常凌. 文化产业的概念与分类. 新闻与传播研究[J]，2013(12)；史宝娟，刘敬. 文化产业的一个新的分类[J]. 河北联合大学学报，2013(4)；国内外对文化产业界定的综述. 百度文库，http://wenku. baidu. com/等资料整理。

（续表）

国家或组织	名　称	分　　类
法　国	文化产业	文化建设、文化设施管理、图书出版、电影、旅游业
芬　兰	内容产业	文学艺术、音乐创作、新闻出版业、网络业、广播影视业、音像业，以及一切具有现代文化内容标志的产品和贸易活动
英　国	创意产业	出版、音乐、表演艺术、电影、电视和广播、软件、游戏软件、广告、建筑、设计、艺术品和古董交易市场、手工艺品以及时装
日　本	娱乐观光业	文化艺术业（音乐及戏剧演出、电影制作及放映、美术展览）、信息传播业（出版、电视、网络、体育与健身）、个人爱好与创作（包括历史、文学、摄影、登山及其相关的各种讲座等）、娱乐（包括各种游戏、博彩、竞赛等）、观光旅游业
韩　国	文化内容产业	影视、广播、动漫、游戏、卡通形象、演出、文物等

二、我国文化产业分类

随着全球文化产业兴起以及我国文化市场的日渐繁荣，发展文化产业被党和国家提到了议事日程。2000 年 10 月，在党的十五届五中全会通过的《中共中央关于制定国民经济和社会发展第十个五年计划的建议》中，第一次在中央正式文件中出现了“文化产业”这一概念。2001 年 3 月，文化产业发展正式被纳入国家“十五”计划纲要。2002 年 11 月，党的十六大报告明确提出积极发展文化事业和文化产业，深化文化体制改革。2003 年 7 月，由中宣部牵头，成立了由国家统计局、文化部、广电总局、新闻出版总署、国家文物局等相关部门组成的“文化产业统计研究课题组”。课题组在现有《国民经济行业分类》的基础上，首次制定了《文化及相关产业分类》标准，并通过国家统计局于 2004 年 4 月 1 日颁布实施。在《文化及相关产业分类》中，将文化产业分为九个部分：新闻服务；出版发行和版权服务；广播、电视、电影服务；文化艺术服务；网络文化服务；文化休闲娱乐服务；其他文化服务（包括文化艺术商务代理服务、文化产品出租与拍卖服务、广告与会展文化服务）；文化用品、设备及相关文化产品的生产；文化用品、设备及相关文化产品的销售。并在编制说明中进一步指出为反映党中央关于文化建设和文化体制改革的要求，文化产业分类还可以组合出文化产业核心层、文化产业外围层、相关文化产业层。

表 2　文化及相关产业分类(2004)①

核心层	新闻服务，出版发行和版权服务，广播、电视、电影服务，文化艺术服务
外围层	网络文化服务，文化休闲娱乐服务，其他文化服务
相关层	文化用品、设备及相关文化产品的生产，文化用品、设备及相关文化产品的销售

核心层、外围层、相关层的划分与我们长期存在的文化体制有关。核心层中的新闻、出版、广播、电视、电影、文化艺术是我国长期形成的最为重要的文化领域，因此，分类显得比较保守。后来，由于新的《国民经济行业分类》（GB/T4754－2011）颁布实施、联合国教科文组织《文化统计框架－2009》的发布以及文化新业态的不断涌现，有必要对 2004 年制定的《文化及相关产业分类》进行修订。

2012 年 7 月，国家统计局在《文化及相关产业分类（2004）》基础上，对《文化及相关产业分类》进行了修订，颁布实施了《文化及

① 根据国家统计局《文化及相关产业分类（2004）》整理。

相关产业分类(2012)》。此次修订延续原有的分类原则和方法,对产业类别和结构进行了调整,增加了文化创意、新业态、软件设计服务和具有文化内涵的特色产品的生产。主要是焰火、鞭炮产品的制造,珠宝首饰及有关物品的制造、销售、陈设及艺术陶瓷制品的制造等。部分行业小类,去除了少量不相关的产业类别。2004 年制定的分类把文化及相关产业定义为"为社会公众提供文化、娱乐产品和服务的活动,以及与这些活动有关联的活动的集合"。此次界定更为简洁:"为社会公众提供文化产品和文化相关产品的生产活动的集合。"并且划定了文化产品的生产活动(内涵)和与其相关生产活动(外延)的范围指向。近年来,我国文化体制改革已取得新突破,文化新业态不断涌现,文化产业各行业内部以及文化产业与其他产业之间跨界融合成为趋势,文化事业与文化产业之间不再泾渭分明,许多文化生产活动很难区分是核心层还是外围层,因此 2012 年的修订不再保留三个层次的划分。《文化及相关产业分类(2012)》共分五个文化层,第一层分为"文化产品的生产"和"文化相关产品的生产"两部分,第二层分为 10 大类,第三层分为 50 中类,第四层分为 122 个小类,以及延伸层。其类别比 2004 制定的分类都有所增加。

表 3　文化及相关产业分类(2012)①

文化产品的生产	新闻出版发行服务	新闻服务、出版服务、发行服务
	广播电视电影服务	广播电视服务、电影和影视录音服务
	文化艺术服务	文艺创作与表演服务、图书馆与档案馆服务、文化遗产服务、群众文化服务、文化研究和社团服务、文化艺术培训服务、其他文化艺术

① 根据国家统计局《文化及相关产业分类(2012)》整理,其中第四层 122 个小类暂未列入,23 个小类的延伸层文化生产活动的内容也暂未列入。

（续表）

文化产品的生产	文化信息传输服务	互联网信息服务、增值电信服务（文化部分）、广播电视传输服务
	文化创意和设计服务	广告服务、文化软件服务、建筑设计服务、专业设计服务
	文化休闲娱乐服务	景区游览服务、娱乐休闲服务、摄影扩印服务
	工艺美术品的生产	工艺美术品的制造，园林、陈设艺术及其他陶瓷制品的制造，工艺美术品的销售
文化相关产品的生产	文化产品生产的辅助生产	版权服务、印刷复制服务、文化经纪代理服务、文化贸易代理与拍卖服务、文化出租服务、会展服务、其他文化辅助生产
	文化用品的生产	办公用品的制造、乐器的制造、玩具的制造、游艺器材及娱乐用品的制造、视听设备的制造、烟火鞭炮产品的制造、文化用纸的制造、文化用油墨颜料的制造、文化用化学品的制造、文具乐器照相器材的销售、文化用家电的销售、其他文化用品的销售
	文化专用设备的生产	印刷专用设备的制造、广播电视电影专用设备的制造、其他文化专用设备的制造、广播电视电影专用设备的批发、舞台照明设备的批发

总之，《文化及相关产业分类（2012）》更好地适应了我国文化产业快速发展的趋势。随着我国文化产业在实践中不断发展壮大，文化与其他领域的加速融合，文化产业的涵盖范围不断发展变化，逐步完善文化产业的科学划分体系将是一个长期的过程。但是，由于减少了旅行社、休闲健身娱乐活动、教学用模型及教具制造、其他文教办公用品制造、其他文化办公用机械制造和彩票活动等，一些民俗文化产业在文化产业总产值中占比较大的省市，在新的文化产业统计中出现了增加值下降的情况。

三、各界对民俗文化产业分类的探索

中国民俗文化是中国文化的根基，民俗文化的产业化在提高国家文化软实力、实现国家文化战略中具有不可替代的作用。但是，作为文化产业重要组成部分的民俗文化产业，至今还没有一个统一的分类标准。与《文化及相关产业分类（2004）》相比，在《文化及相关产业分类（2012）》中，第二层次的“工艺美术品”和第三层次的“文化遗产”，勉强可以将部分民俗文化产业纳入进去。总而言之，《文化及相关产业分类（2012）》虽然比《文化及相关产业分类（2004）》更为细致全面，但仍然没有形成一个自身的独立系统。《文化及相关产业分类（2012）》以《国民经济行业分类》（GB/T 4754—2011）为基础，将行业分类中相关的类别重新组合，是《国民经济行业分类》的派生分类。因此，对民俗文化产业这种综合性的、比较缺乏鲜明的行业特点的特殊产业形态自然难以纳入其中。这就需要在民俗学的学科背景下，参考民俗文化的分类特点以及现实产业发展状况，制定出符合民俗文化产业活动规律和特点的分类体系，从而为政府决策部门、战略投资者、公司领导层在开发民俗文化产业时提供决策依据，同时也为相关部门提供参考。

（一）各省市政府部门的探索

随着文化产业、创意产业的发展，不少省市也在积极探索适合本地区的分类标准，目前来看各有特色。与国家分类标准相比，各省市在制定文化产业分类标准和进行文化产业增加值统计时，大都根据本省市文化产业发展状况作适当调整。试举数例：

1．北京市文化创意产业分类标准

2006 年 12 月，北京市统计局、国家统计局北京调查总队联合制定了《北京市文化创意产业分类标准》。该标准把《国民经济行业分类》中的 82 个行业小类和 6 个行业中类，纳入了北京市文化创意产业范围。并建立了由三个层次组成的分类体系。根据文化创意活动的特点，北京市文化创意产业主要包括 9 个大类：文化艺术;新闻出版;广播、电视、电影;软件、网络及计算机服务;广告会展;艺术品交易;设计服务;旅游、休闲娱乐;其他辅助服务。[①] 2011 年又对该分类标准进行了修订。把文化创意产业分为四层:其中第一层根据部门管理需要和文化创意获得的特点分为 9 个大类。第二层依照产业链和上下层分类的关系分为 27 个中类。第三层是文化创意产业的具体活动类别,并在其中的新闻出版和其他辅助服务两个领域设置第四层。但专家认为,这个标准更多地体现了"创意",对"文化"重视不够。例如计算机软件应该属于设计类、技术类,与文化有些距离;而体育娱乐是世界上最大的一个产业,标准里却没有体现。除了这个标准里现有的条款外,还应该有一个文化艺术相关的知识产权类产业,这样界定就比较全面了。[②]

2. 上海市文化创意产业分类目录

2011 年公布的《上海市文化创意产业分类目录》中,文化创意产业包括第一部分九类,第二部分一类,共十类:媒体业(包括新闻出版服务、广播电视服务)、艺术业(包括文艺创作、表演及演出服务、电影制作发行与放映、文化保护和文化设施服务、群众文化服务、文化艺术策划及代理服务)、工业设计(工业产品设计、工艺品美术品制造、工程与技术设计)、建筑设计(规划管理、工程勘察设计和管理服务、绿化管理、建筑装饰业)、网络信息业(互联网信息服务、广播电视及卫星传输)、软件与计算机服务业(软件及计算机辅助设计、计算机应用服务)、咨询服务业(商务咨询、科技咨询、社科咨询、其他咨询)、广告及会展服务(广告服务业、会展服务业)、休闲娱乐服务(旅游服务、文化消费及休闲娱乐服务)、文

---

① 《北京市文化创意产业分类标准》及测算结果. 北京统计信息网, http://www.bjstats.gov.cn/tjys/sjzd/200612/t 20061214_78499.htm.

② 陈杰.《文化创意产业分类》地方标准出台——京属文创产业 GDP 将依据新规核算[N]. 北京商报,2011-5-27.

化创意相关产业（文化创意用品、设备的生产，文化创意用品、产品设备的销售等）。

3. 杭州市文化创意产业八大重点行业统计分类

2008年发布的《杭州市文化创意产业八大重点行业统计分类》，分为信息服务业（8个子类）、动漫游戏业（3个子类）、设计服务业（11个子类）、现代传媒业（23个子类）、艺术品业（15个子类）、教育培训业（9个子类）、文化休闲旅游业（16个子类）和文化会展业（7个子类），有意贴近文化创意产业格局的新变动。如动漫游戏业上升为大类，它的三个子类分别是动画和漫画业、网络游戏业、其他计算机服务（含网吧服务）。杭州原来把文化创意产业分为文化艺术类、影视传媒类、信息软件类、产品设计类、建筑景观设计类、时尚消费类、咨询策划类七大类。此次制定扩大了统计范围。

4. 其他省市的分类

从北京、上海、杭州的分类中可以看出，三省市的优势文化产业几乎都成为其中的一大类，比如，北京的软件设计、杭州的动漫游戏、上海的工业设计等。其他省市也各有侧重，如2006年吉林的创意产业统计分为：广告、印刷、工艺品制造、计算机信息服务及软件、建筑测量及工程服务、科学研究技术服务及地质勘查、旅游业、广播电视电影及音像业、新闻出版业、娱乐业及其他文化艺术业10类。[①] 广西2006年的文化及相关产业增加值统计范围是艺术业、图书馆业、群众文化服务业、艺术教育业、文化市场经营单位、文艺科研、文物业、其他文化产业。[②] 重庆将创意产业划分为研发设计创意业、软件设计创意业、建筑设计创意业、文化传媒创意业、咨询策划创意业、时尚消费创意业6个大类。[③] 而云南把茶

① 赵爽，邓江湖. 吉林省创意产业发展规模结构及经济贡献率分析[J]. 长春金融高等专科学校学报，2009(3).

② 卢润德，张晓春，宁绍强. 广西文化创意产业发展模式探析[J]. 中国广告，2009(1).

③ 秦瑶，陆昕. 创意产业统计核算方法及实证研究[J]. 统计研究，2008(3).

业、玉器也视为文化产业项目。

这些省市的分类标准虽然兼顾了自身的实际情况，但也削弱了全国文化产业统计数字的准确性，比如，对北京市、云南省影响就比较大，因为北京的计算机软件设计占全部统计数字的40%，云南的旅游业及相关产业也要占到云南省文化产业的3%以上。自2012年版的《文化及相关行业分类》公布后，国家统计局要求各省统一使用国家分类标准。如上海市在2013年已经使用2012年版的《文化及相关行业分类》进行本市的文化产业统计，结果令人欣慰。

（二）学术界的探索

除了各地政府部门，学术界也进行了深入探讨。学者们从各自研究领域出发，对文化产业、文化创意产业进行了分类研究。例如，罗建幸将文化创意产业分为三层，第一层分为文化创意核心产品、文化创意物质产品、文化创意产品流通和传播渠道三大类，第二层分为六个中类，第三层再分为若干小类。见下表：

表4 文化创意产业分类①

文化创意核心产品	传统文学艺术创作	文学创作、视觉艺术创作、音乐艺术创作、表演艺术创作、造型艺术创作等
	基于近代传媒技术的文学艺术创作	广播、电视栏目、电影、电视剧、广告内容创作等
文化创意物质产品	文学艺术作品的传统载体	图书、报纸、期刊、音像制品、电影、广播、电视节目、广告片制作等
	基于现代科技的文学艺术数字载体	数字电视、电影节目、电子书、数字音乐（如MP3）、网络游戏、动漫作品制作等

① 罗建幸.刍议文化创意产业的定义与分类[J].科学·经济·社会，2012(1).

（续表）

文化创意产品流通和传播渠道	传统文学艺术物质产品的流通渠道	图书、报纸、期刊、音像制品的批发零售（文化市场、书店、影像店、画廊、会展等）
	基于现代传媒/数字技术的文学艺术作品传播渠道	电视频道、广播电台、电影院、戏剧院、互联网专业网站（如新闻类、视频类、文学类、网络游戏类网站等）

罗建幸将文化创意产业分为创作、载体、传播三个大类，逻辑性比较强，但他把文化创意产业仅仅局限在文学及听觉、视觉艺术方面，对文化创意产业的范围的理解过于狭窄。

史宝娟、刘敬认为国务院1985年批准了国家统计局的关于建立第三产业统计的报告，文化艺术被正式列入第三产业，其产业性质得到确认。但是，文化产业并不完全属于第三产业，其中有一小部分属于第二产业中的制造业。文章借鉴国家统计局对文化产业的定义，并结合第二产业和第三产业的划分，将文化产业中属于第二产业的部分划分为一个大类，将文化产品的生产中属于第三产业的部分划分为第二大类，将文化相关产品的生产中属于第三产业的划分为第三大类。① 作者从三次产业角度分析了文化产业内部产业归属，分清了文化产业内部产业界限，有利于政府部门制定不同产业政策，也有利于人们根据不同产业类型进行科学开发和利用。只是其分类还过于简单，未能提供一个很好的原则范本。

在研究整体文化产业分类的同时，也有学者开始关注民俗文化产业分类的问题，并作了一些探索。例如，蔡清辉从开发与经营的角度将厦门民间文化产业分为民间精品工艺生产开发型、特色小吃与传统医药等产业拓展型、商业化表演艺术经营型、有偿展览

① 史宝娟，刘敬．文化产业的一个新的分类[J]．河北联合大学学报，2013(4)．

参观等旅游资源开发型四大类型数十个小类。① 刘文芳认为,民俗文化产业是以民俗资源为依托的产业,民俗文化产品既包括有形的物品,又包括相关的服务、体验。在产品、服务和体验三种具体形式中既相对区分又相互交融、不可割裂。她借鉴物质民俗、社会民俗、精神民俗的民俗分类方法,从民俗资源的角度将民俗文化产业分为相应的三大类,同时将文化产品分为有形(产品)、无形(服务、体验)两大类,②为民俗文化产业分类提供了兼顾民俗文化特点的分类方法。

在分类的基础上,学界对民俗文化产业范围进行了界定。总的特点是,大都根据中国民俗分类法来划定民俗文化产业的范围。如杨东篱认为:"民俗文化产业包括以边远地区旅游观光为主的民俗旅游产业;以制造陶瓷、泥塑、紫砂壶等为主的民俗工艺产业;以制作剪纸、香包、挂毯等为主的民俗饰品产业;以制造春节春联、元宵节灯笼、端午节彩粽等为主的民俗节日产业;以制作粽子、月饼、饺子、元宵以及各地小吃等为主的民俗食品产业;以反映民俗生活的影视剧与纪录片等为主的民俗影视产业;以各种具有地方特色与少数民族特色的民间歌舞节目、戏曲节目等为主的民俗音乐产业,等等。"③黄立群认为:民俗文化产业"包括农村旅游观光、民族节日、民族风情等体验式旅游的民俗旅游产业。如以民族蜡染、民族刺绣、民间竹编织品等为主的民俗工艺产业;以春节、苗族苗年、苗族鼓藏节、芦笙节等为主的民俗节日产业;以制作节日食品以及各地小吃等为主的民俗食品产业;以反映民俗生活的影视剧与纪录片等为主的民俗影视产业;以各种具有地方特色与少数民族特色的民间歌舞节目、戏曲节目等为主的民俗音乐产业等。

① 蔡清辉. 厦门民间文化的产业化分类及发展对策[J]. 厦门特区党校学报,2015(1).

② 刘文芳. 民俗文化资源产业化的经济优势分析: 以四川省为例[J]. 社科纵横,2012(5).

③ 杨东篱. 民俗文化的产业化与"伪民俗"[J]. 天府新论,2010(1).

这些产业能为社会提供精神产品和服务，而且还能带来丰厚的利润。因此，发展民俗文化产业具有很好的发展前景”。[①] 其所涉及的范围以民俗文化核心产业为主，兼及旅游、影视。总的来看还比较狭窄，但对民俗文化产业分类有一定的启发。

四、民俗文化产业分类

（一）分类

由于民俗文化产业是一个综合性极强的产业形态，既有其自身独立发展以及相互交融、相互渗透的一面，又有与其他行业跨界融合的一面。因此，我们依据《文化及相关行业分类（2012）》的分类原则，主要参考 2011 年公布的《上海市文化创意产业分类目录》的分类方法。《上海市文化创意产业分类目录》把文化创意产业分为两个部分：第一部分为文化创意服务业类（共九大类），第二部分为文化创意相关产业类。在此，我们尝试把民俗文化产业分为三大部分，第一大部分为民俗文化产业的主体部分；第二大部分为民俗文化产业的相关部分；第三大部分为民俗文化产业与其他文化类型的融合部分。在每个大类下面再分若干小类。同时，在具体分类中借鉴了北京华汉旅规划设计研究院关于民俗旅游资源的分类方法。这样既照顾到了民俗文化产业主体部分的产业形态，也兼顾到了民俗文化产业跨界融合部分的产业形态。

表 5　第一部分：民俗文化产业分类

物质民俗文化服务	生产民俗文化服务	采集民俗、狩猎民俗、畜牧民俗、农耕民俗、手工业民俗等民俗文化服务
	生活民俗文化服务	服饰民俗、饮食民俗、居住民俗、出行民俗等民俗文化服务

① 黄立群. 贵州民俗文化产业发展研究[D]. 湖南大学硕士论文，2011－05.

（续表）

物质民俗文化服务	流通民俗文化服务	市商民俗、交通运输民俗、通讯民俗等民俗文化服务
社会民俗文化服务	家庭民俗文化服务	称谓民俗、排行民俗、亲族民俗、财产继承民俗等民俗文化服务
	村落民俗文化服务	集市民俗、乡规民俗、村社民俗等民俗文化服务
	民间组织民俗文化服务	行会民俗、社团民俗、帮会民俗等民俗文化服务
	礼仪民俗文化服务	生育礼俗、成年礼俗、婚嫁礼俗、寿诞礼俗、丧葬礼俗等民俗文化服务
	岁时节日民俗文化服务	传统节日、公历节日、宗教节日、二十四节气等民俗文化服务
精神民俗文化服务	信仰祭祀民俗文化服务	民间宗教信仰、巫术星占、礼俗禁忌等民俗文化服务
	口承语言民俗文化服务	民间神话、民间传说、民间故事、民间歌谣、民间叙事诗、谚语、方言俚语等民俗文化服务
	民间艺术民俗文化服务	民间音乐、民间美术、民间工艺、民间戏曲、民间舞蹈等民俗文化服务
	民间游戏娱乐民俗文化服务	民间游戏、民间体育竞技、民间杂技等民俗文化服务

表6　第二部分：民俗文化相关产业分类

民俗文化产品生产的辅助生产	知识产权服务、印刷复制服务、文化经纪代理服务、文化贸易代理与拍卖服务、文化出租服务、会展服务、餐饮服务等民俗文化产品的辅助服务

（续表）

民俗文化用品的生产	农具的制造、茶具酒具制造、家具的制造、糕点模具的制造、传统纺织编织品的制造、编织品的制造、店招牌匾的制造、祭祀用品的制造、婚礼用品的制造、节庆用品的制造、烟火鞭炮产品的制造、风筝灯彩的制造、龙船的制造、民族乐器的制造、传统玩具的制造、传统游艺器材及娱乐用品的制造、传统文化用纸的制造、传统文化用油墨颜料的制造、民间工艺美术品的生产及销售、民俗风情园的建造、陈设艺术以及其他陶瓷制品的制造等民俗文化用品的生产与销售
民俗文化专用设备的生产	农具、茶具、家具专用设备的制造，传统纺织机具的制造，祭祀用品设备的制造，烟火鞭炮生产设备的制造，传统印刷专用设备的制造等民俗文化专用设备的生产

表 7　第三部分：民俗文化跨界融合及相关产业分类

民俗文化旅游	民俗文化旅游产品的服务	民俗博物馆游、民俗主题公园游、村落游、传统街区游、民俗节庆活动游、民俗表演活动游、文化品牌经营游等民俗文化旅游产品的服务
	民俗文化旅游用品的辅助服务	民俗博物馆的建设和旅游项目策划、民俗主题公园的建设和旅游项目策划、乡村环境的整治和旅游项目的策划、传统历史街区的修缮和旅游项目的策划、节庆活动策划推广、民俗演艺活动策划推广、民俗文化旅游品牌经营等民俗文化旅游用品的辅助服务
民俗文化创意产业	民俗文化创意产品的服务	民俗动画、民俗影视、民俗网络游戏、民俗文化创意产业园、民俗图书出版、民俗广告、民俗数字音乐制作及销售、书画印刷复制等民俗文化创意产品的服务

（续表）

民俗文化创意产业	民俗文化创意产品的辅助服务	民俗创意产业知识产权服务、民俗文化创意产品贸易代理与拍卖服务、民俗文化用品出租服务、民俗文化创意产业会展服务、民俗文化创意产业经纪代理服务、民俗文化创意用品销售与传播、民俗文化创意产业园经营管理、其他民俗文化创意产业的辅助服务等民俗文化创意产品的辅助服务

（二）相关说明

民俗文化是人民群众在长期生产生活实践中所形成的文化形态，是人们精神生活和物质生活的综合反映，以民俗文化资源为依托的民俗文化产业，是各个民俗行业交互融合的立体呈现。其最基本的路径无非两条，一是对民俗文化原生态的再现；二是在原生态基础上进行转型升级，创意开发。从广义的角度来讲，任何一种人类劳动，都含有创意的成分，民俗文化产业当然也不例外。在当今信息化高速发展的时代，在各国文化产业竞争的时代，只有创意创新才能有出路。开发民俗文化产业，也必须要有创新思维，要将创意融入到产品的开发之中。所谓原生态的呈现，是指在保持民俗文化原有样式的格局下进行产业开发，如许多少数民族地区民俗文化村中的原生态生活场景、民族歌舞表演、民间手工艺品等都很好地保持了原有的内容和形式。所以，在以上分类中，首先对民俗文化产业中核心部分的原生态文化产业进行了分类。但是，随着社会经济高速发展、文化需求急剧增长、科技进步飞速发展、国际竞争日趋激烈，对民俗文化产业发展提出了新的更高要求，将创意元素更多地融入到民俗文化产业之中已是大势所趋。全国政协副主席厉无畏说，大力发展文化创意产业，能够有效推进创新，把丰厚的文化资源优势转化为文化产业优势，并通过与其他产业的融合发展，推动产业创新和结构升级，真正使得文化产业成为国民经济的支柱产业。在将历史文化资源转化为经营资源时，应把握的要点是：仿古必须融今才能实现推陈出新。开发利用历史文化资源须适当融入现代元素，并与现代科技相结合。[①] 创意和创新既是时代的要求，也是党中央提出的文化重要发展战略的要求。2014 年 3 月，国务院印发《关于推进文化创新和设计服务与相关产业融合发展的若干意见》，就加快推进文化创意和设计服务与实体经济深度融合作出明确要求，提出到 2020 年，文化创意和设计服务的先导产业作用要更加强化，基本建立与相关产业全方位、深层次、宽领域的融合发展的格局。因此，我们在民俗文化产业发展实际的基础上，根据时代的要求，对民俗文化产业进行延伸分类，重点强调了民俗文化与创意产业、旅游产业的融合。

还要说明的是，在国家统计局《文化及相关产业分类（2012）》中，删除了旅游及相关产业，只保留了“景区游览”和“娱乐休闲”。当然，是否将旅游纳入文化产业范围，目前学界仍有争论。有的认为，旅游业是一个独立的产业门类，不应包括在文化产业范围内。有的认为，文化产业更强调创意，更强调产品的制作，而旅游业显然在这两点上都不那么强，所以，文化产业不应该包括旅游业。有的认为，文化产业与旅游业有相互交叉重叠的地方，所以不能简单地把它们看成是包容与被包容的关系。有的认为，文化产业应该包括旅游业。文化产业是指从事生产和提供文化服务的经营性行业，旅游业本身就是一种文化经营行为，理所当然地应该包含在文化产业范围内。从《文化及相关产业分类（2012）》来看，很显然是采取了折中的方法。我们将旅游业（主要指民俗文化旅游）纳入民俗文化产业范围，主要基于以下三点考虑：

其一，民俗文化旅游是民俗文化产业的重要组成部分，在整个民俗文化产业中占有极大的比例。如果仅局限于景区旅游，实际

---

① 厉无畏. 资源优势转化为产业优势[N]. 光明日报，2011－10－27.

上是把文化含量更高的城市旅游、古镇旅游、乡村旅游排除在外，而城市旅游、古镇旅游、乡村旅游恰恰是民俗文化最集中、最丰富的地方。但城市旅游、古镇旅游、乡村旅游往往不收门票，因此，仅仅从票房收入来看，似乎经济效益较低，但城市旅游、古镇旅游、乡村旅游更多产生的是溢出效应和波及效应，可以带动旅馆、餐饮、交通、娱乐等行业的相应发展，扩大就业创业规模，潜在消费力巨大。因此，大力发展城市旅游、古镇旅游、乡村旅游，应是民俗文化产业的重要发展方向。

其二，参考国外文化产业分类，不少国家都将旅游业放在文化产业分类之中。法国、日本都旗帜鲜明地将旅游业纳入文化产业，日本称旅游业为旅游观光产业，在经济不景气的情况下，尤其特别注意旅游产业的开发。据2010年的一项调查显示，2010年到访东京的游客达到594万人，消费总额达到4 585亿日元，旅游消费对东京的生产波及效果是1万亿日元，雇佣效果为5.6万人。从这几年世界旅游业情况来看，旅游业已经成为越来越多国家的支柱型产业。英国也是十分重视乡村旅游的国度，英国乡村旅游在旅游业乃至文化产业中占有很大比重。2015年10月习近平主席访问英国，被特意安排下榻英国乡村别墅，这又何尝不是在向全世界推销其乡村旅游产品呢？

其三，从上面几个国家的文化创意产业分类来看，大多把旅游业纳入文化创意产业。2014年8月，文化部、财政部印发的《关于推动特色文化产业发展的指导意见》中指出："立足各地特色文化资源和区域功能定位，发挥比较优势，明确发展重点，把文化资源优势转变为产业优势，构建具有鲜明区域和民族特色的文化产业体系，促进多样化、差异化发展。"并把发展特色文化产业的重点领域锁定在工艺品、演艺娱乐、文化旅游、特色节庆、特色展览等特色文化产业上。并且指出，要加强创意设计，打破行业和地区壁垒，促进特色文化资源与现代消费需求有效对接，加快特色文化产业与旅游等相关产业融合发展,提升产品品质,丰富产品形态,延伸产业链条,拓展特色文化产业发展空间。特色文化源于民俗文化,是民俗文化产业、地域文化产业、民族文化产业中最具代表性的产业。《关于推动特色文化产业发展的指导意见》把民间工艺品、演艺娱乐、文化旅游、特色节庆划为重点发展领域,说明民俗文化旅游理所当然地应该成为民俗文化产业中的重要类型。

总之,民俗文化产业已成为一种相对独立的,快速发展的朝阳产业,在国民经济中占据着越来越重要的地位。而且与别的产业不同,民俗文化产业是一种立体产业,融合力强、辐射面广,不仅能够与影视、传媒、演艺、旅游、广告、游戏、出版等文化产业相融合,还可以带动交通、信息、餐饮、宾馆、印刷、装潢、设计等十几个相关产业的发展,在社会效益和经济效益方面发挥着越来越重要的作用。

本章小结

民俗文化产业是在我国文化产业发展的大背景下兴起的一个文化产业类型,有其自身的特点和优势。以上我们尝试对民俗文化产业的概念及分类进行了分析和论述,简要梳理了近年来我国民俗文化产业比较成功的案例。在研究过程中,我们发现各地在民俗文化产业实践中,除了注重传统民俗文化产品不断创新升级以外,还大胆引入创意概念,积极探索跨界融合经营、跨界融合设计,取得了可喜的成就。所以,在对民俗文化产业进行分类时,我们尽可能地兼顾到了创意产业对传统民俗文化产业的影响。我们注意到:当今创意产业已经广泛渗透和融入到经济、社会、文化和日常生活的各个层面,同时也广泛渗透和融入到了民俗文化产业领域。跨界融合、混业经营成为普遍现象,集成创新成为时代新潮流。比如,在民间艺术产业领域,上海出现了民间剪纸与重彩画相融合的李守白海派剪纸,湖南浏阳出现了湘绣与烟花跨界融合的新产品——烟花绣;在演艺领域,出现了民歌与高科技跨界融合的《印象·刘三姐》;在文创领域,出现了五彩雕刻葫芦文化与农业的跨界融合,而五彩雕刻葫芦技艺本身就是在雕刻葫芦的原始技艺上,融合了书法、绘画、篆刻、雕塑、粉彩等多种传统技艺。这些在民俗文化产业中出现的新的文化产品和文化形态,虽然在一定程度上给民俗文化产业的分类增加了难度,但同时也给文化产业发展增添了活力。本书对民俗文化产业的分类还只是一个初步尝试,难免顾此失彼。相信随着时代的发展,民俗文化产业的分类必定会更科学、更完善。

附1:民俗文化产业典型案例列表

类　型	产品及服务	地　区	主办/经营
生产民俗文化	手工棉纺织	河北省邯郸市魏县	“郭家坊”土织布批发公司
	蓝印花布	浙江省桐乡市	丰同裕蓝印布艺有限公司
	香云纱	广东省佛山市顺德区伦教镇	香云纱文化产业园
	中国旗袍小镇	江苏省苏州市吴江区盛家厍老街	苏州吴江区、中国旗袍会共同打造
	中国(湖州)丝绸小镇	湖州市南浔区和孚镇荻港村	浙江省首批特色小镇,政府及相关企业共同打造
	安吉竹编	浙江省安吉县孝丰镇	竹产业科技创业中心
	吉林草编	吉林省辽源市经济开发区	吉林省东霖草编文化产业有限公司
	山东柳编	山东省临沭县	柳编文化创意产业园区

（续表）

类　型	产品及服务	地　区	主办/经营
生活民俗文化	福建千里香馄饨	福建省莆田市	福建千里香餐饮有限公司
	天津桂发祥十八街麻花	天津市	天津市桂发祥麻花饮食集团
	广西螺蛳粉	广西壮族自治区柳州市	广西螺师傅餐饮投资有限公司
	下沙烧卖	上海市浦东新区航头镇	下沙烧卖制作技艺传承基地、上海下沙烧卖有限公司
	福建土楼	福建省龙岩市永定区	福建永定客家土楼文化民俗村
交通民俗文化	古车	山东省临淄市	中国古车博物馆
岁时民俗文化	秦淮灯会	南京市	南京市人民政府、江苏省旅游局主办
	豫园灯会	上海市	上海市旅游局、上海市黄浦区人民政府主办
民间宗教信仰文化	中国·湄洲妈祖文化旅游节	福建省莆田市湄洲湾	国家旅游局、福建省人民政府共同主办
	中国（鹤壁）民俗文化节（浚县正月古庙会）	河南省鹤壁市浚县、淇滨区	中国民间文艺家协会、河南省文联联合主办
	上海民俗文化节（三月半圣堂庙会）	上海市浦东新区三林镇	上海市浦东新区人民政府、上海市旅游局、上海市文化广播影视管理局联合主办

（续表）

类　型	产品及服务	地　区	主办/经营
民间艺术文化	南宁国际民歌艺术节	广西壮族自治区南宁市	国家文化部社会文化图书馆司、国家民委文化宣传司、南宁市人民政府联合主办
	东北二人转	辽宁省沈阳市刘老根大舞台剧场	本山传媒
	吴桥杂技	河北省吴桥县	杂技文化产业园区、吴桥杂技大世界
	杨家埠年画	山东省潍坊市寒亭区	杨家埠木版年画博物馆
	杨柳青年画	天津市	天津杨柳青木版年画博物馆
	朱仙镇年画	河南省开封市朱仙镇	朱仙镇木版年画博物馆
	桃花坞年画	江苏省苏州市	苏州桃花坞大师坊创意产业园、苏州桃花坞木刻年画博物馆
	武强年画	河北省衡水市武强县	武强年画博物馆
	水城农民画	贵州省六盘水市水城县	水城农民画创作基地、夜郎风民族民间艺术开发有限公司等
	金山农民画	上海市金山区枫泾镇中洪村	金山农民画生态休闲园

（续表）

类　型	产品及服务	地　区	主办/经营
民间艺术文化	现代民间绘画牡丹画	河南省洛阳市孟津县平乐镇平乐村	河南省孟津县平乐牡丹画创意产业园区
	现代民间绘画虎画	河南省商丘市民权县王公庄	民权王公庄画虎村文化传播有限公司
	蔚县剪纸	河北省蔚县	中国蔚县剪纸文化产业园区
	海派剪纸	上海市	上海守白文化艺术有限公司
	曲阳雕塑	河北省曲阳县	曲阳雕塑文化产业园
	石佛寺玉雕	河南省镇平县石佛寺镇	国际玉雕产业园
	松花石雕	吉林省白山市江源区	松花石产业园区
	东阳木雕	浙江省东阳市	中国东阳木雕城
	葫芦雕刻	山东省聊城市东昌府区	东昌葫芦文化博物馆、中华葫芦大观园
	舟山核雕	江苏省苏州市吴中区香山街道舟山村	江苏省苏州市太湖国家旅游度假区
	平遥推光漆器	山西省平遥县	推光漆文化产业创意园

（续表）

类　型	产品及服务	地　区	主办/经营
民间艺术文化	苗族传统银饰	贵州黔东南苗族侗族自治州凯里市湾水镇	凯里小十字州银饰商品城及周边银铺
	苏州刺绣	江苏省苏州市镇湖镇	中国苏绣艺术博物馆、苏州市刺绣产业创新研究院
	烟花绣（烟花与湘绣融合）	湖南省浏阳市	浏阳市添丽烟花绣文化创意有限公司
	山东鲁锦	山东省菏泽市鄄城县	山东鲁锦实业有限公司、中国鲁锦博物馆等
	安顺蜡染	贵州省安顺市	平坝县东方民族蜡染厂、安顺市开发区福远蜡染艺术有限公司等
游戏娱乐民俗文化	风筝	山东省潍坊市	潍坊世界风筝博物馆
	彩灯	四川省自贡市	中国彩灯博物馆

附2：民俗文化相关产业典型案例列表

类　型	产品及服务	地　区	主办/经营
民俗文化产品生产的辅助生产	上海民族民俗民间文化博览会	上海市	上海市社会经济文化交流协会、中共上海市委宣传部等
	中国（贵州）国际民间工艺品博览会	贵州黔东南州	国际商会、贵州省人民政府

（续表）

类　型	产品及服务	地　区	主办/经营
民俗文化产品生产的辅助生产	中国（贵州）第一届国际民族民间工艺品文化产品博览会	贵州省贵安新区	贵州省人民政府
	中国民俗文化展演会	广东省广州市	中国私立博物馆俱乐部、香港世贸国际展览有限公司主办
民俗文化用品的生产	彩灯制作	四川省自贡市	中国（自贡）彩灯文化产业园中国彩灯博物馆
	风筝制作	山东省潍坊市	杨家埠、梅村镇、王家庄风筝生产基地等
	铜鼓制作	陕西省咸阳市杨陵区	杨凌锣鼓产业园
	烟花鞭炮制作	湖南省浏阳市	浏阳河文化产业园

附3：民俗文化跨界融合及相关产业典型案例列表

类型	名　称	主办/经营
民俗文化旅游	山西平遥	山西省晋中市平遥县
	开平碉楼	广东省江门市开平市
	山西乔家大院	山西省晋中市祁县
	安徽宏村（位于安徽省黄山市黟县碧阳镇）	京黟旅游股份有限公司宏村旅游开发公司

（续表）

类型	名　称	主办/经营
民俗文化旅游	车溪民俗风景区（位于湖北省宜昌市点军区土城乡）	车溪旅游开发有限责任公司
	西安大唐西市博物馆	大唐西市集团
	中国民俗文化村	深圳锦绣中华发展有限公司
	北京地坛庙会	东城区园林绿化管理中心主办，地坛公园管理处承办
	中国·哈尔滨国际冰雪节	国家旅游局、黑龙江省政府、哈尔滨市政府主办
	自贡国际恐龙灯会	自贡市人民政府、四川省旅游局、四川省文化厅、四川省商务厅主办
	中国吴桥国际杂技艺术节	文化部和河北省人民政府共同主办
	潍坊国际风筝会	国家体育总局、国际风筝联合会、潍坊市人民政府联合主办
	中国岳阳汨罗江国际龙舟节	岳阳市委、市政府主办
	《九寨千古情》	总导演：黄巧灵；宋城演艺发展股份有限公司
	《印象·刘三姐》	导演：张艺谋、王潮歌、樊跃；总策划·制作人：梅帅元；桂林广维文华旅游文化产业有限公司
	《云南映象》	艺术总监、总导演、总策划：王炎武、杨丽萍；云南省文化产业界联合会主办，云南杨丽萍文化传播股份有限公司承办

（续表）

类型	名　称	主办/经营
民俗文化旅游	水景秀《白蛇传》	总导演：张守和；总监制：吴青龙；总策划/制作：王洋；创作单位：北京优点映象文化有限公司；出品单位：镇江“三山”景区管委会；运营单位：镇江金山湖文化传播有限公司
民俗文化创意产业	动画片《宝莲灯》	导演：常光希；中国上海美术电影制片厂1999年出品
	动画片《河神之鼓》	导演：林旭茂；中国传媒大学2009届动画系的毕业设计作品
	民俗风情剧《鄂尔多斯婚礼》	东联艺术团主创和主演
	图书《故事会》	主编：何承伟；主办单位：上海文艺出版总社
	图书《漫画中国民俗》	作者：孙家裕；二十一世纪出版社出版
	五彩雕刻葫芦（文创产业与农业的跨界融合）	北京通州张家湾达毅种植中心

第二章　民俗文化产业的功能与特征

文化产业是市场经济条件下繁荣发展社会主义文化的重要载体,是满足人民群众多样化、多层次、多方面精神文化需求的重要途径,也是推动经济结构调整、转变经济发展方式的重要着力点。① 随着我国文化产业的兴起,民俗文化产业应运而生。民俗文化产业是在传统民间文化产品生产的基础上,运用现代生产经营理念,创造巨大经济价值和文化价值的产业类型,具有政治、经济、社会和文化的多重功能,体现出地域性、民族性、自发性、科技性和创意性等特征。

第一节　民俗文化产业的功能

民俗文化是与人类社会相伴随的文化,民俗文化产业通过创意、加工、制作等手段,把民俗文化产业资源转换为各种形式的文化产品和文化服务。民俗文化产业在市场运作和产业管理方面必须尊重市场规律,以经济效益为目的。但是,民俗文化产品的生产与普通商品生产有着本质区别,它在追求经济效益的同时必须要把社会效益放在首位,实现社会效益和经济效益的统一,发挥民俗文化产业在政治、经济、社会和文化上的多重功能。

---

① 《国务院关于印发文化产业振兴规划的通知》(国发[2009]30 号),2009 - 09 - 26.

一、政治功能

民俗文化产业是利用民族和区域民俗文化资源及自然禀赋的比较优势，通过创新设计、资源转化、市场运作等方法，推动经济发展和人民生活水平的提高。民俗文化产业政治功能主要表现在如下几个方面：

（一）增强文化认同，提升民族凝聚力

民族凝聚力是一个民族在长期发展融合过程中逐渐自发形成的文化层面的内在力量，以一种观念形态（感情、愿望、理想、价值观念、思维方式）蕴藏在每一个民族成员之中，是团结、维系和支撑一个民族生存发展不可或缺的内在力量。优秀传统文化为提升中华民族凝聚力提供了坚强有力的价值支撑，为提升中华民族凝聚力提供民族认同的基础和厚重磅礴的历史文化资源。[①] 民俗文化是一个民族、一个国家的文化之根，民俗文化有着鲜明的家园意识、集体意识和民族意识，是增进人民福祉、维护国家安定的动力之源。在全球化背景下，尤其在西方价值观不断渗透的情况下，增强民族文化认同显得尤为迫切。民俗文化产业是扎根于优秀传统文化的产业，大力发展民俗文化产业，将蕴藏在民间的智慧和民间创造发扬光大，对于增强民族自豪感和凝聚力具有十分重要的意义。

（二）优化文化软环境，增强区域竞争力

软环境是与硬环境相对的概念，文化软环境是指相对于地理条件、资源状况、基础设施、基础条件等“硬件”而言的思想观念、文化氛围、体制机制、政策法规及政府的行政能力水平和态度等。民俗文化产业是通过民俗文化资源开发和利用，通过创造、经营和传播，产生经济效益和社会效益的产业形态，与一般文化产业相比，更多地作用于文化软环境的建设，作用于人的思想、心理、信

---

① 吴祖鲲，王慧姝. 强化优秀传统文化认同　提升中华民族凝聚力[J]. 红旗文稿，2015(9).

仰等精神生活。以区域民俗文化产业为例，上海利用国际文化大都市地位和丰富的城市文化资源，大力发展城市民俗文化旅游，扩大上海城市文化影响力。上海豫园灯会历史悠久，早在晚清学者王韬的《瀛壖杂志》、毛祥麟的《墨餘録》、葛元煦的《沪游杂记》等著作中就有详细记载。1995 年，豫园恢复举办灯会，现已成为展示中华民族优秀文化遗产和优秀民俗文化的盛会，被称为“全上海最有年味的地方”。2013 年豫园灯会期间，仅春节长假 7 天和元宵封城 3 天的赏灯客流，就分别突破 300 万人次和 150 万人次，成为华东地区新春佳节期间人流最大的地方。又如，上海旅游节至今已经成功举办了 26 届，吸引了大量中外游客的广泛参与。在每届旅游节的节目单上，民俗文化旅游几乎占到一半分量。如以外滩建筑和石库门为代表的建筑民俗文化游；以商业性和西洋娱乐文化与中国传统民俗资源相结合的娱乐民俗文化游；以多样性和开放性为特征的生活民俗文化游；以丰富性和群众性为特征的民间收藏游，等等。据有关方面的抽样调查，在来华美国游客中，主要目标是欣赏名胜古迹的占 26%，而对中国人的生活方式、风土人情感兴趣的占 56.7%。从中不难看出，民俗旅游产业为增进文化交流、国际交往、弘扬优秀民俗文化具有不可替代的功能。

（三）保持文化特色，维护国家文化安全

当今世界，文化在综合国力竞争中的地位和作用越来越重要，维护国家文化安全，增强国家文化软实力、提升中华文化国际影响力更加紧迫。随着世界多极化、经济全球化的深入发展，不同文化的交汇融合已经成为全球化时代的一大景观。与此相应，捍卫国家文化安全，也成为所有国家在面临外来文化冲击时所必须应对的时代挑战。① 维护国家文化安全的关键在于保持和弘扬民族文

① 陈大民. 捍卫国家文化安全[J]. 求是，2012(16).

化特色，提高中华文化在国际上的影响力。《文化产业振兴规划》指出，要坚持走中国特色文化产业发展道路，增强文化产业整体实力和竞争力，积极开拓国内国际文化市场，增强中华文化在国际上的影响力。文化特色，即文化差异、文化多样性。保护文化多样性就是保护一个国家、一个民族的文化记忆。文化是一个国家的综合实力的表现，但是在全球化浪潮中，富有特色的民俗文化快速消亡。比如，在农业生产民俗方面，机器完全代替了人力畜力，使农村生产方式、生产结构发生了巨大变化；在消费民俗方面，农村与城市的差距迅速缩小；在信仰民俗方面，各种民间信仰及其文化仪式逐渐消失，以血缘、地缘、亲缘为纽带的传统社会面临瓦解，家园意识逐渐淡化。民俗文化产业的兴起使各地丰富多彩的民俗文化得到挖掘、整合和利用。比如，各地举办的祖先祭祀活动、名人纪念活动等；各地开办的民俗文化主题公园、古镇文化旅游等；各地对衣、食、用等特色产品的开发等；各地民间手工艺产品的生产开发等；各地举办的庙会、民俗节会等，都在保持文化多样性和国家文化安全方面发挥了积极作用。

二、经济功能

文化产业是文化和产业的结合，文化产业的经济属性表明，经济功能是文化产业的首要功能。以影视及音像制品、新闻出版、文化娱乐等为主体的文化产业，被国际经济学界公认为“朝阳产业”。随着社会发展，社会财富形态发生了很大变化，知识经济、知识产权、信息产业的文化财富含金量大为增加，文化产业成为新的经济增长点。近年来，我国文化产业以年均 15% 的速度在增长，远高于国民经济的增长速度。但是我国文化产业占 GDP 比重仍然偏低。最新数据显示：文化产业在总产值中所占 GDP 的比重，美国是31%左右，日本是20%左右，欧洲平均在10% ~15%之间，韩国高于 15%，而中国在 2014 年仅仅达到了 3.7% 左右。这说明我国文化产业发展空间巨大。[①] 作为文化产业组成部分的民俗文化产业，经济功能是最为重要的功能。

（一）经济发展的助推器

文化产业的兴起，为经济发展提供了一种新的强劲动力。当人类社会经历了农业经济、工业经济之后，目前正在进入知识经济时代。这阶段的显著特征是知识、智慧资源，即文化资源的挖掘和利用成为一个国家、民族经济发展的增长点。在文化产业十分发达的美国、英国、日本等世界经济强国，文化产业已经成为支柱型产业。在阿根廷、尼泊尔等发展中国家，21 世纪以来文化产业也逐渐得到重视并取得了一定程度的发展。尼泊尔的手工艺品不但在国民经济中占有重要地位，而且为国家带来了大量的外汇。民间手工艺品出口在我国有着悠久的历史，早在汉代就开辟了面向东西方的丝绸之路，沿着陆上丝绸之路和海上丝绸之路，丝绸、瓷器、棉布、茶叶、书画以及各种民间工艺品源源不断地出口到世界各国，成为外贸出口创汇中的大宗商品。建国后，我国在文化产品的出口方面，也是以传统手工艺品为主，比如，上海市的三林刺绣、浦东绒绣、松江顾绣等长期接受外贸订单。民间手工艺品一直是我国出口创汇的主要产品。但是，自 20 世纪 90 年代经济转型之后，过去在计划经济时代下形成的外贸格局发生急剧变化，民间手工业生产单位纷纷倒闭，不少民间手工技艺濒临灭绝。民俗文化产业的兴起为民间手工业的复兴带来了希望。

21 世纪以来，以民俗文化资源为鲜明特色的文化产业很快在全国形成燎原之势，如火如荼，成为经济发展的发动机和新的增长点。其中，民俗文化旅游最为红火。民俗文化旅游是民俗文化与旅游的结合，是以民俗事象为主体内容的旅游活动。目前，旅游业已经成为拉动我国经济增长的重要产业。据统计，2014 年，国内

① 于建玮. 文化产业发展现状及趋势[N]. 金融投资报，2015－07－17.

旅游为36.11亿人次,同比增长10.67%。旅游总收入达到30 312亿元,同比增长15.40%。我国旅游业已经进入"大众旅游"阶段。与此同时,各地在开发民俗文化旅游方面各显神通,其中以服饰类和装饰类最受欢迎。服饰类是打开旅游市场的一个重要类型,这些手工艺品往往带有鲜明的地域特色,苏州的刺绣、浙江的丝绸、江苏的印染布在市场都很受欢迎。装饰类手工艺品,包括壁挂、装饰画、家居用品、玩具等在旅游市场上都占有很大份额。这些产品既有普通旅游纪念品,也有比较高档的收藏品。如新疆的手工地毯、挂件等不仅在旅游市场上受欢迎,还是畅销国内外的特色产品。2014年8月,国务院印发《关于促进旅游业改革发展的若干意见》(国发[2014]31号)提出:"到2020年,境内旅游总消费额达到5.5万亿元,城乡居民年人均出游4.5次,旅游业增加值占国内生产总值的比重超过5%。"在此过程中,要"合理利用民族村寨、古村古镇,发展有历史记忆、地域特色、民族特点的旅游小镇,建设一批特色景观旅游名镇名村"。由此可见,民俗文化旅游在推动我国国民经济增长中的巨大作用。

(二)区域经济的发动机

国家经济实力的提高有赖于各地区、各行业的经济增长。区域经济发展必须合理利用当地自然资源和文化资源。丰富的自然资源必然是地区经济发展的得天独厚的条件,但随着经济转型的加快,过去那种单纯依赖自然资源和大工业生产的地区如不及早谋求转型发展之策,势必陷入经济发展的僵局。美国底特律的破产、我国东北经济振兴乏力都说明了单纯依赖自然资源和工业经济的时代已经成为历史。而有些城市之所以能够及早地实现经济增长方式的转型,正是源于对文化资源的发掘和利用,从而为城市可持续发展寻找到了新增长点。百年工业城市唐山市因煤炭而兴起,在产能过剩和污染治理的双重压力下,唐山政府和企业作出了将资源型城市转型为工业文化旅游型城市的决定。唐山正从一个资源型城市向工业文化旅游城市“华丽转身”。而一些拥有丰厚民族民俗文化资源的地区,近年来民俗文化产业发展更是迅猛。云南省是民族民俗文化资源大省,民族民俗文化产业在全省产业结构中占有举足轻重的地位。2012 年全省文化产业增加值达到 635 亿元,占全省 GDP 的 6.1%。即使按照《文化及相关产业分类(2012)》口径统计,2012 年全省文化产业增加值也达到了 380.3 亿元,占全省 GDP 的 3.7%。因《文化及相关产业分类(2012)》中,旅行社、休闲健身娱乐活动等不再纳入文化产业统计范畴,导致地方和国家文化产业统计数据发生差异,而差异部分恰恰正是民俗文化产业较为集中的部分。从中可以看出民俗文化产业占云南省 GDP 比重相当可观。目前,在文化产业发展实践中,利用民俗文化资源优势,积极发展民俗文化产业,探索和总结出符合本地区发展的民俗文化产业化发展方式已经在全国各地蔚然成风,从而有力地推动了区域经济发展。

(三)产业集聚的催化剂

民俗文化产业发展扩大了民俗文化产品的规模,推动了民俗文化产品的集聚。民俗文化产业是与人民生活密切相关的产业,具有综合性、联动性、群众性特点。例如,《印象·刘三姐》的诞生,带动了阳朔乃至桂林的房地产、餐饮、宾馆、旅游、娱乐、音像制品、运输等行业的发展,并创造了大量的就业机会,带动了当地社会经济的持续发展。山东省潍坊市自 1984 年起,将风筝文化资源作为振兴城市经济发展的首要战略,大力发展风筝产业。目前,潍坊市从事风筝制作的企业有 1 000 余家,具有相当规模的风筝制作企业有 200 多家,从业人员 2 万多人。每年举办的国际风筝节,已经成为国内国际著名文化品牌。同时,风筝文化产业与旅游文化相结合,使风筝文化旅游成为潍坊旅游业的重要支撑。风筝文化产业还带动了杨家埠木版年画、红木嵌银漆器、潍坊核雕、潍坊仿古铜器等民间工艺的合力开发;带动了当地蔬菜、苗木、花卉、宝石等相关行业的发展,产生了巨大的经济效益。

民俗文化产业还具有灵活性、个性化的特点,一个手工产品往往就能成就一个大产业,形成产业集聚效应。例如,山东省郯城县红花乡大力发展“中国结”产业,全镇两三千户农民都在做编结加工,因此被称为“中国结之乡”。红花乡60多个村,村村都有编结加工。目前主要有两个系列:吉祥挂饰和编结服饰。吉祥挂饰包括室内装饰、车饰挂件和节日喜庆等三大类;编结服饰主要有:戒指、耳坠、手链、古典盘扣等,且每年不断推陈出新。中国结带动了彩绳等衍生产品市场的繁荣,还带动了图书出版。仅2000年由轻工业出版社出版的“中国结艺”丛书(共6本),已经发行超过20万册。此外,中国结的红火还催生出了培训市场、就业市场的繁荣。不少下岗女工、待业青年、残疾人士都因此找到了在家就业的方法。[①] 如今,各种文化产业园区、文化产业基地、非物质文化遗产“生产性”保护基地,大都以民俗文化产品的生产为主,形成了巨大的集聚效应。

三、社会功能

社会功能是指一个产业作用于社会群体,使其相互之间保持密切联系,形成自身发展和社会发展相统一,文化创造与文化传承相统一的和谐局面。

(一)促进社会和谐

民俗文化是与人民生活密切相关的文化,民俗文化产业在某种程度上说,也是家门口的产业,看得见,摸得着。通过对当地民俗文化资源的开发和运作,使许多老百姓成为民俗文化产业的参与者和受益人,促进了社会和谐进步。

民俗文化产业在促进产业升级转型,推动区域经济发展方面

---

① 王丽明.中国传统民间吉祥物研究[D].华中师范大学硕士论文,2008-05.

发挥了积极作用。我国有些地区,尤其是西部贫困地区,还有不少人生活在贫困线以下,长期依靠仅有的土地生活,青壮年除外出打工外,几乎没有更好的生活来源。但是,西部地区民俗文化资源非常丰富,民歌、曲艺、年画、剪纸、泥塑等手工艺品种类繁多。目前,在有些村镇,通过挖掘和利用现有文化资源,大力发展民俗文化产业,成功地实现了脱贫致富,成为远近闻名的富裕村镇。如,河南省民权县王公庄,原是一个被风沙盐碱包围的贫困村,现在已是全国闻名的中国画虎第一村,王公庄总共1 300人口,有800多人从事画虎,年销售额达6 000多万元。河北省武强县是传统农业和国家扶贫开发工作重点县。近年来,武强县充分挖掘年画和乐器两大传统文化资源优势,开发民俗文化产业。武强县现有年画作坊20多家,从业人员1 200多人,产品涵盖挂历、工艺品、饰品等十几个系列100多个品种。产品销往全国各地及英、美、日等数十个国家和地区。目前全县共拥有年画、乐器制造、铁编及民间手工艺品等七大门类近百家企业,年产值5亿多元,增加值1.5亿元,实现利税3 500万元,文化产业占全县地区生产总值比重达到5.1%,成为县域经济发展的重要支撑。[①] 民俗文化产业极大地改善了当地的贫困状态,为县域经济增长作出了积极贡献。

民俗文化产业在扩大就业,提高群众收入方面发挥了积极作用。民俗文化产业大多为小微企业,甚至是家庭工厂。但在有些地区,正是这些分散的小微企业却形成了庞大的产业集群,发展成为大产业和龙头产业。如,山东省临沭县利用本地特产植物杞柳,通过挖掘本地传统柳编手工艺,使之在民俗文化产业化的道路上逐渐发展壮大。据齐鲁网报道,目前临沭县杞柳种植面积达到8万亩,柳编产业从业人员10万人,开发柳编工艺品200多个系列

---

① 张爱胜.贫困县闯出文化产业发展壮大之路——河北省武强县文化产业年产值达5亿多元[N].中国信息报,2012-01-05.

2 万多个品种。全县共有柳编企业 128 家,有自营出口权的企业占 96 家。柳编工业年总产值 20 亿元,产品畅销欧、亚、非、北美等 120 个国家和地区。“小柳编”成就大产业,成为县域经济的增长点。

当然,在民俗文化产业发展中,也出现了许多不和谐现象,一些地方为了发展文化产业,不对当地文化资源做深入细致的调查,主观臆断,盲目上马。据有关方面报道,海南省临高县是个国家级的贫困县,该县打着文化产业旗号,投资 1.3 亿元,花了近两年的时间,修建了一个牌坊群。结果不但游人稀少,连打太极拳的市民都不愿去。理由很简单:阴森森,不吉利。发展民俗文化产业,一定要发挥资源优势,因地制宜,认真规划,科学运作,才能取得良好的社会效益和经济效益。

(二)促进人口就业

发展民俗文化产业在促进产业结构转型升级过程中,为劳动力从第一产业、第二产业向第三产业转移提供了大量的就业岗位。近年来,文化产业从业人数逐年提高。北京和东部沿海地区的广东、浙江、山东、江苏、上海六省市的文化产业从业人数都已经达到 100 万人以上。比如,2012 年,北京文创产业从业人数 152.9 万人;上海文创产业从业人数 129.16 万人。2013 年,山东省全省文化产业从业人员达到 130 万人。2015 年 2 月,中央文化企业国有资产监督管理领导小组办公室根据第三次全国经济普查数据,依照国家统计局发布的《文化及相关产业分类(2012)》,对 2004 至 2013 年文化产业十年发展状况进行初步分析。数据表明,2004 至 2013 年十年间,文化产业发展呈现成倍增长态势。十年间,法人单位增加了近 2 倍,从业人员增加了 1 倍,资产总额增加了 4.6 倍,主营收入增加了 4.1 倍,增加值增加了 4.8 倍。

由于《文化及相关产业分类(2012)》删除了旅游业,仅限于公园景区游览服务,而在民俗文化产业中,民俗旅游占有较大比例。

改革开放30多年来,我国旅游业实现了由单纯的外事接待向综合性行业的重大转变,由新的经济增长点到国民经济支柱产业的重大转变,由旅游资源大国到世界旅游大国的重大转变。2013年,全国旅游直接从业人数超过1 350万,带动相关行业就业人数超过8 000万。休闲农业和乡村旅游在全国9万个村镇开展,其中农家乐达155万家,2 800万农民从中受益。① 传统民俗文化是农耕文化的产物,我国广大农村是民俗文化的发源地和储藏地,利用农村民俗文化的优势,在农村中大力发展民俗文化产业,积极推动农村文化走上产业化道路,改变农村经济社会发展格局,把丰富多彩的农村文化资源转变为文化产品,"在农村范围内将会形成文化产业、文化建设、剩余劳动力转移、农民增收、农民素质提高之间的良性互动"。② 民俗文化产业在农村的发展和壮大,将成为解决"三农"问题的一个重要突破口。

四、文化功能

文化产品生产不同于一般商品生产,一般商品的生产只有使用价值,很难对人的精神产生长久魅力,也不会对人的价值取向形成导向作用。而文化产业不仅是产业,更重要的是文化,文化借助生产行为扩散和传播,会对人的价值观念、思想情操产生巨大的影响。民俗文化是熔铸于血脉的文化,民俗文化产业的发展对人的精神引领作用更是无处不在。2014年10月,习近平总书记在《在文艺工作座谈会上的讲话》中指出:"我们必须把创作生产优秀作品作为文艺工作的中心环节,努力创作生产更多传播当代中国价值观念、体现中华文化精神、反映中国人审美追求,思想性、艺术

① 仝宗莉.全国旅行社2.5万家景点2万多家　旅游从业者超1 350万.人民网,http://legal1.people.com.cn/n/2013/0516/c42510-21504862.html.

② 吴声怡,许慧宏.论民俗文化的产业开发——福建省农村文化产业发展的模式选择[J].农业经济问题,2007(1).

性、观赏性有机统一的优秀作品。”这是对文艺创作的要求，也是对文化产品生产和民俗文化产品生产的要求。

（一）道德功能

思想不是灌输，道德不是说教。一个人思想品质的高低，是在日常生活中潜移默化的结果，而一个人道德观念的形成更是受社会环境影响极大。传统乡村社会，人的生活圈子狭小，活动范围有限，信息传播速度缓慢，受外界干扰较少，其伦理道德观念的形成主要是受乡风习俗的影响。而现代社会瞬息万变，人的交往范围扩大，信息来源渠道多种多样，思想观念的形成已经不可能像传统社会那样，囿于熟人社会小圈子。朋友交往、娱乐休闲、电影电视、互联网等都是人们吸收信息的来源，影响着人们的思想和行为。以文化资源为核心要素的文化产业的兴起，不仅在物质生活上给人们带来极大满足，更在精神生活上深刻地影响着人们的伦理道德和价值观念。美国电影大片宣扬的普世价值、日本动漫宣扬的武士道精神、韩国电视剧宣扬的家庭伦理无时无刻不在向人们宣扬着他们的价值观，并对其他国家的人们产生潜移默化的影响。民俗文化产业具有道德感化和道德教育的功能。根据来自民间传说而创作的二胡独奏曲《梁祝》，其忠贞不渝的爱情，不仅感动了国内观众，也深受世界各国人民的喜爱。但是，在民俗文化产业化过程中如果处理不当，或一味追求物质利益，也会对人们的思想道德产生负面影响。比如，东北二人转原是来自田间地头的民间曲艺，后经赵本山市场化运作而风靡全国，但在其扩大影响的同时，也充斥着大量不堪入目的内容，有人批评道：“赵本山的二人转是金钱的奴隶，低级恶俗代表！”[①]在二人转表演中，各种恶俗荤段子，腐蚀着人们的灵魂。有群众提出这样一个尖锐的问题：“被动

① 闫立秀．赵本山的二人转是金钱的奴隶，低级恶俗代表．闫立秀的博客，http://ylxblog.blog.sohu.com/306207284.html.

地看过几次二人转，其男女演员低级下流，把肉麻当有趣，令人毛骨悚然。我就不明白：中国的民间艺术，只有退步到恶俗的地步才能赢得市场吗？”有网民指出，是否“恶俗不在于文艺形式，而是在于表演的内容和表演的风格”。[①] 在“苏北吧”这样一个网络世界里，我们看到了广大网民对能够引领人们精神向上的健康的文化产品的迫切需求。因此，民俗文化产业的生产经营者要时刻注意思想性与艺术性相结合，注重提升文化产品的精神内涵，为人民群众提供高质量的文化产品。

（二）审美功能

审美是民俗文化的鲜明特色。审美体现在民俗文化中的物质文化、精神文化的所有方面。人们在日常生活中无不将审美作为重要的因素极力加以表现。审美意识在原始社会习俗中就已产生，人们用贝壳串成项链，觉得是一种美；人们在陶器上饰以花纹，也是一种美。随着生产力的发展和生活内容的日渐丰富，美几乎无所不在。人们发现了美、创造了美，又享受着美的成果所带来的愉悦和满足。民间美术、民间雕刻、民间编织等民间手工艺品更是寄托了人们对美好生活的向往。人们在欣赏这些精美的文化产品的同时，又何尝不是一种审美观的提升呢？在民俗文化产业发展过程中，民俗文化中的审美传统是一笔不可多得的宝贵资源，应充分加以发掘和利用。[②]

（三）教育功能

钟敬文主编的《民俗学概论》将民俗文化的社会功能概括为四个方面，即教化功能、规范功能、维系功能和调节功能。以民俗文化为核心资源的民俗文化产业，必然会在其文化产品生产及文

---

① 苏北吧，http://tieba.baidu.com/f?kz=290133246.

② 黄江平.挖掘民俗文化先进内涵　谱写城市现代化新篇章//上海市邓小平理论和“三个代表”重要思想研究中心.“三个代表”重要思想与上海发展[M]，上海人民出版社，2004：697.

化服务过程中，将生产主体的思想情感、审美爱好、价值观念融入到产品之中，对消费者产生潜移默化的作用。民俗文化产品的生产，特别是精神文化产品的生产，更要注意将美好的、积极向上的价值观、道德观和行为准则等融入其中，寓教于乐。决不能靠低级趣味迎合大众，赚取不义之财。

中国传统民俗文化肯定积极进取的价值取向，肯定对自由和理想的追求，肯定对正直、勤劳、勇敢精神的崇尚，这些思想内容在民间故事、民歌、民间戏曲、民间绘画以及节庆习俗中大量存在，是中国民间文学与民俗文化的最鲜明的主题，也是民俗文化先进性的显著标志。优秀的民俗文化产品，在帮助大众树立正确的人生观和价值观，提高大众思想素质和全面发展方面无疑具有积极的作用。

（四）娱乐功能

娱乐功能是民俗文化产业的重要功能。文化产业在很大程度上是以休闲娱乐的形式出现的。韩国是一个对娱乐文化产业比较重视的国家，《大长今》和《来自星星的你》等韩剧在中国和整个东亚地区甚至全球亚裔社会都非常受欢迎。韩国在短短十几年里，通过大力发展娱乐文化产业，奇迹般地摆脱了电影弱国的地位，甚至一跃成为亚洲娱乐文化出口大国。《大长今》中对传统文化，尤其是对传统饮食文化的宣扬做到了极致。《来自星星的你》表现出来的浓厚的中国文化元素成为吸引汉文化圈观众的重要原因。中国民俗文化资源十分丰厚，除了传统的文化产业类型外，还可以通过跨界融合的方法，与电影、电视、游戏、演艺、动画等艺术形式联姻，生产出既具有娱乐价值，又具有民俗文化特色的文化产品，满足人民大众多层次、多元化的文化需求。

第二节　民俗文化产业的特征

民俗文化产业是以民俗文化资源开发和利用为特色的文化产

业，是民俗文化与文化产业相互渗透、相互融合的产业类型，必然同时体现民俗文化与文化产业的特征。“民俗文化产业就是在一定时空条件中，通过特定技术方式对民俗文化进行提纯、聚缩、延展、移植、重塑，进而形成的以发展经济为动力的文化经济形式”。[①] 因此，民俗文化产业既具有鲜明的民俗文化特征，同时又具有产业化、市场化不可缺少的产业要素。民俗文化产业具有如下几个基本特征：

一、地域性

“民俗”的含义与“风俗”一词极为相近。《诗经》以“风”为体例，展现各地风俗民情，并将全域进行划分，强调各地风俗之差异。“风俗”的形成先是由土壤、气候、地势等自然物候为基础，决定物产资源和生产方式，随着时间的推移与文化的积累，逐渐影响整个生活方式，形成具有特色的民俗文化，故而有“十里不同风，百里不同俗”之说。

民俗文化的地域性是民俗文化产业地域性特征形成的基础，也是区域文化产业发展的有利条件。中国具有丰富的民俗文化资源，充分发挥各地民俗文化资源优势，使之转化为具有独特魅力的文化产业，是发展区域经济的有效途径。我国各地民俗文化资源异彩纷呈。如民间戏曲、民间舞蹈、民间工艺、民间美术、民间信仰、民间传说、风俗习惯等，都具有鲜明的民族性和地方性，由此形成了各地文化产业开发的比较优势。大力发展具有地域特色的龙头文化产业和优势文化产业，促使其资源优势转化为文化产业优势是民俗文化产业的发展方向。

比较优势是指国家或地区经济之间进行相互比较后表现出来的优势和有利条件。一国或地区在经济发展过程中，要全面考虑

---

① 王贵生. 甘肃民俗文化产业开发的“生态化”战略[J]. 甘肃社会科学，2009(1).

在资源、技术、人力、制度和环境等要素禀赋方面的比较优势，并在此基础上制定相应的发展战略。由于民俗文化具有很强的地域性和传承性，而民俗文化产品和服务又是基于对民俗文化资源的深度挖掘而产生的，其内在逻辑决定了民俗文化产业的发展模式具有很强的资源依赖性。因此，在科学调查和评估资源的基础上，分析民俗文化产业的要素禀赋，本着发挥优势、提升优势、创造优势的原则进行文化产业开发规划，制定文化产业开发战略，才能实现文化产业资源开发的经济效益和文化效益。[①] 例如，河北省曲阳县的石雕工艺始于汉，兴于唐，盛于元，雕刻历史可谓源远流长。其产业发展首先取决于自然资源优势，曲阳县内的黄山上有着取之不尽的石料资源。早在西汉时期，曲阳石工就已用大理石雕刻碑碣等石雕物品。北魏时期，佛像、石狮雕刻形成独特风格。唐代，曲阳石雕成为北方汉白玉雕像的发源地和雕造中心。元代，曲阳石雕艺术已享有盛名，不少作品成为传世之作。从云冈石窟、乐山大佛、敦煌石窟、五台山的佛像，到阿房宫、故宫、圆明园、颐和园，处处都留下了曲阳人的雕刻艺术。但长久以来，曲阳雕刻企业以自发性形成为主，产业规模小，缺少引导和规范。近年来，曲阳县在广泛调研的基础上，依托本地资源、技术优势，通过园区建设，整合资源，集聚产业要素，强化质量监督，加强市场开拓，塑造品牌形象，从而推动了雕刻产业向规模化、集约化、产业化发展，[②]成为曲阳经济发展的龙头产业。

民俗文化产业地域性不仅表现在以当地自然资源为依托而发展起来的产业上，同样还表现在深厚的技术资源、人力资源以及成功的产业运作上。这一点，同样以民间雕刻产业发展起来的石佛

① 刘昂. 民间艺术产业开发研究[M]. 首都经济贸易大学出版社，2012：36.

② 文化部文化产业司. 中国特色文化产业案例集[M]. 社会科学文献出版社，2015：44－46.

寺镇颇能说明问题。石佛寺镇位于河南省南阳市镇平县,这里是闻名遐迩的“玉雕之乡”。地处中原腹地的石佛寺镇,其玉雕工艺发轫于宋元时期,到民国初年已有相当水平。虽然其地不产玉,但自古以来掌握了玉雕技艺的工匠从辽宁、新疆、山东等地购进原料,精心雕琢后进行销售,足迹遍布省内外。20 世纪 50 年代石佛寺乡成立了玉雕工艺厂,至 1973 年,全县乡、村玉器厂有 139 个,仅石佛寺一个乡就有 12 个村办玉器厂。但传统玉雕产业总体而言产品档次低,人才外流严重。在发展文化产业的背景下,镇平县发挥传统玉雕产业优势,提出“一手抓玉产业,一手抓玉文化”的“二手抓”思路,通过科技创新、品牌建设促进产业升级;解决资源、人才问题,确保产业稳定发展;扩充民营经济;优化环境吸引投资;打造产业集群等一系列措施,形成玉雕产业的强劲增长。[①] 目前石佛寺镇玉雕原料汇集了国内外 100 多个品种,产品种类包括饰品、摆件和保健品三大系列十大类近 1 000 个品种,产品畅销 50 多个国家和地区。全镇现有各类玉雕加工专业村 13 个,专业市场八个,从业人员 5 万余人,各类玉雕加工企业(户)1 万多家,年产销各类玉雕产品 2 300 多万件,实现产值 43 亿元。形成了原料、生产、设计、雕刻、加工、销售于一体的产、供、销一条龙产业体系。[②] 石佛寺镇玉雕产业发展说明,在不具备自然资源优势的条件下,只要深入挖掘产业资源、技术资源优势,通过政府主导、市场化运作方式,同样能够达到以他山之石成就“玉雕之乡”的梦想。

二、民族性

民族性是民俗文化的鲜明特征。民族性的基础是文化认同,

① 文化部文化产业司. 中国特色文化产业案例集[M]. 社会科学文献出版社,2015:76.

② 不产玉的“中国玉雕第一镇”——走进“玉雕之乡”南阳市镇平县石佛寺镇[N]. 云浮日报,2012-11-27.

包括语言、文字、历史等。中国是一个多民族国家，在历史发展过程中，各族人民创造了各具特色的民族文化。民俗文化的民族性是各民族长期形成的生活方式的反映。在饮食习惯、服饰习俗、建筑习俗、宗教信仰、岁时节日等方面形成特色，是民俗文化产业的重要资源。同时，各民族文化相互影响、相互交融，相互碰撞，不断丰富着各族人民共同拥有的中华民族的文化内涵，增强了中华民族的文化认同感，形成了中华民族民俗文化特色，而这一切正是开展民俗文化产业的坚实基础。中华民族是一个由56个民族组成的大家庭。在这个大家庭中，每个民族都创造出了光辉灿烂的文化，具有鲜明的民族民俗文化特色。

文化特色是文化差异形成的根本原因，而文化差异性是文化多样性的前提和保证，也是各国发展文化产业的优势所在。面对经济全球化，文化全球化也在悄然逼近，如何保护文化多样性正成为日益紧迫的事情。比如，作为民族文化载体的语言，目前正处于快速消失之中。英国伦敦动物学学会研究员乔纳森·洛及澳大利亚乔治赖特学会研究员哈蒙2015年共同发表的报告称，全球共约7 000种语言中的1/4正濒临消失。全球近半数语言只有不足1万人使用，总人数加起来仅占全球人口的0.1%，相反400种较主流的语言使用人数却占全球人口的95%。2015年1月2日，哥伦比亚大学语言学家约翰·麦克沃特在《华尔街日报》撰文推测，现存的7 000种语言到2115年可能只有600种能幸存下来。方言是最具地方特色的民俗文化，目前我国普遍存在方言危机。据相关调研，目前在校中小学生中已经有相当比例的学生不会说当地方言。太原的中小学生已经有50%不会说当地话。在上海，不仅市区的中小学生不会说上海话，即使是郊区农村的学龄儿童也不大会说当地土话了。

正是有鉴于此，联合国教科文组织于2001年11月2日召开第三十一届会议，通过了《世界文化多样性宣言》，重申应把文化视为某个社会或某个社会群体特有的精神与物质、智力与情感方面的不同特点之总和。除了文学和艺术外，文化还包括生活方式、共处的方式、价值观体系、传统和信仰，而民俗文化正是文化多样性的重要内容。同时，该宣言还指出，尽管全球化进程对文化多样性是一种挑战，但也为各种文化和文明之间进行新的对话创造了条件，而这也正是民族民俗文化产业发展的契合点。

文化多样性是文化繁荣发展的保障。民俗文化产业是扎根于民族民俗文化资源的产业形态，特别是在少数民族地区，天然拥有独具特色的民俗文化资源禀赋。仅以第一批国家级非物质文化遗产项目（2006）中的民俗项目为例，其中节庆习俗中，即有春节、清明节、端午节、七夕节、中秋节、重阳节等由文化部直接申报的项目，这是中华民族共同的传统节日。但更多的是由各地申报的各具风采的民族文化节庆习俗，如广西壮族自治区东兴市申报的京族哈节、云南省西双版纳傣族自治州申报的傣族泼水节、新疆维吾尔自治区察布查尔锡伯自治县申报的锡伯族西迁节、四川省凉山彝族自治州申报的火把节（彝族火把节）等。此外还有各具特色的婚姻习俗、服饰习俗等，如内蒙古自治区鄂尔多斯申报的鄂尔多斯市婚礼、青海省互助土族自治县申报的土族婚礼、青海省循化撒拉族自治县申报的撒拉族婚礼，江苏省苏州市申报的苏州甪直水乡妇女服饰、福建省惠安县申报的惠安女服饰、云南省保山市申报的苗族服饰（昌宁苗族服饰）、宁夏回族自治区申报的回族服饰、广西壮族自治区南丹县和贺州市共同申报的瑶族服饰，等等。而非物质文化遗产项目中除民俗之外的其他九个类型：民间文学、民间音乐、民间舞蹈、传统戏剧、曲艺、杂技与竞技、民间美术、传统手工技艺、传统医药等，“其中绝大多数都可以划入民俗文化的范围或与之密切相关”。同时，也是“国家战略对民俗文化理论研究与实践提出的新的时代要求”。因此，“能否主动纳入文化产业的世界潮流与国家战略，已成为影响中国民俗文化创新与可持续发展的关键所在”。①

具有民族性特征的民俗文化产业的开发具有得天独厚的资源优势。有一句唱词写道:“五十六个民族,五十六朵花。”民族文化是一个民族共有的生活方式,既包括物质文化,也包括非物质文化,还包括该民族文化赖以生长、存在的区域环境和自然环境。文化产业过程就是资源转化的过程,其中涉及资源主体和市场主体两大部分。陈庆德等学者在论述民族文化产业时指出,民族文化产业是以民族文化为资源,再经过不同方式的再生产进入现代市场,进而从中获取收益的过程。以云南民族文化产业来看,目前资源主体大致分为三种情况。第一种是当地资源主体已经进入到产业中,并初步以企业方式成为市场主体的地区,如丽江、大理、中甸等;第二种是资源主体部分进入文化产业,正在向市场主体转变阶段,政府为主体,村民被动参与,如红河州元阳县沟口村哈尼族“民俗文化生态村”;第三种则是以外来市场主体为主导,而当地资源主体还基本没有进入产业链条。② 目前,其他少数民族地区的民俗文化产业开发与云南地区相比,这三种类型都不同程度地存在着,但资源主体完全进入产业的情况还不太多,大多数是属于第二、第三种类型,甚至第三种类型还比较普遍。因此,在我国发展各民族地区的民俗文化产业还需要各方资源主体的积极参与,大力推动当地经济发展。

民俗文化产业的民族性特征还体现在如何将民族文化资源转化为文化产业,即资源转化的方式和方法。民族文化资源既包括有形的物质文化资源,也包括无形的精神文化资源。但文化资源的多寡并不能说明文化产业的强弱,有形的文化资源虽然有产权归属,无形的文化资源却为全世界所共享。美国是一个历史很短、

---

① 刘士林.文化产业语境下的民俗文化创新[J].民族艺术,2011(2).

② 陈庆德,郑宇,潘春梅.民族文化产业论纲[M].人民出版社,2014:274.

文化积淀较少的国家,但是却非常善于利用世界范围内的文化资源。如《指环王》取材于北欧神话,《花木兰》取材于中国古代民歌。而日本的游戏和动漫、韩国的电视剧等更是大量吸收中国文化元素,在中国赢得巨大市场,收获了丰厚的利润。中国是世界公认的文化资源大国,近年来文化产业发展速度也比较快,但总体而言,我国文化产业规模还很小,文化产业产值与文化资源总量相比还很不相称。

三、自发性

民俗文化伴随着劳动而产生,亦伴随着劳动而传承。那些在田间地头劳动时自发产生的田歌、秧歌;那些集体劳动时自然迸发的码头号子、船工号子;那些为了表达欢快之情的采茶歌;那些千百年来流行于各地的服饰、饮食、建筑文化;那些美轮美奂的刺绣、雕塑等手工艺品;那些千姿百态的戏曲表演、节庆活动等艺术形式和文化空间,无不反映了劳动者对美好生活的向往和追求。民俗文化产业根植于深厚的民俗文化沃土,具有民间自发产生、自主发展的特性,具有广泛的社会基础。民俗文化产业开发不能是无源之水,无根之木,要以广泛存在于人民大众中的、自发产生的民俗文化为原则,才能获得以小见大,形成蓬勃发展的局面。

民俗文化产业的自发性特征是特色文化产业形成发展的基础。近年来,党中央、国务院对发展基于民俗文化产业的特色文化产业非常重视,国家"十一五"发展规划明确提出鼓励特色文化产业发展,党的十七届六中全会、《国家"十二五"时期文化改革发展规划纲要》、文化部关于印发《文化部"十二五"时期文化产业倍增计划》的通知(文产发[2012]7号),都强调要加快发展具有地域和民族特色的文化产业。国务院《关于推进文化创意和设计服务与相关产业融合发展的若干意见》中提出:"鼓励各地结合当地文化特色不断推出原创文化产品和服务,积极发展新的艺术样式,推动特色文化产业发展。”为推动特色文化产业健康快速发展，文化部、财政部联合印发的《关于推动特色文化产业发展的指导意见》提出，要以“传承文化，科学发展；因地制宜，突出特色；创意引领，跨界融合；市场运作，政府扶持”为基本原则推动特色文化产业发展，到2020年，实现基本建立特色鲜明、重点突出、布局合理、链条完整、效益显著的特色文化产业发展格局，形成若干在全国有重要影响力的特色文化产业带等一系列目标。该指导意见还首先对特色文化产业内涵进行了界定，指出：“特色文化产业是指依托各地独特的文化资源，通过创意转化、科技提升和市场运作，提供具有鲜明区域特点和民族特色的文化产品和服务的产业形态。”特色文化产业是以各地独特文化资源为依托，运用产业化方式进行开发运作的产业，所谓独特文化资源，既是指那些独一无二、与众不同的文化资源，也是指那些具有独特历史文化内涵的文化资源，是民众在长期生产生活中自发创造和积累下来的文化资源。发展特色文化产业具有极其重要的意义和广阔的前景，是整个中国文化产业的基础和源泉。

目前，对特色文化产业的理论探讨还处在起步阶段。中国传媒大学齐勇锋教授是较早对特色文化产业理论进行研究的学者。他在《特色文化产业发展研究》一文中认为，特色文化产业是指基于民族和区域传统文化遗产资源，从民间自发产生发展，其文化产品与服务在风格品相品种和工艺等方面都具有鲜明的民族和区域文化特点，拥有一定的产业规模市场占有率和影响力的文化产业形态。通俗地讲，特色文化产业就是某一民族和区域中的草根文化产业，包括特色文化旅游、工艺美术、戏剧演艺、节庆会展和健身运动，以及基于本土文化遗产资源题材的影视产业、动漫产业、出版产业，及与此关联的特色文化饮食、酒文化和茶文化产业等。[①]

① 齐勇锋，吴莉. 特色文化产业发展研究[J]. 中国特色社会主义研究，2013(5).

由此可见，特色文化产业与民俗文化产业具有高度相同的文化内涵，也可以说，特色文化产业是民俗文化产业的高级形态。齐勇锋主编的《中国文化的根基：特色文化产业研究》（第一辑）一书，重点选取了九个特色文化产业案例进行了详细分析，分为特色工艺产业、古城保护与特色文化城市、特色文化产业园、特色文化产业专题研究等四类，其中包括：蔚县剪纸、清朝旗袍、枣庄市特色文化产业、东兴市特色文化产业、北海市海洋文化、宜宾市特色文化资源、曲阳雕塑文化产业园、特色演出、妈祖文化等。① 而在文化部文化产业司编辑的《中国特色文化产业案例集》一书中，根据特色文化产业的内涵和特点，将其细分为特色文化产业规划、特色文化产业园区、特色工艺品业、特色演艺业、特色节庆业、特色旅游业、特色城镇化建设等七大板块，精选22个案例，对特色文化产业案例进行了调研。其中包括：福州三街七坊、曲阳雕刻、苏绣、石佛寺玉雕、蔚县剪纸、东阳木雕、吉林松花石、《印象·刘三姐》、九寨沟演艺、张家界演艺、宝丰魔术曲艺、《云南映象》、吴桥杂技、洛阳牡丹花节、秦淮灯会、潍坊风筝节、平遥古城、西藏文化旅游以及腾冲、大理、乌镇、天津民园西里街等四个特色城镇。这些既是特色文化产业精品案例，也是民俗文化产业的优秀案例，是依托人们在长期生产和生活实践中形成的具有鲜明地域或民族特色的文化资源，通过创造性转化和市场化运作，提供具有鲜明区域和民族文化特点的文化产品、服务的文化产业形态。②

依托长期积累形成的具有产业化形态的民俗文化资源进行产业化运作是民俗文化开发中最易形成品牌和产生效益的方法。但是，民俗文化是不断发展变化的，人民群众的创造力是无限的。在各地民俗文化产业开发中，我们也看到，对一些虽然形成历史不

① 齐勇锋. 中国文化产业的根基：特色文化产业研究［M］. 光明日报出版社，2014.

② 文化部文化产业司. 中国特色文化产业案例集［M］. 社会科学文献出版社，2015.

长，但自发产生于民间的有旺盛生命力的艺术形式，由于当地政府的大力扶持和民间资本的积极投入，同样形成了蓬勃发展的文化产业。例如，在河南省有两个著名的“中国第一村”，一个是“中国牡丹画第一村”，一个是“中国画虎第一村”。中国牡丹画第一村位于洛阳市东郊平乐镇平乐村。2011 年，全村 6 000 人，从事牡丹画创作、装裱、销售的人员达 1 200 人，全年创作牡丹画 15 万幅，实现经济收入 1 800 万元。“中国画虎第一村”位于民权县王公庄，据中央电视台 2014 年 7 月 17 日财经频道“经济半小时”报道，民权县委县政府先后投资 1 亿多元，建成了集绘画、展示、交流、销售为一体的画廊和农民画院。现在王公庄的画，不仅国内非常畅销，而且在孟加拉国、德国、瑞士、意大利、日本、韩国等国家也是非常受欢迎。这两个村都是最初由几位画师带动，然后在当地政府扶持下逐渐发展壮大，形成产业。牡丹画村发挥市场机制作用，引进洛阳鼎润实业有限公司，注资数千万元，规划建设了占地 90 余亩的“中国农民牡丹画创意产业园区”，并内设文化艺术交易平台。而为了促进王公庄画虎村文化产业的发展，商丘市把王公庄定为文化产业发展示范基地。因此，民俗文化产业发展既要以民间自发性文化活动为基础，同时，政府也要适时进行引导，加之成功的市场运作，才能把产业做大。

四、科技性

民俗文化产业是民俗文化与产业的有机结合，而产业的发展必然离不开科技支撑。21 世纪以来，以信息技术、网络技术、仿真技术、体感技术、虚拟现实技术为代表的数字技术与文化产业的融合已经成为推动我国文化产业发展的强劲动力。据工信部统计，2014 年 9 月底中国手机用户达 12.7 亿户，移动互联网用户达到 8.71 亿户，其中 5.25 亿户为移动宽带用户。以移动互联网为代表的新媒体网络技术给中国文化产业带来了革命性变化。文化和科技融合步伐越来越快，诸如网络动漫、网络游戏、手机媒体、数字出版、数字化学习和数字演艺娱乐业等新型文化业态方兴未艾，主导着全球文化产业的发展方向与潮流，改变着文化产业价值链的调整深度与广度。① 在这样的趋势下，民俗文化产业发展不可能没有科技的加入，民俗文化资源的转化利用，必须借助于科技手段来达到提升民俗文化产业内在价值的目的。

第一，科技能有效提升民俗文化产品的资源转化率，拓展民俗文化产品的表现形式。通过多媒体技术、虚拟现实技术、全景三维技术、体感技术等数字技术，将创意转化为文化产品，是民俗文化产业发展的重要路径。例如，《印象 · 刘三姐》的演出场地以山水实景为背景，综合运用多种媒介手段进行精心的人工改造。在灯光布置方面，投资建造了当时国内最大规模的环境艺术灯光工程及独特的烟雾效果工程，营造出了如诗如画、如梦如幻的视觉效果；音响效果方面，采用了日本 LOBO 线性数组扬声器系统，精确的调控技术、良好的扩声和返听效果，达到了整体效果的优雅协调；舞台设计方面，以自然之景为舞台背景，生动地展现了当地风俗民情；舞台中央电影屏幕的媒介手段的运用，展示了从导演到演员付出劳动的全过程，帮助受众全面了解与加深记忆。② 可以说，现代高科技的运用正是《印象 · 刘三姐》成功的关键。

第二，科技能有效提升民俗文化产品的开发能力，提高民俗文化产品的生产效率。民间美术是民俗文化产品最为集中的门类，也是民俗文化产业开发最为成功的领域之一。民间美术是由人民群众创作的，在日常生活中应用、流行的美术。中国民间美术种类繁多，王朝闻主编的《中国民间美术全集》（共 14 卷）中把民间美

① 谈国新，郝挺雷. 科技创新视角下我国文化产业向全球价值链高端跃升的路径[J]. 华中师范大学学报，2015(2).

② 张双燕. 大型实景演出的传播学思考——以《印象 · 刘三姐》为例[J]. 今传媒，2013(3).

术分为六大类，其中包括祭祀类、起居类、穿戴类、器用类、装饰类和游艺类。祭祀类主要是神像和供品两大类；起居类主要是民居和陈设两大类；穿戴类主要是服饰；器用类主要包括用品和工具；装饰类包括年画和剪纸；游艺类包括面具脸谱、木偶皮影、古代玩具、社火，等等。由于民间美术具有实用性功能，天然具有商品属性，所以是中国传统市场中比较活跃的产业形态。李会在《民间美术与文化创意产业》一书中把民间美术的生产方式归纳为七种形式：补贴家用的副业、家族式的手工作坊、封闭的家族传承、草市交易、庙会经营、市集营销以及民俗行业经营。民间美术属于民间手工业，民间手工业是指以私人经营的手工劳动及其协作为基础的各种手工业。从历史的发展历程来看，民间美术用品，一方面有自产自用、满足人们生活需要的可能，另一方面又被人们投入市场消费，表现出商业性。随着社会进入现代工业时代，民间美术用品不可避免地出现新的变化。其价值主要体现在：作为大工业补充的传统生活用品、作为历史记忆的文化遗产、作为现代审美对象的精神产品。①

随着文化产业的兴起和创意经济时代的来临，传统民间美术的内在价值得到彰显，如何保护传统民间美术资源，并将其纳入到文化产业发展轨道中，成为摆在各开发主体和参与主体面前的问题。民间美术产品主要靠手工制作，不仅生产效率较低，而且很可能不太符合消费者的需求。但是，民间美术与科技结合，便能很好地解决这一难题。例如，近年来在非物质文化遗产生产性保护方面已经进行了很好的探索。非遗生产性保护旨在不改变核心技艺的前提下，合理利用现代工艺，提高生产效率。纵观近年来自贡灯会的发展，科技在其中起到了极大作用。不仅在花灯的制作、花灯展示上面提高了科技含量，而且在营销上面利用互联网优势，积极

---

① 肖丰，陈晓娟，李会. 民间美术与文化创意产业[M]. 华中师范大学出版社，2012：115－155.

搭建“网络自贡灯贸会”平台,全球“灯会迷”可以借助“网络自贡灯贸会”平台,实现“网上观灯”,使这一传统工艺跃上新台阶。

第三,科技能有效提升民俗文化产品的融合能力,提高民俗文化产品的影响力。将民俗文化艺术元素与现代高科技有机交融,能够获得新的民俗文化产业创意产品。对于传统意义上的民俗文化而言,借助现代科技手段来表现与传播,必然会不同程度地改变其“原生态”与“原位性”,但是表现力与影响力却会显著增强,并产生新的审美价值。民俗文化与演艺产业、动画产业、影视产业、电脑游戏、文化旅游以及出版等领域的融合都需要借助现代高科技,利用现代技术手段对其重新包装、整合、创意,制作出新的产品。[①] 例如,动画产业是继 IT 产业后的又一个经济增长点,受到各国普遍关注。据《2014 年度中国动漫产业发展报告》显示,2014 年我国动漫产业总值超过 1 000 亿元,与 2013 年相比增长 14.84%。经过近十年的产业扶植和快速发展,国产动漫已逐步拥有了一批知名动漫产品,而且中日动漫产品市场份额的差距正在逐步缩小。民俗生活是动漫创作的土壤,民俗文化与高科技结合,是中国动漫业发展必经之路。《宝莲灯》是国内第一部采用 SR. D 和 DTS 两种数字录音技术制作的动画影片,并且还首次采用三维电脑、二维电脑制作,首次聘请故事片导演、录音师加盟共同创作,首次采用先期对白制作等多个“第一”。影片上线后的短短两个月便在全国放映 55 000 场,观众 300 万人次,票房高达 2 500 万元,位居当年全国电影票房的前三名。由此可见,科技性是民俗文化产业极为重要的特征。

五、创意性

文化产业在有些国家也被称为创意产业,但两者还是有区别

---

① 刘昂. 民间艺术产业开发研究[M]. 首都经济贸易大学出版社,2012: 152.

的。文化产业是指为社会公众提供文化产品和文化相关产品的生产活动的集合，其中包含二层意思：第一层意思代表的是商业模式的文化活动的操作方式，是指商业原则下各种文化产品的生产。第二层意思是指那些具有物质性、实体性的产业基础，包括电影业、录音设施、工厂、报纸的高速印刷线、覆盖全球的广播电视台甚至剧院、俱乐部和舞台表演等大型场所。① 创意产业是指"起源于个人创意、技巧及才能，通过智慧财产权的生成与利用而有潜力创造财富和就业机会的产业"。② 其核心是文化和创意，它推崇创新和个人创造力，强调文化艺术对经济的支持与推动作用，创意产业依托的原创性、渗透性与辐射力对经济的推动使它超越一般文化产业的含义，不仅注重文化的经济化，更注重产业的文化化。民俗文化产业的创意性是民俗文化产业发展的内在要求，也是对新的产业形态的概括和总结。

要将文化资源转化为文化产业，其中最为关键的一环就是创意，民俗文化产业同样如此。创意的概念源自澳大利亚，1994 年澳大利亚公布了第一份文化政策报告，提出了以创意国家为目标，引起了英国政府的关注。英国政府在 20 世纪 90 年代末正式提出这一概念，并推广至全球。创意是一种通过创新思维意识，从而进一步挖掘和激活资源组合方式进而提升资源价值的方法。在社会活动中，创意是人类文化活动必不可少的组成部分。在经济活动中，创意也必不可少，如工业设计、建筑设计、时尚设计等。民俗文化是涵盖社会文化和经济文化的社会生活方式和生活形态，创意几乎与民俗文化起源同步，而民俗则诞生于人类文明的曙光出现之时。创意是人类与生俱来的本能，创新创意是人类社会进步的

① 厉无畏. 创意产业导论[M]. 学林出版社，2006：6.

② 厉无畏等. 创意产业：转变经济发展方式的策动力[M]. 上海社会科学院出版社，2008：1.

源动力。因此,民俗文化产业需要通过各种创意活动将传统的、静态的、草根的、原生态的民俗文化资源的内在价值挖掘和激发出来,实现其社会效益和经济效益。“文化创意产业是以完善的知识产权制度构建及高科技的应用为基础,依托于文化资源,以创意为核心,将人的智慧、技能和天赋充分发挥作为主要投入,与各个产业、部门相结合,渗透产业链的各阶段的一门新兴产业”。[①] 创意性是民俗文化产业的重要特征,也是民俗文化产业开发能否成功的关键,民俗文化产业的创意性特征深刻地表现在以下几个方面。

第一,资源的拓展。资源是自然界和人类社会中一切可以用来创造物质财富和精神财富的存在形态。当然,民俗文化资源产业化,是经过了多年来的激烈争论的。不少人担心,民俗文化产业化对民俗文化极易造成伤害,是伪民俗、假民俗产生的根源。虽然近年来反对声音渐少,但如何进行民俗文化资源的开发仍然是不少学者关心的问题。厉无畏等学者认为,资源具有三个特点:其一,它总是相对于某项行为或事业的需求而言的,是对其具有禀赋意义的应用价值的物质存在和要素集合;其二,这种物质存在和要素集合对我们的使用而言具有既成性,作为经济增长的外生变量,是经济增长的约束条件;其三,我们尚未对其进行开发和利用,它的价值具有潜在性,而创意产业就是通过创意来推动原生态的、等待开发与利用的、有市场增值潜能的各类有形和无形资源的利用。从民俗文化资源开发而言,它是能够通过人们的劳动开发为财富的各种要素的总和。资源的存在形态有三种:废弃资源、现实资源、潜在资源。其中,现实资源是指当前有条件开发和正在开发的资源,也是人们所能够实际利用的资源。[②] 但对于所谓废弃资源,

---

① 钱丹青.民俗文化资源开发与文化创意产业发展研究[J].经济视角(中旬刊),2012(5).

② 厉无畏等.创意产业:转变经济发展方式的策动力[M].上海社会科学院出版社,2008:60-61.

即那些已经“过时了”的资源，是否就失去利用价值了呢？我们认为，资源其实也是一个动态的概念，所谓资源的存废其实不可避免地受到社会条件的制约。比如，在“文革”期间，优秀传统文化遭到毁灭性破坏，被扫进“历史垃圾堆”。轰轰烈烈的城市化过程中，又有为数众多的古城古镇在推土机的轰鸣中被彻底荡平。而这些“废弃资源”恰恰正是必须予以重点保护的宝贵文化遗产。所以在民俗文化产业的开发过程中，不仅应该对现实资源加以利用和开发，而且对所谓的“废弃资源”也应该加以挖掘，谨慎对待，拓展民俗文化产业开发的空间。这也是非物质文化遗产生产性保护的出发点。至于潜在资源，我们认为更应该通过创意性开发进行提炼和深加工，创造“从无到有”的神话。因为，所谓潜在资源，并不就等于当前无法开发要留待将来才能够开发的资源。而极有可能是那些还未得到足够重视，但却可以通过一系列创新方法使其重放光彩的资源。例如，甘肃庆阳香包原先只不过是民间生活用品。但是在庆阳市政府的引导下，最终把小香包变成了大产业。因此，发展民俗文化产业不能仅仅停留在看得见的资源上，对那些“已经看不见”的或者“还没有看见”的资源要进行深入调研，确定开发思路、制订开发计划，将那些“废弃资源”“潜在资源”开发成实实在在的民俗文化大产业。

第二，资源的转化。创意的关键是资源转化，即将原生态资源转化为具有经济价值的文化产品。民俗文化本质上是民间的、草根的、原生态的生活文化，传统民俗文化产品基本上是自产自销、自娱自乐，大都处于分散的、自发经营的状态。要将民俗文化资源转化为现代文化产品，首先要有先进的理念，有了先进的理念，民俗文化中一些具有历史积淀的物质载体，一些社会生活中的文化元素，如一则神奇的民间传说、一支古老的民歌等均可以转化为现代文化产品。海南省三亚市南山区原是一个比较荒凉的渔村，底子薄，开发难。后来，南山区文化旅游发展公司利用当地“南海观音”和“福如东海，寿比南山”的民间传说，将南山打造成具有中国特色和国际水准的生态文化旅游示范基地。1998 年 4 月 12 日一期开园迎客，当年游客 50 万人次，营业收入 3 600 万元；2007 年，游客量达到 200 万人次，年营业额超过 2.5 亿元；2014 年，共接待游客 392.9 万人次，实现营业收入 5.71 亿元。从昔日的一片荒山，到今天年接待量接近 400 万人次的国家 5A 级旅游景区；从昔日黎族聚居地，到今天海南旅游排头兵，南山景区已成为三亚游客人次最高的景区，成为中国佛教文化的新圣地。

第三，资源的整合。通过资源组合方式达到资源保值增值目的，是民俗文化产业的重要特征。资源整合就是将各种原生态存在的、等待开发与利用的、有市场增值潜能的资源集合到一起，赋以全新的价值和使用价值，从而实现其经济价值和文化价值。例如，陕西省依托丰富的民俗文化、红色文化资源，建立了总投资 6 亿元、占地 38.07 公顷、建筑面积 10 万平方米的民营体制的“关中民俗艺术博物院”，它以民间信仰的祭祀活动、民间文艺的展演、农耕文化的节庆活动、民间技艺的传承等形式进行开发利用，成为爱国主义教育基地、民族文化遗产研究保护基地、非物质文化遗产保护展示基地、民俗遗物保护展示基地和文化产业示范基地，为延伸文化产业链和促进文化旅游发挥了重要的示范作用。

民俗文化产业创意性的资源整合还表现在民俗文化与其他艺术形式相互融合，从而使民俗文化资源焕发出新的光彩。由著名舞蹈家杨丽萍首次出任总编导和艺术总监并领衔主演的大型原生态歌舞集《云南映象》，将传统歌舞和新锐舞蹈、现代舞美完美整合，在现实基础上再现了神话般的云南民族风情。而《印象·刘三姐》则将民俗演艺与实景相结合，其景区是一个全新概念的两栖景区，白天是一个民俗文化实景公园，晚上则是以实景演出为主的大剧场，创造了一个全新的民俗文化旅游开发模式。因此，民俗文化产业具有强烈的创意性。民俗文化产业的发展不再简单地囿于过去传统文化产业的概念，必须通过资源整合、跨界融合促成不同行业、不同领域的重组与合作，创新民俗文化产业增长模式，培育新的民俗文化消费市场，推动民俗文化产业繁荣发展。

本章小结

民俗文化产业的兴起，曾经引起很多人担心，认为民俗文化走向市场之后，会出现民俗的变味，会“沾染”上商业的气味，甚至认为，民俗文化产业的开发，是对传统民俗文化的冲击和破坏。不可否认，在民俗文化走向市场的过程中，确实存在着大量急功近利、盲目开发的现象，但从整体上看还是利大于弊。民俗文化产业是资源产业、内容产业、智慧产业，它为民俗文化传承提供资本增值、技术创新、空间再造，使许多原本退出人们日常生活的民间技艺不仅得到复活，而且通过技术革新，创造出了更适合现代生活的民间手工艺品；使许多濒临灭绝的民间艺术形式，获得了更为广阔的发展舞台；使许多原本已经淡出大众日常生活的民俗活动，重新被点燃、被激发出来，成为公共文化活动的一部分。

《国务院关于推进文化创意和设计服务与相关产业融合发展的若干意见》中提出：要“依托丰厚文化资源，丰富创意和设计内涵，拓展物质和非物质文化遗产传承利用途径，促进文化遗产资源在与产业和市场的结合中实现传承和可持续发展”。要“鼓励各地结合当地文化特色不断推出原创文化产品和服务，积极发展新的艺术样式，推动特色文化产业发展”。在国家一系列文化产业政策推动下，民俗文化产业必定能够在传统文化创新传承方面取得更大进步，实现可持续发展。

第三章 民俗文化产业的开发与经营

文化产业是21世纪最具发展潜力的产业之一，是社会文化的生产系统和社会精神秩序的表达系统。它通过经济的载体建构时代的政治文明景观，通过人、社会、自然与国家的互动，提高和推动人的全面发展和文明的全面进步。[①] 民俗是人们日常生活的演化，属于社会文化现象，具有民族性与地域性、文化性与艺术性、大众性与参与性、多样性与神秘性和巨大的经济开发性、可持续性、环保性等"阳光型"特点。

随着世界经济、科技一体化，文化产业机械复制化，相伴而生的是文化标准化趋势越来越明显，文化产品在机械化时代下复制生产，以前所未有的速度消解着人类的精神文明。另一方面，经济的快速发展，人类社会的现代化进程加快，物质生活条件具备一定的基础之后，必然要表达对精神文化生活的要求。因此，寻找文化传统，保护文化遗产，维护文化的多样性、可持续发展逐渐成为人们的一种自觉追求。

民俗作为文化产业这个前沿性产业中的一种新元素，由于受人口、资源、环境等因素影响较小，其所独具的区域性、民族性等又具有高附加值特点，正以一种"软实力"的姿态为各级政府部门、广大专家学者所重视，并加以大力研究和开发，[②]民俗文化的经济

---

① 胡惠林，王靖. 2013：中国文化产业发展指数报告（CCIDI）[M]. 上海人民出版社，2013：1.

② 刘敏，潘贵渝，张荣，方新芬，杨泳江. 民俗旅游与生态旅游比翼双飞——浅论黔西南民俗文化产业的开发[J]. 旅游纵览（下半月），2015(5).

价值日益受到社会各界普遍关注和重视。以传统民俗文化的开发、经营形成的民俗文化产业是以民俗为核心、文化资源为基础依托，对整个文化产业结构调整与优化，对民族文化重新建构与解读的新型文化产业，它有利于文化的传承、民族精神的弘扬，更有利于改善民生维护社会稳定，是未来经济社会发展的“黄金产业”。

第一节　民俗文化产业的开发

民俗是人民大众在社会生产和日常生活中逐渐形成的代表本民族文化特性、民众思想意识和价值观念的文化。随着社会发展、时代变迁，民俗文化作为一种传统文化的存留，它本身所具有的这些特质越来越吸引现代人的眼光，继而激发民俗文化的经济性，带来经济价值，为社会主义市场经济发展、和谐社会建设发挥了重要作用。为此，对民俗文化产业开发研究成为我们当下探讨的热门话题。现阶段，我们更应该在保护为主、抢救第一、合理利用、综合发展的十六字方针指导下，探索民俗文化产业开发所应遵循的原则。

一、民俗文化产业的开发原则

民俗文化资源既是宝贵的精神财富，也是宝贵的物质财富，对其进行合理开发利用可获得巨大的经济效益和社会效益；但在民俗文化资源开发过程中，类似的民俗文化的伪造、民俗文化资源被破坏、民俗文化同质化以及民俗精神淡化等现象时有发生，这就要求我们在开发过程中必须坚持一定的开发原则。

（一）保护性原则

民俗文化是不同地区、不同民族人们最珍贵的文化记忆，它对于人类的生存发展具有独特的价值，既反映了一个地区、一个民族的历史，也体现了一个地区、一个民族的文化和社会生活，因此在近年兴起的“文化旅游热”中,民俗文化旅游成为旅游界新的“宠儿”。不同时期、不同民族、不同区域内民间的古老文化、风俗习惯,激发起现代人的求知欲和好奇心,一时间游客纷纷涌向“民俗文化村”、“民俗文化街”,去体验、感受古老民俗传统。在巨大的商业利益驱动下,大量社会资本、民间资本等涌向民俗旅游开发领域,数不清的民俗村、民俗城、民俗商业街等纷纷开工建设。但在实际开发过程中,不少是以损害民俗文化资源为代价进行的商业操作。

龙华寺是上海地区历史最久、规模最大的古刹。相传由三国时期西域僧人康僧会初创,后经唐代修缮,宋代发展,至明中叶成为上海名刹。1996 年,上海徐汇国有资产投资经营有限公司成立上海龙华旅游城开发有限公司,对龙华地区进行全面开发,旨在建设以上海为中心、辐射长三角的旅游新世界。龙华旅游城的开发宗旨是好的,希望通过对全区资源进行整合,构建龙华旅游区的多元文化形态。如以寺塔为载体的佛教文化,以陵园为载体的革命传统文化,以节庆为载体的民俗文化,以旅游城为载体的商业文化,以古镇为载体的江南水乡文化,以龙华港为载体的水文化,以机场为载体的航空文化等。[①] 然而在实际开发过程中,龙华旅游城开发对民俗文化资源的破坏力非常大:龙华荡填平以及古塔、庙宇的拆迁,使佛教文化资源遭到破坏;新城改造、工商管理执法以及安全卫生执法等城市文明建设,使唐代就已初具规模的龙华庙会受到一定程度的打压;昔日“龙华寺畔草萋萋,柳绕江村花映溪。十里桃花红不断,画船常滞画桥西”的诱人风韵,也因旅游城工程施工,生态破坏严重,树木花草不见踪影;旧城改造,老居民迁出,龙华地区传统生活文化出现断层,等等,对当地文化资源造成的损害无法估量。

---

① 范能船. 龙华旅游区深度开发的原则和设想[J]. 旅游科学,2005(1).

因此，在民俗文化资源开发过程中，应该将文化资源保护放在首位，一旦出现资源和环境遭到破坏的情况，要及时调整和修改开发计划。同时提倡全民绿化，搞好生态文明建设。

（二）本真性原则

民俗文化产业开发过程中要坚持本真性原则，杜绝“滥、假、空”现象的出现。很多民俗旅游景点、民俗手工艺品在开发、生产过程中，由于没有进行充分的市场调研和准确详实的民俗历史考察，就开始盲目、重复建设，粗制滥造，甚至为了追求商业利益不惜照搬照抄其他地方民俗事象，失去该地民俗的真实性。民俗文化产业高利润低投入的特点，常常会出现开发者追求商业目标而不顾社会效益与环境保护的问题。在经济利益的驱使下，为吸引更多的观众、游客，原本在重大节日才会出现的民俗行为，可以任意安排时间上演；在甲地出现的景点乙地也会复制开发继而传播到丙地……复制造假类的“伪民俗”大量出现。著名民间文艺家、中国民间文艺家协会会长冯骥才说过这样一句话：“文化的克隆就是灵魂的下跪。”各民族、各地区民俗文化各具特色，上述行为不仅丧失了民俗文化的本真性，也会让当地人逐渐丢失他们共同的文化心理，严重的可能丢掉民族文化认同感。而游客的大批涌入势必对传统村落民俗人文自然景观、生活环境造成一定的损害，传统村落保护、生态环境保护与民俗旅游发展之间出现多种矛盾。

（三）文化性原则

民俗是鲜活的文化，是文化活化石，是生活中的文化智慧，是原生态的文化基因，对其保护、发展可形成全社会的文化自觉，既有利于文化的恢复和发展，又有利于文化生态的规划与建设。[①]民俗文化蕴涵着一个民族传统文化的精髓，原生态地反映着一个民族的思维方式、审美方式以及独具特色的历史文化发展轨迹。

---

① 王文章. 非物质文化遗产概论[M]. 文化艺术出版社，2006：86.

不同民族的文化发展模式千姿百态，民族文化的差异性和不可复制性构成了人类文化多样性，为世界文化多元共存共生起到巨大的促进作用。民俗文化产业在开发过程中应尊重民俗文化的这种特性，针对不同的资源形式采取不同的开发战略，全方位多角度地理解民俗文化事象；同时，营造民俗文化氛围，针对不同时期、不同地域、不同民族人们的民俗传统进行考量，可以在社区中建立讲习所、宣讲队等，宣传、讲解民俗文化，提高人们的民俗文化知识储备。最后，要兼顾长远利益与眼前利益，坚持将社会效益放在首位，社会效益和经济效益相统一，推动民俗文化产业健康发展。

（四）市场导向性原则

民俗文化产业开发是否成功最终要通过市场来检验。因此，必须按照市场需求开发适销对路的民俗文化产品及服务。对民俗文化产业进行市场细分，根据不同指标，采取不同的生产、营销策略，从而最终实现企业既定目标。我国民俗文化资源丰厚，黄土高原的窑洞、西南边陲的干栏式建筑、青藏高原的土石民居、东北密林中的木屋等建筑民俗；中华老字号北京全聚德烤鸭、天津狗不理包子、上海杏花楼、南京灌汤包等饮食民俗；傣族喜获丰收祈求安康的泼水节、蒙古族体育竞技的那达慕、土家族传统舞蹈素有“东方迪斯科”之称的“舍巴”摆手舞等节庆、娱乐、游戏民俗。传统民俗文化资源伴随着我们的日常生活、劳动生产、衣食起居、宗教信仰、节庆礼仪、人际关系、娱乐表演、婚丧嫁娶等的方方面面，在进行产品开发过程中要对自己的民俗文化资源调查摸底，准确定位，综合考虑人文因素如消费者年龄、性别、社会阶层、家庭收入等，性格心理因素如兴趣、生活方式等；行为因素如消费行为、对品牌产品的忠诚度等；地理因素如城市、地区、交通情况等。只有这样，企业才能在进一步了解市场情况、预测市场未来、分析市场动态的基础上，作出准确的市场定位。

（五）可持续发展原则

可持续发展就是既要满足当代人的需求，又不对后代人满足其需求的能力构成危害的发展。要求我们在当下的民俗文化资源开发过程中坚持“保护为主，抢救第一，合理利用，传承发展”的方针，在有效保护民俗文化资源的前提下进行合理的产业化开发利用。民俗文化资源具有遗存价值和经济价值双重属性，且遗存价值越大所带来的经济价值也就越大，其中遗存价值是其基础和前提条件，只有确保民俗文化资源的存活才能带来经济效益的增长。民俗文化资源的经济价值是依存于其遗存价值而存在的，因此在追求物质经济利益的同时一定要保证民俗文化资源的活态传承，切不可竭泽而渔，本末倒置，不利于可持续发展。

（六）社会效益和经济效益相统一原则

民俗文化产业开发具有经济和文化双重属性，但在越来越多的民俗文化产业开发中，许多优秀文化资源由于开发主体只看重经济效益而忽视社会效益，因而被庸俗化、低俗化，甚至恶俗化，忽视人文精神和社会责任。社会效益和经济效益相统一，既是保护民俗文化资源的有效方式，也是民俗文化产业可持续发展的必然要求。

二、民俗文化产业的开发模式

我国民俗文化资源储量丰富，民俗文化产业发展既能满足人们多样化的审美与消费需求，又能促进社会经济文化发展，成为“生态文化工程”的一部分。从全国范围来看，我国民俗文化产业开发模式主要有民俗文化旅游、传统民间工艺制作、民俗文化商业街的建构、民俗文化主题公园等。

（一）民俗文化旅游

在全国旅游产业中，民俗文化旅游成为新亮点。民俗旅游是民俗文化产业开发的立足点，是一种深层次的文化旅游，具有明显的民族性或地方特色。民俗旅游表现了一种特殊的经济交换关系，旅游地居民通过销售自身民族文化产品和服务，获取一定的经济利益和就业机会。民俗旅游产品主要是由旅游目的地民众的生活方式、宗教信仰、饮食文化、民族特色等组成的。当地民众态度的好坏，素质的高低，将直接影响到民俗旅游产品的质量。由于民俗旅游满足了游客“求新、求异、求乐、求知”的心理需求，成为旅游行为和旅游开发的重要内容之一，①也是民俗文化产业开发的主要内容。

来自国家旅游局、国家统计局及中国文化创意产业网的相关资料显示，2015 年五一劳动节期间，北京民俗旅游收入 2 亿元，同比增长 10.2%。陕西兴建了袁家村、马嵬驿等一批优秀的民俗文化旅游基地，2014 年全省接待民俗旅游游客 11 574.5 万人次，比上年同期增长 25.2%，旅游收入 126.4 亿元，比上年同期增长 28.3%。2015 年，广西新建 100 多个乡村旅游基地，全年新增星级乡村旅游区 30 家，其中五星级 3 家、四星级 12 家；新增星级农家乐 119 家，其中 4 星级 28 家；推进旅游和生态保护的结合，新增国家生态旅游示范区 1 家、自治区级生态旅游示范区 7 家、森林人家 15 个，评定广西特色旅游名镇名村 6 家。福建为海上丝绸之路重要起点和发祥地，拥有绵延曲折的海岸线、星罗棋布的岛屿以及丰富的民俗文化。福建省大力发展民俗旅游产业，如倾力打造武夷山夜间旅游项目《印象·大红袍》，开办中国闽台缘博物馆，举办茶博会、妈祖文化节、开漳圣王文化节等一系列民俗节会，近年来，乘民俗旅游之风大力发展民宿产业，以“唤醒”生态乡村旅游资源，推动福建省文化旅游发展。

民俗文化旅游以表现传统民俗、地域民俗为主，是文化的一种鲜活展示，给人以文化和精神享受。民俗文化旅游作为民俗文化

① 魏雅姝. 民俗旅游发展分析[J]. 合作经济与科技，2015(17).

产业开发的一种有效模式，在带动地方经济社会发展，缓解就业压力，提高地方知名度和美誉度，改善人民生活水平等方面都发挥着卓有成效的作用。

（二）传统民间工艺制作

传统民间工艺制作范围广泛，包括木版年画制作、石雕、石刻、刺绣纺织、香包生产、民间剪纸等以手工生产为代表的民间工艺美术品。它与普通工艺品最大的不同在于技艺独特，是各地区、各民族社会历史、风俗习尚、审美观点的物化表现。作为民俗文化资源的重要内容，传统民间工艺制作也成为民俗文化产业开发的一种模式，社会影响力越来越大、范围越来越广。

苏绣是苏州地区刺绣产品的总称，位列中国"四大名绣"之首。苏州镇湖镇为全国最为著名的刺绣产业基地。2006 年，镇湖苏绣被批准列入第一批国家级非物质文化遗产名录，同年，入选第二批国家文化产业示范基地，并被文化部命名为"苏绣文化产业群"。经过多年的积累，苏绣已逐步形成较为完整的刺绣文化产业链。目前，镇湖共有绣庄、绣坊等各类商户 450 家，其中年销售额 500 万元以上的绣庄超过 100 家，形成了包括设计、生产、装潢、销售等在内的较为完整的产业链。镇湖刺绣业不仅带动了区域经济的发展，还为提高就业率、增加农民收入作出了很大贡献。2012 年，镇湖刺绣销售额接近 12 亿元，对当地经济贡献率达 79.9%；农民人均纯收入中 75% 以上来自刺绣，依托刺绣产业，全镇就业率超过 95%。[①] 苏绣作为传统民间工艺，为其他民间手工艺产业化开发作出了很好的示范效应。

福建为工艺美术大省，历史悠久、风格独特、品种繁多、技艺精湛，积淀了丰富灿烂的优秀传统文化，在国内外享有盛誉，是中华

① 齐崇文. 苏绣产业化之困——以镇湖刺绣业为考察对象. //中国文化产业评论·第 18 卷[M]. 上海人民出版社，2013：281.

民族宝贵财富之一，寿山石雕、莆田木雕、惠安石雕、德化陶瓷、仙游古典家具等众多知名工艺美术产品蜚声海内外。在省委、省政府的大力推动下，福建工艺美术产业朝着基地化、规模化、园区化、产业化、市场化、品牌化方向发展，成为福建的朝阳产业。2011年，全省工艺美术规模以上总产值603亿元，同比增长28.9%，销售额590亿元，同比增长28.4%，出口交货值250亿元，同比增长22.2%。其中，德化陶瓷、惠安石雕、莆田和仙游木雕及古典家具、泉州丰泽树脂工艺品等产业集群，依托龙头企业和重点产业园区的建设获得长足发展，在国内外形成较大的影响力。①

（三）民俗文化商业街

随着中国城市化进程的明显加快，城市功能也日趋完善，打造特色民俗文化商业街，使之成为城市经济发展新的增长点，越来越受到各地政府的重视，同时也成为商业地产争相开发的热点。民俗文化商业街成功的关键就是将民俗文化与商业营销巧妙结合起来，让顾客在体验民俗文化的同时进行消费。例如成都锦里民俗一条街，除有名的酒吧文化、三国蜀文化之外，另一个具有特色的就是川西民俗文化，将剪纸、捏泥人、民俗服装秀表演、皮影表演等传统民俗文化，通过商业表演等形式向顾客展现出来，让他们在体验、感受民俗文化的新奇、独特之处时，为民俗文化产品及服务买单、消费。

天津鼓楼商业街是集旅游、购物、娱乐、展示、休闲风情于一体的综合旅游场所，其中很大一部分内容为民俗文化消费。在民居建筑上，天津鼓楼商业街主要以青砖瓦房的明清建筑风格为主，主体二至四层，高低错落有致，使游客有置身古代之感。以鼓楼为中心，三街采取不同的风格：南街——天津风情街，北街——古董珠宝街，东街——精品购物街，是现代与传统的有机结合。其中南街

---

① 庄贝妮，陆晓倩. 推进福建工艺美术产业跨越发展[N]. 福建日报，2012－11－20.

以天津传统民俗文化、天津老字号民俗特色商品、餐饮、娱乐为主，代表商铺主要有老美华、盛锡福、果仁张、贵发祥麻花、狗不理包子。民俗文化商业街的开发是在深入挖掘一地民俗文化资源的基础上，将商业地产与民俗开发有机结合的产业发展模式。商铺店主既是民俗文化的传播者又是民俗文化的出售者，既有效保护了当地的民俗文化又适时进行了发展传播。民俗文化商业街的建设将当地分散的民俗文化资源整合规划集中到一起，使得来往顾客可以深入了解当地的历史文化沿革，同时经营完善的商业街也可以发展成为新的旅游景点，为地方经济发展注入新的活力。

（四）民俗文化主题公园

中国民俗文化资源有着自己的诸多特点和不可复制的魅力，民俗文化资源开发在民俗文化产业发展中处于基础地位，民俗文化产业的开发模式在很大程度上要契合地区人文特色，发挥资源优势从而产生经济辐射效应。民俗文化主题公园开发，一是围绕某一特定民俗文化主题，与旅游相结合进行深度开发而形成的主题公园形式，类似的有开封清明上河园、西安大唐芙蓉园；另一种则是整合一个区域的民俗文化资源或是将异地民俗文化资源原汁原味地进行移植，集中包装、提炼，采取人造景观开发方式进行场景再现，比如深圳锦绣中华、北京中华民族园等。

前一种模式中，开封清明上河园为北方大型宋代历史文化主题公园，园区按照 1∶1的比例把宋代著名画家张择端《清明上河图》还原，拥有大小古船 50 余艘，各种宋式房屋 400 余间，设有跑马场、宋代主题游戏园民俗风情一条街等，走在园区里可以充分感受宋代居民生活，民俗风情浓厚，以“旅游 + 饮食 + 民俗演出”为主要发展模式，是中原地区最大的真实性极高的气势磅礴的宋代古建筑群，更是体验宋朝开封民俗的大众乐园。第二种模式中，锦绣中华是深圳华侨城的一个旅游区，集中表现了中国的传统文化和民族民俗文化。2003 年,锦绣中华和中国民俗文化村两园合一,中国民俗文化村内含 21 个我国少数民族的 24 个村寨,按 1∶1 比例建成,有“中国民俗博物馆”之称,民俗文化村荟萃了中国各地的民族服饰、民族风味、民族建筑及民间艺术风情。

三、民俗文化产业开发存在的问题

民俗文化在开发过程中所表现出来的潜在商业、经济价值,使得目前一部分民俗文化正在经受金钱至上等风气的误导。作为被开发的对象,民俗文化受到的破坏远远大于保护,开发过程中累积了许多亟须解决的难题,而这也是目前国内民俗文化产业开发的现状。

(一) 伪造现象严重

经济民俗学现象的出现,使人们意识到传统文化的现实经济价值和长远发展价值,于是各地纷纷打着“复兴传统文化”的幌子,开发民俗文化资源。民俗成为商品,在文化消费市场中占有率越来越大。我们到一地,最值得期待的也是当地的风土民情。加之近年来兴起的民俗文化旅游,使得不少民间资本、社会资本参与到该领域中去。民俗文化旅游在对一地经济、文化、社会发展作出贡献的同时,有时也会对该地民俗文化资源造成一定的损害。其中,伪造与破坏是最为严重的问题。

刁统菊等人在《我国民俗文化的现状分析》文中提到,民俗文化资源作为经济资源去开发,就难以避免个别地方为了满足游客的猎奇心理从而达到吸引游客的目的,而想方设法造假,制作一些原本不存在的民俗事象来欺骗游客。如果地方政府存在急功近利的想法,那么盲目建设就有可能发生。民俗风情乱编乱造、盲目追求经济利益的现象极为普遍。有的地方以民族风情表演为幌子进行强行“捐献”,结果使游客大呼上当,损害了民俗旅游乡土性和古朴性的特色。一些餐厅为了吸引游人,不注意表演质量,随意表演一些民族歌舞。[1] 碎片化、市场化的传统节日、歌舞戏曲表演等使传统民俗文化不再具有神圣性、隆重性和特定性，民俗文化精神在逐渐流失。

（二）区域间发展不平衡

我国区域文化产业发展还存在着不平衡状态。总体而言，东部六省市的文化产业发展远高于中西部地区，而在中西部地区内部，西南地区则远高于中部和西北地区。民俗文化产业发展也是如此。例如，河南省开封市素有“七朝古都”的美称，开封朱仙镇木版年画诞生于唐，发展于宋，鼎盛于明清时期，历史文化底蕴深厚且保存状态良好，凝聚着中华民族五千年的灿烂文明史，被公认为民间年画的“鼻祖”。2006 年朱仙镇木版年画被列入第一批国家级非物质文化遗产名录。经过百年发展的朱仙镇木版年画，形成了自己独特的风格：形象夸张、色彩艳丽、构图饱满、左右对称、线条粗犷、粗细相间，在年画领域具有一定的盛名，也常被其他年画作品引荐。但当天津杨柳青、山东潍坊、苏州桃花坞、四川绵竹“两南”“两北”年画产业化发展的今天，地处中原的朱仙镇木版年画却在产业化道路上举步维艰，小作坊式经营生产，开发力度不够，规模小，销量有限，难以形成品牌产品，市场占有率低。

河南地处中原，一直以农业大省自居，文化产业发展相对落后，民俗文化产业开发更是微乎其微。以京津唐、长三角以及巴蜀经济带为依托的四大年画，在总体经济发展程度、优秀人才配备以及市场开发力度、生产经营等方面都优于朱仙镇木版年画。产业化发展中，四大年画中原本名气相对薄弱的四川绵竹年画，成立了中国绵竹年画村，开发出了刺绣年画、陶版年画、手绘年画等上百种与家装、生活相关的年画品种，从事年画产业的人员有 1 000 多人，年画产量从最初的年产 4 000 幅增加到 2013 年的 3 万幅，年画

① 刁统菊，曲洪炜，刘爱昕. 我国民俗文化的现状分析[J]. 河北师范大学学报，2006(5).

从业人员的年人均创收也达到2万元。[①] 相比之下,朱仙镇木版年画的产业化开发力度过小,从事生产和经营的商家只有二三十家。生产者和经营者一般是当地农民,缺乏一定的市场敏感度,主要靠祖上习得的手艺进行简单的制作销售,没有形成年画产业化生产规模,使其在与其他年画产品的市场竞争中处于弱势地位。

(三)内容同质化现象普遍

任何民俗事象都是当地人在特定条件下为生活得更好而自然形成的,它们有其特定的功用、意义和产生的原因。有些地方在恢复民俗事象时,只重形式,没有对其文化内涵予以深入的考证和调研,而是从谋利和迎合游客的角度出发,使之成为某种廉价消费的快餐,从而消解了民俗文化的原真性,失去了真正的文化意义。而且,为了追求经济利益,大量粗制滥造,相互模仿、低水平重复建设现象比较普遍,不仅造成资源浪费,也加大了企业的投资和经营风险。

(四)文化生态环境受到挤压

有些民俗是在一定区域环境内才能存活下去。旅游业的发展、民俗文化产业的开发首先在硬件设施上改善了一地的交通环境,很多少数民族因其封闭性而保存下来的原生态民俗文化,因外来者的进入、与外界沟通的加强,其生活方式、思想意识慢慢发生改变,传统民俗文化生存空间、生态环境在不同程度上遭到破坏。由于商业利益的驱使,原来一些古建筑、古民居等被拆建的现象屡见不鲜,另有一些开发商为筹建类似的民俗文化博物馆等场所,高价收购民俗文化用品,使当地人失去民俗文化的载体、依托,这都对其文化生态环境造成破坏与挤压。

---

① 唐金龙.绵竹年画村:一幅画里的产业.四川在线—华西都市报,http://news.163.com/14/0208/04/9KHK5TM000014AED_mobile.html.

四、民俗文化产业开发的对策与建议

针对民俗文化产业开发过程中所产生的问题，解决当下民俗文化产业开发“疾病缠身”的现状，在其产业化开发过程中可采取以下措施，促进其健康发展。

（一）保护第一，可持续发展

民俗文化资源掠夺性的开发、监管部门保护力度低、超负荷的游客接待量等原因，使得大量民俗文化资源没有得到有效保护，损坏严重甚至惨遭流失。这就要求我们在民俗文化产业开发过程中，明确民俗文化资源保护与产业化开发的关系。民俗文化资源保护与开发是一种辩证关系，保护是开发的基础前提，开发是保护的必要体现。对民俗文化资源进行有效保护的目的是为了更好地开发，是在更高层次上实现对民俗文化资源的保护。所以，应将保护理念贯彻到整个民俗文化产业开发过程中。

在进行产业化开发时，要对民俗文化资源进行深入调查与研究，哪些是可产业化的部分，哪些需要进行全方位的保护不能投入市场，都要有详细明确的条目，做到有所取舍，这样才不会在开发过程中出现胡子眉毛一把抓的现象，既没有进行特色开发也损害了宝贵的文化资源。

（二）原汁原味，不模仿不雷同

民俗文化体现着人类文化多样性，是人类创造力的象征，更是人类知识、情感、价值观念的体现。不同的地方有着异于其他地区的民风民俗，都真实地反映了一个地区的文化风格，代表了一个地区的精神风貌。在市场经济的作用下，一些地方政府一味地追求经济效益，而造成了许多“伪民俗”现象的存在，不仅消解了人们对民俗文化的热衷度，同时从长远来看也不利于地区经济社会发展，违背了民俗文化产业开发的初衷。一些特色民俗文化产业被模仿抄袭，造成各自差异性模糊，产品服务雷同，自身定位不清。因此，要深入调查本地特色民俗文化资源，对比研究异地民俗文化特色，找出相似与不同之处。要重点把握差异性，在有效保护的前提下制定科学合理的产业发展规划，对其中核心部分可申请专利，进行知识产权保护，用法律维护自身权益。

（三）深入挖掘，形成民俗文化产业链

民俗文化产业深度开发要求打造民俗文化产业链，这是全面优化配置民俗文化资源的必然要求，也是充分挖掘利用民俗文化资源的必然结果，更是新时期民俗文化产业开发的必然发展趋势。民俗文化产业链可以使上下游产品与服务有机结合起来，形成整体区域优势，发展成为民俗文化产业集群；也可以大大降低企业资本投入，形成实现旅游、商业、文化、配套产业支撑的民俗文化产业链。国内目前存在一些开发肤浅的民俗文化旅游项目，人们来到一地变成走马观花式的旅游，而不能深刻感受到当地民俗风情，不能将最具特色的民俗文化呈现给游客，在人们心中产生不了共鸣，无法激发游客的归属感和认同感。这是对民俗文化资源的一种浪费。在民俗文化产业开发过程中，深入挖掘、整合资源，形成民俗文化产业链，可以有效解决上述问题。

（四）改善服务，加强基础设施建设

民俗文化作为一种可开发的产品与服务，在开发过程中基础设施建设和服务质量不可忽视。有了丰富独特的民俗文化资源，基础设施建设是否完善、服务是否到位便成为一地民俗文化品牌建设的重中之重。必须全方位地开发衣、食、住、行、购、娱等互相配套的项目。开设民俗文化辅导班，培养和提高从业人员的文化修养、知识储备和服务水平，全面提升民俗文化产业的发展质量和竞争力。

第二节　民俗文化产业的经营

社会在发展，民俗在演进，我们应重视发挥民俗文化产业在经济社会中的积极作用，促进民俗文化产业在国民经济中的比重不断提升。对民俗文化资源进行科学开发、合理经营，为社会发展带来长期经济效益和社会效益，是目前需要着手解决的重要问题。

一、民俗文化产业的经营模式

民俗文化产业的经营模式，指的是民俗文化经营开发主体为实现所确认的价值定位、经营宗旨而采取的一些方法措施。从国内发展来看，主要包括社区营造人民参与、“公司 + 农户”、“公司 + 合作社 + 农户”等模式。

（一）社区营造人民参与

民俗文化产业经营离不开人的参与，与一般企业经营管理方式不同，民俗文化产业经营提倡社区营造、人民参与。从社区生活出发，集合各种社会力量与资源，通过社区动员与行动，鼓励居民直接参与经营与管理，让居民更加深入地了解民俗文化产业发展可能带来的经济效益。同时，社区营造人民参与，人人争当企业经营管理主人，有了荣誉感和责任感，这样在民俗文化产业经营过程中主人翁意识就会增强，有利于民俗文化资源保护与开发。居民与民俗文化开发、经营之间就会逐渐地建立起紧密的社会联系，在共同延续民俗文化、发扬保护民俗文化资源中立场一致，在经济发展、社会和谐等过程中利益均沾。这样不仅提高了居民的社区意识、社会交往能力、组织能力、社会责任感，同时也可以缓解当地就业压力，实现人民增收。

社区营造是效法日本“造町”（Machizuckuri）的精神所拟定的文化政策，是以“社区共同体”的存在和意识作为前提与目标，借着社区居民积极参与地方公共事务，凝聚社区共识，培养社区的自主能力，也让社区居民共同经营“产业文化”“文化产业化”“文化事务发展”“地方文化团体与社区组织运作”“整体文化空间及重要公共建设的整合”，以及其他地方相关文化活动等。这样一来，因社区民众自主参与，使生活空间获得美化，生活品质获得提升，改善了社区生活环境，增添了社区福利，进而促使社区活力再现。日本将民俗文化产业与社区总体营造相结合，策略上一方面调查地方文化特色、产业特性及资源，另一方面提升产业科技，促成都市与社区再生，让居民由具有共同认知、共同归属感、共同价值、共同精神与社区文化来妥善经营民俗文化产业。

因此，在民俗文化产业经营管理中可实行社区营造人民参与的方式来促进民俗文化产业的发展，使两者之间得以沟通与联系，信息得以交换，产业与社区两者延伸或交叠，达到互动的目的。[①]

（二）"公司+农户"共同经营

"公司加农户"是我国推进农业产业化进程中出现的一种以市场——龙头组织——个体农户为格局的生产经营模式，是为了解决家庭联产承包责任制实施过程中出现的农户小规模经营与市场经济条件下的大市场运作之间的矛盾而产生的一种农业化经营模式，它的优点在于把现代市场经济条件下的国家调节市场、市场引导企业的经济运作机制，具体化为政府通过市场调节公司，公司引导农户。[②] 这种模式使得公司与农户之间通过订立合约的方式，在规定相互权利和义务的基础上，将产供销联合起来，结成利益联合体，按照利益共享，风险共担的原则进行农产品的生产，加工及销售。[③]

民俗文化产业可采取"公司+农户"经营模式，使产业化零为整，集群、集聚、规模化、组织化、标准化、系统化生产。"公司+农

① 张梅青，张蕾. 文化创意产业与社区交融互动模式研究——借鉴台湾社区营造实例[J]. 山西财经大学学报，2010(2).

② 张士儒. 地方政府在运作公司加农户模式过程中应当注意的几个问题. 辽宁师专学报[J]，2005(3).

③ 凌六一，胡中菊，郭晓龙，梁樑. 单一市场和组合市场下的"公司加农户"交易模式[J]. 系统管理学报，2012(3).

户”经营模式的开展，最大的优势在于公司与农户之间的短期契约长期化，二者实现了公司监督与农户群体自我监督的有效结合，降低了双方的交易成本。在公司的统一领导管理下，以各家各户的作坊生产为主，公司开发，开拓市场，统一组织内销或出口，取得丰厚的经济效益，集体得利，老百姓也可以增加收入。天津武清区拾棉庄的“绢花”生产，起初由村里几家农户自发进行，但销路不好，产品很难打开消费市场。成立公司后规模很快发展到全村乃至邻近几个村，绢花远销国内外。类似的河南民权县画虎村也是走公司加农户经营之路，原来村里只有几家画虎，公司成立后家家画虎，为当地人民创收提供了新方式。

（三）“公司＋合作社＋农户”联合

“公司＋合作社＋农户”是一种在农业经济发展中的开发模式，将民俗文化产业套用此种经营模式，则可以表示为公司来生产经营民俗文化产品与服务，组织农户加入形成合作社。基本特征是公司以合作社的组织方式建立起公司与农户之间的纵向长期契约关系。[①] 不同于“公司＋农户”经营模式，主要靠小作坊式生产，公司统一收件进行销售，在一定程度上增加公司收入风险从而直接影响农户创收。如果销路不好，产品滞销，农户受到的伤害首当其冲。“公司＋合作社＋农户”的经营模式，使得合作社成为公司产品的生产基地，农户与公司签署合作协议，通过计件生产或者计时生产等方式，不需要农户自身设立作坊，农户从生产经营者变为公司员工，替公司出力，哪怕销路不好公司亏损，也对自身没有太大的损害，并不与公司风险同担。这种模式实质上是“公司＋农户”模式的完善，能够最大限度保护农民增收。同时，对于公司而言，可以根据消费市场需求，有效控制产品产量、提高产品质量，根

① 苑鹏．“公司＋合作社＋农户”下的四种农业产业化经营模式探析——从农户福利改善的视角[J]．中国农村经济，2013(4)．

据自己的发展要求自由控制企业生产规模。

“公司+合作社+农户”的经营模式，通过法律条文、合约等方式固定下来，农民员工在一定的约束力下可以高效完成生产任务，公司也必须按照合同规定支付一定的劳动报酬，这对于双方来说都是双赢的举措。

二、民俗文化产业的经营策略

在激烈的市场竞争环境下，要想实现企业既定目标，文化企业必须采取妥善的竞争方式和经营策略，才能激流勇进，在文化市场中占有一席之地。

（一）广告投入，加大宣传推广

企业要想让顾客购买自己的产品，必须分三方面来满足顾客的消费需求，即产品的物质属性、产品的精神属性以及产品价格。民俗文化产业生产提供的民俗文化产品与服务，同样具有这三方面的价值需求，其中更以产品的精神属性为重。广告投入，加大宣传推广可以增加民俗文化产品精神文化附加值，从而满足消费者的精神文化需要。

第一，广告投入可以提升企业品牌知名度。我们发现，许多企业在做了广告宣传后，品牌覆盖率不断增加，更多人了解到了该产品、服务，扩大了潜在用户基数，在一定程度上提高了企业销售额。譬如在地铁、公交等移动影视广告中对民俗文化产品与服务进行广告投入，能够在潜移默化中提高人们的关注度，唤起人们的购买、体验意愿。

第二，广告投入可以提高产品认知度。文化消费市场的广阔性使得很多产品在疗效、功用甚至包装设计上辨识度不高。企业广告是针对本公司产品、服务特性，量身定做用来与其他产品进行区别、识别的营销方式，可以有效提高产品的认知度，扩大宣传推广。

第三，广告投入可以唤起人们的品牌联想，维持对该品牌的忠诚度。品牌联想指的是人们通过一部广告，结合自己生活经验而产生的幻想性画面，多是美好的形象；而品牌忠诚度则表现为消费者对一品牌产品的喜爱，并将其宣传推广至他人使用的过程。可口可乐公司近期制作的“瓶盖电话”广告，人文情感丰富，画面描述东南亚民工用一个可口可乐瓶盖可抵电话卡的广告场景，尽显人文关怀，收获好评不断。

（二）进行市场细分，培养目标人群

民俗文化消费品市场泥沙俱下、鱼龙混杂、产品质量品级差别巨大，加上民俗文化产品需求非刚性，不同的消费者具有不同的消费需求，在招揽吸引顾客方面阻碍较大，往往达不到企业既定生产目标。这就要求企业经营管理者，在民俗文化产业经营过程中，进行市场细分，培养目标人群。

市场细分（Market Segmentation）指的是营销者通过市场调研，依据消费者的需要和欲望、购买行为和购买习惯等方面的差异，把某一产品的市场整体划分为若干消费者群的市场分类过程。市场细分的目的：一是使同一细分市场内个体之间的差异减少到最小，使不同细分市场之间的差异增加到最大；二是在市场决策上，针对不同的购买者群体采取独特的营销策略以求获得最佳收益。一般遵循科学性、通用性、动态与价值稳定平衡原则这三个基本原则。市场细分步骤：

（1）选定市场范围；

（2）列举潜在消费者的需求；

（3）制定市场细分的标准并检验；

（4）根据消费的特征，划分相应的市场群；

（5）了解进入细分市场的新变量，使企业不断适应市场的发展变化；

（6）确定可进入的细分市场，并制定相应的营销策略。

民俗文化产业进行市场细分，培养目标人群主要可以分为民俗旅游市场、民间手工艺品市场（民间手工艺品市场又可以划分为刺绣、石雕、石器、剪纸、年画，等等）、医药民俗市场、饮食民俗市场、服饰民俗市场，等等。从消费者年龄、性别、社会阶层、家庭收入、生活方式、产品忠诚度以及交通情况等方面，针对不同的市场细分，着力培养目标客户人群。

（三）产品和文化服务多元化

民俗文化产业经营策略还应积极构建民俗文化产业链，以某些龙头核心产业或产品为依托，带动相关延伸产业或产品，形成文化产品和文化服务多元化趋势和局面。福建莆田素有"文献名邦""海滨邹鲁"之称，湄洲岛是海内外闻名的"和平女神"妈祖庙所在地、妈祖信仰的发祥地。无数信仰妈祖的信众对莆田都充满着一种寻根情怀。2009 年在国内外专家的共同努力下，"妈祖信俗"被列入世界非物质文化遗产名录，成为中国首个信俗类世界遗产，也是莆田市第一个世界级遗产，使湄洲获得了一张世界名片。借势妈祖信俗这一宝贵的民族民俗文化资源，2009 年莆田市提出规划建设湄洲湾妈祖文化产业园，以妈祖庙为核心，推进妈祖城、妈祖文化展览馆、妈祖碑林、世界妈祖信俗博物院、世界妈祖微缩景观公园、天妃故里遗址公园等系列文化工程建设，努力构建妈祖文化大观园，为游客提供多元文化产品与服务，为当地民俗文化产业发展起到了巨大的推动作用。

三、民俗文化产业经营存在的问题

（一）资金短缺

民俗文化产业经营发展需要大量资金，但由于我国各级政府在政务实施过程中，财政平摊项目太多，致使用于民俗文化产业开发经营的资金量很少，加上我国民间投融资渠道不完善、金融市场发育不健全，使得民俗文化产业经营发展面临着资金紧缺的尴尬局面，并成为制约我国民俗文化产业健康发展的重要因素之一。

我国民俗文化产业保护、开发、经营、发展资金供应上主要依靠政府投资拉动，企业、社会、个人参与力度较少。对比国外相关发展经验，一种是以法、英、德、意、日为代表的国家投资，运用政策推动市场主体进行投资开发；另一种则是以美国为代表的产业开发模式，更多地采取社会化投资拉动方式，强调政府的保护、支持，市场作为主体的导向作用。我国单靠政府主导型投资方式，加重了国家财政负担，同时也容易造成政府独立决断，对民俗文化产业经营造成一定的消极影响，比如单纯为了政绩而进行开发经营，完全忽视民俗文化资源的精神属性；决断不科学缺乏严谨性，对民俗文化资源造成破坏与浪费等。

（二）人才匮乏

民俗文化产业经营过程中，专业性人才主要包括民俗文化优秀传承人、企业经营管理者。民俗文化优秀传承人在民俗文化产业经营中发挥基础作用，他们是传统民俗文化的传承者，保证民俗文化得以延续、发扬光大。但可悲的是现阶段，我们民俗文化传承出现传承人老龄化、传统技艺后继乏人、传承人青黄不接的局面。有些传承人因受制于传统传承方式的制约，在技艺传承过程中采取秘而不传，或者对内不对外、传男不传女的方式，导致大量宝贵的民俗文化技艺失传，加之一些传承人在市场经济刺激下崇尚金钱至上，对于一些民间技艺采取碎片化、割裂式传授，在很大程度上对我国优秀民俗文化资源造成了破坏。

另一专业人才主体则为民俗文化产业经营管理专门性人才，他们拥有扎实的经营管理知识储备，掌握大量的民俗文化知识，具有敏锐的市场战略目光，能够根据企业既定生产目标在不同发展时期作出科学合理的战略规划，是企业发展的核心人物。但眼下，我国民俗文化产业经营管理者缺乏专业的经营管理素养，文化素质不高，对一地的民俗文化知识也多不了解，以至于常常把握不了产品生产的核心要素。

民俗文化产品的文化属性和经济属性以及市场经济发展过程中自身的缺陷性,使得民俗文化产品不同于一般的文化消费品及服务,它本身具有一定程度的时代性和层次性,需要加大力度进行宣传推广,并作出符合时代新要求及应对文化市场风险的举措。相比其他商品交易市场来说,民俗文化市场的供给要缺乏弹性一些,艺术家的经济意识相对缺乏,市场影响因素也比较复杂,这些都需要专业的经营管理人才根据市场需求和竞争,合理规划民俗文化产品的开发、生产和投放。同时,各种消费群体的专业知识、鉴赏水平和消费方向不同,非常需要民俗文化产业专业性人才进行服务和引导,在顺应文化消费心态的同时,又能因势利导,引领文化消费时尚,培育新的文化消费群体。

(三)政策机制实效不理想

产业政策实施机制是指产业政策主体通过一定手段、途径、措施将政策要求贯彻到政策的客体,使政策目标得以实现。它回答:谁实施产业政策?实施给谁?用什么手段实施?[①] 政策机制实效不理想,指的是政策机制的实施未能产生有效的成果,在民俗文化产业经营发展过程中,影响政策机制实效的因素主要有三个:一是民俗文化产业政策实施主体,即由谁制定、颁布政策;二是民俗文化产业政策客体,即政策作用对象是谁;三是民俗文化产业政策手段,即采取什么政策的手段方式来有效进行合理开发应用。

民俗文化资源内涵丰富,涉及主管部门众多。从横向主管部门设置来说,在实际政策、法规制定、颁发过程中出现部门之间交相重复制定的局面,听命于谁变得模糊不清;而对于纵向政策制定主体则主要分为国家级、省市级和地方级政府部门。国家把握整体政策方针,省市级政府部门制定本区域政策,最基础牢靠的是地

① 杨吉华.论文化产业政策的实施机制[J].湖南工程学院学报,2007(1).

方政府部门制定的政策。可是，在纵向政策制定过程中，多地按照自身资源属性制定的政策在进行项目财政申请时却很难符合国家制定标准，会出现“地方有国家无，国家有地方无”的政策落差，对于政策机制实效的实现产生一定的阻碍作用。

民俗文化产业政策客体指的是产业政策的作用对象，主要包括民俗文化产业中的各类民俗文化主管单位、公司企业、民俗文化机构，等等。它们通过对民俗文化资源的产业化开发利用，形成民俗文化产业，促进各地经济、社会、文化发展。但在产业化经营开发过程中，值得注意的是，许多民俗文化公司、企业多多少少对民俗文化资源造成一定的破坏。例如，伪造弄假、丢弃损害文化资源、重复建设，利用国家政策机制不健全钻空子谋取私利，等等，使得政策实效不明显。

民俗文化产业生产经营过程中需要依靠一定的政策手段，主要为法律手段、行政手段和经济手段。法律手段即为制定各种行之有效的法律法规，以支持保证政策的运行实施，以法律做后盾，为政府、企业提供有力支撑；行政手段指的是在民俗文化产业经营发展过程中，对于各种违法侵权行为采取一定的惩罚措施，而对于表现良好的企业单位给以一定的奖励，奖惩分明创建鼓励机制；经济手段是以政策形式明文规定对民俗文化产业经营开发进行政策性的财政补助支撑，使得政府、企业可利用国家财政来发展民俗文化产业。以上手段在民俗文化产业经营开发过程中都出现一定程度的断层，未能全面实施，这就使得民俗文化产业政策手段实效不明显。

民俗文化产业经营开发过程中政策机制实效不理想，也会阻碍其健康可持续发展。

（四）法律法规保护不到位

《文化产业振兴规划》中对于文化产业有这样一段描述：“文化产业是市场经济条件下繁荣发展社会主义的重要载体，是满足人民群众多样化、多层次、多方面精神文化需求的重要途径，也是推动经济结构调整、转变经济发展方式的重要着力点。”为了贯彻落实国家发展文化产业的方针政策，各地区、各部门从资金、人才、政策保障等方面也都作出了相应支持，我国文化产业在各领域也取得了显著成就。但美中不足的是，文化产业在法律法规建设方面还稍显欠缺，仍需要不断努力完善。

文化产业在法律法规建设方面的欠缺也同样反映在民俗文化产业领域，甚至相较于文化产业而言，民俗文化产业开发经营可利用的法律法规少之又少，且多引用企业在经营活动中适用的法律，例如企业组织形式方面的《公司法》，企业会计行为方面的《会计法》，企业纳税履行纳税申报制度、劳动用工的《劳动合同》规范企业商标行为的《商标法》，等等。

专业性民俗文化产业立法领域空白，可引用的法律、法规多借助非物质文化遗产保护法、文物保护法、传统工艺美术保护条例等现有法律法规内容。例如2011年施行的《中华人民共和国非物质文化遗产法》中第44条规定：“使用非物质文化遗产涉及知识产权的，适用有关法律、行政法规的规定。”类似于借助非直接性法律文件用以保护民俗文化产业的开发经营，为其健康发展保驾护航，无疑是“隔靴搔痒”，并不能带来直接的法律效益。因此，加快民俗文化产业立法保护迫在眉睫。

四、民俗文化产业的经营创新

经营创新是实现企业战略的保证与手段，是统帅企业一切经营活动与营销工作的灵魂。民俗文化产业的经营创新，在不改变产品内容的情况下，变革实践、提升各领域的创新精神，一般情况下主要包括经营理念创新、经营模式创新、组织管理和制度创新等方面的内容。

（一）理念创新

所谓经营理念指的是企业创立的基本思想和价值观以及企业

的灵魂所在。[①] 一个产业的经营理念是否先进在很大程度上决定着该产业的未来发展方向、前景是否广阔，尤其对民俗文化产业来说更是如此。

民俗文化产业成为时代新的经济增长点，它最主要的特征是以民俗文化为资本进行市场化运作，以民俗文化为核心基础，以市场为导向，在全国范围内整合配置民俗文化资源，实现利润最大化，带来经济、社会效益双丰收，提高文化软实力，增强国际竞争力，最大限度地满足人们的精神文化需求。我国当前民俗文化产业经营存在理念创新的问题，主要表现在：

1. 重视外来文化而忽视传统的本土文化。在民俗文化产业开发经营过程中，表现最为明显的是对西方舶来节日热情高涨，对本土传统民俗节日态度冷漠。随着圣诞节、情人节、万圣节、父亲节、母亲节等西方节日西风东渐，对追新逐异的年轻一族产生巨大吸引力，在中国声势极大。往往节日还没到，各大商家店铺就已经开始卖力为节日准备，商场被装饰得五光十色，一些地方甚至还会举办灯光秀、万圣节面具晚会等来吸引人们注意。而对于本土传统民俗节日，却极少表现出如此大的热情。农历九月九日重阳节，也是中国的“老人节”，国内有些专家学者讨论将其定为中国的“父亲节”；重阳节有接出嫁女儿归宁的风俗，故又称“女儿节”。重阳节的活动主要有登高、赏菊、饮菊花酒、佩茱萸、食菊花糕等。重阳节俗产生的初始之意，乃与祓禊、趋避的观念有关，而其中关于重阳节登高之俗又与“桓景避灾”相关。但是，在民俗文化产业开发经营中，有多少民俗文化资源被深度挖掘利用？我们所经常看到的多为“重阳登高”、“重阳菊花展”等一些最为简单的文化活动，而重阳节深层次、文化内涵丰富的一些节俗活动大多被经营者

① 王国华. 文化创意产业集聚区经营理念探析——以北京宋庄原创艺术与卡通产业集聚区为例[J]. 北京联合大学学报，2009(2).

忽略，即便举办也多粗制滥造有违民俗文化的真实性。相比较对于外来文化的重视度，对于本土文化的关注还远远不够，对本土文化传统造成一定的资源浪费。

2. 重视经济效益而忽视社会效益。民俗文化产业在经营过程中，有些文化企业为了眼前利益或经济效益生产的产品缺乏创新，形式单一，质量参差不齐，有些甚至存在提供虚假性产品与服务的现象，大大折损企业形象，不利于文化品牌的建设。同时，某些企业单位在生产经营过程中，漠视与消费者、顾客、合作企业之间的关系，危机意识薄弱。

这就需要企业经营管理者从以下几个方面进行努力：第一，引进先进设备，加大产品创新力度。创新是发展的动力，产品创新就是企业发展的动力。通过产品创新，提升产品的竞争力，树立良好的品牌形象；第二，加强员工技能素质、文化素质培养。在以人为本理念下，员工素质高低决定着企业未来的发展方向；第三，加强、加快公司危机公关机制的建立，以便在应对顾客、合作单位甚至公众媒体时，可以快速化解危机，将企业荣誉损失降到最低。总之，一叶障目式发展会严重阻碍企业的健康发展，良好的产品质量和服务可以为企业带来长远的经济、社会效益。

（二）模式创新

经营模式是指企业对其生产、运营中涉及的各种资源进行组织、整合的方式。经营模式创新就是对各种资源之间组织、整合方式的创新，也可以理解为对各种职能活动之间联系方式的创新，[①] 对企业产业经营模式进行创新可以增加其竞争优势。民俗文化产业经营模式创新同样适用于此。

在民俗文化产业经营过程中可以通过对消费者需求的掌握，加深对资源特性的认识，制定不同的经营模式。

① 曾宪伟. 重视经营模式创新[J]. 企业活力，2001(1).

第一,高端化经营模式。打造"个性化"、"私人定制"产品,走高端精品经营路线。民俗文化产业中大多数产品所形成的是中低端消费市场,没有或很少有民俗文化产品走高端定制路线。个性化、私人定制不仅可以提高产品质量而且在众多产品中具有特殊性,对于消费者来说可享受到高级定制服务,更具有购买价值,目前广泛应用在汽车、服装、箱包、礼品等物品中。

第二,规模化经营模式。民俗文化资源种类繁多,内涵丰富,可开发产品和服务的形式多样。信息网络快速发展,使得一地民俗并不受地理条件的制约。民俗文化产业的发展使得大量移植性民俗文化产品被生产制造出来。民俗文化产业规模化经营主要通过产业链的纵向延伸,形成规模经济。规模扩大,可以增强企业的竞争能力以及承担亏损和抗风险的能力,降低单位成本,大量减少采购成本和销售费用。

第三,多元化经营模式。民俗文化产业多元化经营模式是以某一民俗产业为核心,继而通过产业链的横向延伸来迅速扩张、成长,寻求范围经济效应及关联企业之间的协同效应。譬如民俗文化主题公园的建设,可以带动民俗文化商业街、民俗饮食、传统民居住宿等,解决人们衣、食、住、行、购、娱等民俗文化需求。民俗文化产业多元化经营模式还可以有效解决多元投融资方法,为民俗文化产业发展筹得雄厚资金,为其健康发展奠定坚实的物质基础。

(三)机制创新

民俗文化产业的发展有其自身的特点,更有产业发展的共性。如何借鉴现代经营管理模式,进行标准化、企业化和市场化运作,是民俗文化产业化发展的重中之重。传统的民俗文化产业由于资本短缺,规模小,作坊式生产,比较独立分散,加上技术封闭保守,传承力量单薄,科技含量小,研发力量弱,导致工艺无法统一标准,质量无法保证,再加上经营管理体制落后,效益低,利润少,市场狭窄,所以发展速度缓慢,生存比较艰难。只有摆脱传统思维的束缚,构建完全市场主体地位,采取现代经营管理模式,激发创新潜能,完善自主品牌建设,不断进行科技投入,着力对产品进行工艺和品质的研发,才能形成新的价值增长点,才能从根本上满足人民群众的消费需求,赢得市场份额,从而实现良性循环。

本章小结

我国历史悠久,民俗文化资源丰富多样,具有重要的历史价值、文化价值和经济开发价值,在我国社会建设和经济发展中发挥着越来越重要的作用。深入挖掘民俗文化资源,加快民俗文化产业发展,可以最大限度地满足人民群众精神文化需要。在民俗文化产业开发过程中,要坚持保护为主、合理利用、综合发展的方针,遵循一定的开发原则。要根据资源特点、消费市场需求以及现代生活方式的变迁,采取不同的开发、经营模式。民俗文化产业正处于起步发展阶段,在深化经济体制改革过程中,如何正确看待、解决其开发、经营过程中出现的矛盾和遇到的瓶颈,是本章所要解决的重点问题。

第四章 民俗文化产业的创新与品牌

民俗文化是一个民族的血脉和灵魂，同时也是社会文明程度和发展水平的重要标志之一，在全社会大力弘扬和开发传统文化的进程中，扮演着越来越重要的角色。民俗文化产业的创新和品牌建设，是在新时期党中央国务院实施创新驱动发展战略、打造中国文化品牌策略下，顺应时代发展要求作出的新的产业发展战略；也是新的经济形势下国家文化产业、民俗文化产业发展的必然要求；更是产业经济纵深发展的必然趋势、民俗文化传承向现代产业转型的连接、激发民俗文化产业发展活力的有效途径。① 如何对民俗文化产业进行创新，打造优秀的民俗文化产品与服务，是现阶段民俗文化产业发展所要解决的重点难题。同时，要强调的是，创新与品牌建设不是互不相关的两个概念，它们是相辅相成的，没有民俗文化产品与服务的创新也就谈不上品牌建设，而民俗文化产业品牌的形成一定是在某些方面有所创新而区别于一般的民俗文化产品。因此，在民俗文化产业化实践过程中切不可将二者割裂开来。

第一节 民俗文化产业的创新发展

创新驱动发展战略是党中央放眼世界、立足全局、面向未来作出的重大决策，是当前和今后一段时期，我国经济社会发展的核心

---

① 裴艳艳. 民俗文化产业发展的创新路径——以河洛地区为例[J]. 理论与改革,2015(3).

战略之一。创新驱动发展战略是加快转变经济发展方式、破解经济发展深层次矛盾和问题、增强经济发展内生动力和活力的根本措施。[①] 实施创新驱动发展战略,对于我国经济体制改革、人民生活水平提高以及国际竞争力、综合国力、改善环境污染、提高能源利用率等方面都有所裨益。民俗文化产业作为21世纪黄金产业,在一国经济社会发展及国际社会交往中发挥着举足轻重的作用。对民俗文化产业进行理念、制度、人才机制、管理等方面的创新,是其健康发展的必然要求和社会进步的必然结果。

一、民俗文化产业的创新内涵

民俗文化产业的创新是新的时代背景下文化产业发展的必然要求,它是在全球化背景下,以高科技的技术手段、互联网等新的传媒方式为主导、创新创意思维为支撑的产业发展模式,通过对民俗文化产业的理念、制度、人才、科技、管理等方面进行创新,为其发展提供更多的激情和灵感,生产全优民俗文化产品,以不断提高我国的国际影响力,提升国家文化软实力和综合国力,在国际竞争中争取更多的话语权。

民俗文化产业的创新是民俗文化和经济的全面结合,更是跨区域跨领域的动态延伸,同时也是国家文化软实力和国际竞争力提升的表现。在全球化资源配置的新浪潮下,民俗文化与高科技、商业的有机结合在一定程度上也是对传统民俗文化新的保护方式,不致随着时间的推移而湮灭消失。

民俗文化产业的创新同时也意味着,社会资本积累的主要来源不再是重工业产品,而是在信息成为社会发展的核心要素时,民俗文化成为产业,成为新的经济增长点,成为社会资本积累的主要

---

① 张珂鸣.创新驱动发展战略背景下我国文化产业发展研究[D].山东大学硕士论文,2014-04.

源泉之一。民俗文化产业结合时代发展步伐，不断推陈出新，满足文化消费市场多样化的需求。

创新是多方面的，民俗文化产业的创新除上述列举方面外，还包括内容层面的创新，但并不是所有民俗文化资源都可以发展成民俗文化产业进而转换成文化资本进行社会财富积累，只有那些符合时代发展趋势、代表时代精神的民俗文化，才可能通过好的创新创意思维，赢得市场。其次，民俗文化产业的创新还应具备一定程度的形式创新，不仅要有贴近性、大众性而且要追求独创性。因为独创性才是民俗文化产业保持永恒魅力和吸引力的不二法宝。

二、民俗文化产业的创新要求

（一）国家鼓励文化创新

民俗文化产业的创新发展是以“文化创意”“创新”为核心基础，通过科学技术的介入、新媒介的传播以及创新创意思维的运用，为人们提供耳目一新的民俗文化产品及服务。1990 年，美国学者迈克尔·波特提出了经济发展四阶段论：（1）要素驱动阶段，经济发展的主要驱动力来自廉价的劳动力、土地、矿产等资源。（2）投资驱动阶段，以大规模投资和大规模生产来驱动经济发展。（3）创新驱动阶段，以技术创新为经济发展的主要驱动力。（4）财富驱动阶段，追求人的个性的全面发展，追求文学艺术、体育保健、休闲旅游等生活享受，成为经济发展的新的动力。[①] 改革开放 30 多年来，中国社会经济发展要求改变以往传统经济增长方式，由粗放型向节约型转变。民俗文化产业作为 21 世纪的朝阳产业，有着资源消耗低、环境污染小、投资力度少、产品收益大的好处。同时，民俗文化产业具有强大的关联互动效益，能够有力地推

① 金元浦. 我国文化创意产业发展的三个阶梯与三种模式[J]. 中国地质大学学报，2010(1).

动产业结构的优化和升级。创新作为民俗文化产业发展的重大引擎,必须被放在最为重要的位置。

党的十七届五中全会提出:“要推动文化大发展大繁荣、提升国家文化软实力,坚持社会主义先进文化前进方向,提高全民族文明素质,推进文化创新,深化文化体制改革,增强文化发展动力,繁荣发展文化事业和文化产业,满足人民群众不断增长的精神文化需求,基本建成公共文化服务体系,推动文化产业成为国民经济支柱性产业,充分发挥文化引导社会、教育人民、推动发展的功能,建设中华民族共有精神家园,增强民族凝聚力和创造力。”中共十八大报告首次提出“实施创新驱动发展战略”,同时强调“科技创新是提高社会生产力和综合国力的战略支撑,必须摆在国家发展全局的核心位置,要坚持走中国特色自主创新道路,深化科技体制改革,着力构建以企业为主体、市场为导向、产学研相结合的技术创新体系,促进创新资源高效配置和综合集成,把全社会智慧和力量凝聚到创新发展上来。”

中央文件将创新放在举足轻重的地位,不仅适用于文化事业、文化产业的发展,同样适用于民俗文化产业。民俗文化是各民族珍贵的文化记忆,是人们滋润心灵世界、值得倍加珍惜的精神家园,它对我们的生存与发展具有独特的价值。随着知识经济和信息时代的到来,民俗文化越来越与一国的政治、经济、文化相融合,地位逐渐上升。文化的灵魂是创新,民俗文化产业的核心驱动力也是创新。

民俗文化产业的创新也是建设创新型国家的战略需要。本土民俗文化借助科技创新走向世界、影响世界,重塑中国形象。在高新技术的基础上,推动产业结构优化升级,在历史文化和现代文明相结合的基础之上建设创新型国家。因此,所谓的创新驱动阶段就是在知识经济时代,以文化创新和高科技为主要手段的经济驱动方式。民俗文化产业创新符合这样的产业发展要求,在经济社会中将发挥着无可替代的作用。

（二）市场发展需要创新

民俗文化产业的发展离不开广阔的文化消费市场，这是其发展的先决条件之一。“十一五”期间，我国经济社会快速发展，国家综合实力显著增强，人民群众的文化消费需求也在快速增长，需求旺盛，这为民俗文化产业的发展开辟了巨大的消费市场和广阔的增长空间。有研究显示，当人均GDP达到1 000美元时，城乡居民文化消费应占个人总消费的18%，突破1 600美元时，这一比例应达到20%，而突破3 000美元后，将上升到23%。[①] 网查数据显示，2013年中国人均GDP世界排名第127位，人均4 700美元，远远突破3 000美元的文化消费大关。仅从电影市场来看，纵观2015年上半年中国电影市场票房一路飙升，也为2015年电影产业刷新纪录和创下新业绩奠定了基础。2015年上半年中国电影市场票房已达203.63亿元，同比增长48.17%，以40%～45%的增速来看，预计2015年中国电影票房收入将达415亿～430亿元。良好的票房收入来自人们对电影消费市场的巨大投入，这也从另一个侧面显示出人们文化消费需求的增长。旺盛的市场消费要求民俗文化产业经营者与时俱进，不断推陈出新才能满足人们日益增长的文化需求，千篇一律或者内容陈旧的民俗文化产品或服务很难在市场立足。这也是市场发展需求创新的动力机制。

庆阳合水县是全国有名的香包生产基地，从产业发展规模来看，民俗文化产品达到20多个大类5 000多个品种，年生产民俗文化产品900多万件，销售额3.8亿元，人均增收500元。庆阳合水县香包生产取得这样的成绩与老百姓独具特色的文化生产离不开，5 000多个品种各具特色毫无重复，人们通过对日常生活的考究做成各式各样的香包品种，为庆阳香包文化品牌的形成奠定了

---

① 黄永林，侯顺．湖北地方特色文化与文化产业融合存在的问题与对策研究[J]．理论月刊，2013(4)．

一定的基础。

中国已经成为世界第二大经济体，随着“十二五”期间深化文化体制改革意见的提出，各地纷纷采取措施，努力调整状态以适应社会主义市场经济发展要求。未来中国经济的持续发展，人民收入的逐步增加，都会为文化消费市场带来更大的发展机遇，为民俗文化产业的发展开辟更加广阔的空间。广阔的文化消费市场是企业、行业创新发展的风向标，可以指示企业未来的发展方向、需要谋求创新的方面。市场需要什么，老百姓喜爱什么样的民俗文化产品，同时文化品牌所带来的社会影响、收入溢价有多少等都是要考虑进去的问题。因此，对文化消费市场的准确把握与分析是民俗文化产业在创新发展中，适时做好市场定位与产品开发定位，打造民俗文化品牌的现实需要。

三、民俗文化产业的创新路径

民俗文化产业的创新是在历史性与时代性相结合的基础上实现的。民俗文化产业创新需要在人才培养、体制机制、发展模式等方面进行全面探索，做到全面协调可持续发展。

（一）创新人才培养机制

民俗文化产业的创新包括民俗文化的创新、产业机制的创新以及产业政策的创新，等等，然而其中最关键的因素是人才培养机制的创新。爱尔兰 1922 年独立时还是一个落后的农牧业国家，大力发展教育的结果使其在 20 世纪末成为世界上经济发展最快、竞争力最强的国家之一。以色列、芬兰、日本都是自然资源匮乏、生存环境恶劣国家，而以色列却凭借先进的教育体制和高素质的人力资本成为世界经济和科技强国。芬兰则通过对教育的投入和民族人力资本的提升，一度成为世界上技术创新程度最高的国家，并在世界经济论坛的国际竞争力排行榜上屡次成为世界最具竞争力的国家。至于日本，更是通过教育创造了世界经济史上的奇迹。

所以,发展创新主要不是基于自然资源或环境优势,而是基于教育及其产品——高素质的人力资本。[①] 因此,发展教育、培育创新型人才是民俗文化产业创新的关键所在。

目前我国只重视大众文化的书本课堂教育,而对于民俗文化这样专业性要求很高的教育支出少之又少。即便有教育支出,也多重点放在民俗学学科建设和民俗文化理论的学习上,对于产业化开发经营的教育几乎没有。这就需要国家和各级政府制订相关培养计划,将理论与实践相结合,为民俗文化产业健康发展培养相关领域人才。

民俗文化产业的创新离不开教育的支持,更需要创新人才培养机制。我国民俗文化资源储备丰厚,但不少民俗文化产业基础较好的地方往往处于经济相对落后、交通相对闭塞的农村或偏远山区。这些地方由于受自然条件、地理环境等客观因素的制约,民俗文化产业专业性人才,特别是善于从宏观上把握产业开发经营的专门性人才严重不足。解决这个问题最主要的方式就是创造出有利于人才辈出的机制和体制,这就要求我们创新人才培养机制,加快推进用人制度的改革。将学校教育与用人单位结合起来,培养对口人才。将民俗文化、历史文化、产业经营开发管理等内容纳入中小学课本。同时,创新投融资体制,大力拓宽资金筹集渠道,鼓励员工参与到产业经营开发的过程中来,共享产业发展成果。

（二）创新文化管理机制

民俗文化产业的创新发展必须有完善的制度和健全的机制作为保障。管理体制不顺、经营机制不活是制约民俗文化产业发展的瓶颈。因此,要采取有效措施,逐步理顺关系,健全机制。民俗文化资源丰富、种类繁多,在开发经营过程中往往会因为利益分摊不均导致多部门管辖或多部门推卸责任的事情发生,而政企不分,

① 路宪民.民族文化创新论[J].当代教育与文化,2011(6).

多头均得,也是现在最为常见的现象之一。这就要求我们在民俗文化产业开发过程中,彻底改变长期以来形成的大包大揽的管理体制和机制,严格按照市场经济规律办事。深入推进政企分开,政资分开,积极培育民俗文化企业,发挥好政府在民俗文化产业中的引导作用。

健全机制还包括建立健全社会组织体系。社会组织体系是民俗文化的载体,民俗文化产业创新间接要求社会组织体系的创新,要建立有利于调动民俗文化工作者积极性、推动民俗文化产业创新、多出精品、多出人才的文化管理体制和运行机制。只有这样,民俗文化产业创新才能增加动力、增强活力、壮大实力、提高竞争力。

(三)创新产业发展模式

目前国内比较成熟的民俗文化产业业态,多集中在以传统民间手工艺为基础的民俗文化产品制造和以民俗旅游为核心的民俗文化服务方面,而其他民俗文化产业业态则比较薄弱,规模小,资源利用率较低。这就要求我们在民俗文化产业发展过程中,注重发展模式创新,打造不同的产业发展形态。

1. 民俗文化村

民俗文化村可以是民俗文化产业发展的一种有效模式,它是以动态展示的方式创建的民族民俗文化聚集地。其大致有两种模式:一是在对当地民俗文化资源开发基础上进行活态展示,例如湘西土家族苗族民俗文化村、广西壮族民俗文化村等。这种模式既可以使古民居、古建筑等得到更为妥善的保护,同时也可以带动当地老百姓创收增收。二是将不同地区不同民族的民俗文化集聚起来向人们进行集中展示,这方面最为典型的就是位于深圳的中华民俗村。不同民族、不同地区的民俗文化的集中展示,可以丰富人们的民俗文化知识,增强民族自豪感,也可以使那些长期在博物馆、档案馆中保存的民俗文化走出高墙,与民众生活相融合。

2. 民俗文化生态博物馆

民俗文化生态博物馆也可以是民俗文化产业发展的新模式。民俗文化生态博物馆是指将特定社区内民俗文化生态环境、自然生态环境真实完整地、全方位地、立体式地呈现在民众面前，是当地民众日常生活的真实写照。民俗文化生态博物馆不同于普通民俗文化博物馆，它是民俗文化的活态展现，同时可以记录民俗文化的变异与发展，是一个变化着的观测台、实验室和展柜。目前，我国建立的民俗文化生态博物馆主要以保护、展演民俗文化为主，产业形态盈利性并不是很强，加上多处偏远山区，经济发展落后，因此规模都不大。比较有名的是贵州省六枝特区梭嘎乡苗族生态保护实验区，以及自 2007 年起建立的 12 个文化生态保护实验区。它们虽以非物质文化遗产保护、民族文化遗产保护为主，但区内包含大量丰富的民俗文化资源，完全可以在保护基础上发展民俗文化产业。

3. 民俗文化产业园

民俗文化产业园也可以成为民俗文化产业创新发展的一种模式。民族文化产业园是集中特定区域内的特色民俗文化产业，以开发为目的的一种大型的综合性文化基地，也是我国在最近几年开始着手创立的一种新型民俗文化产业发展模式。民俗文化产业园可以是民俗艺博园，有各种传统手工艺，如刺绣、雕刻、陶瓷、木版年画、花灯、雕塑、木偶制作等；可以是民俗体验馆，让民众参与手工艺制作，亲自体验传统民俗文化的精妙；可以是民俗工艺苑，将生产出来的各种民俗文化产品归类展示，辅以专职人员讲解介绍，让人们在惊叹之余更加了解祖国灿烂的民俗文化，增强民俗自豪感与自信心，激发人们保护传统民俗文化的信心和责任意识。

类似的还可以设置民俗文化大观园，用影视动画等现代科技手段，将民俗文化生动地展示到人们面前。民俗文化产业园作为民俗文化产业未来发展的另一种模式，值得我们仔细深入地进行研究。

4. 民俗文化产业集团模式

民俗文化产业集团也是一种创新模式，它是指以民俗文化为核心的一条龙服务式的产业发展形式。是将民俗文化专业人才培养、民俗文化宣传推广、民俗教育推广、民俗博物馆展演、民俗度假村、民俗文化体验站、民俗文化与现代科技结合体验馆、民俗乡村旅游等以集团承包形式进行的民俗文化活动，不管是享受体验还是接受教育培训，都由某个民俗产业集团来完成，减少交易成本与时间成本，同时好的服务也会促成该企业集团形成知名品牌。

四、民俗文化产业创新发展的思考

进入21世纪以来，民俗文化越来越受到世界各国的重视，成为文化产业发展的一支生力军，也是衡量地区经济增长的重要指标。知识产权保护、环境的营造与保护，在民俗文化产业创新发展中至关重要，值得我们深入研究思考。

（一）明确知识产权保护范围

在强调民俗文化产业创新发展与知识产权保护中，我们有必要与另一个概念进行区分，即"传统知识产权"。20世纪末期，传统知识的概念逐渐在世界知识产权组织（WIPO）文件中出现。WIPO在大量官方文件中认为："传统知识是指基于传统产生的文学、艺术或科学作品，表演，发明，科学发现，外观设计，标志、名称和符号，未披露信息，以及一切其他工业、科学、文学或艺术领域内的智力活动所产生的基于传统的创新和创造。"2001年WIPO发布的《传统知识持有者的知识产权需要和期望：WIPO知识产权和传统知识事实调查团报告》中，将传统知识分为民间文学艺术表达（包括创作和表演）、传统科技知识（包括生活知识）、传统标记（包括符号和名称）、与传统知识相关的生物资源、有形文化财产（可移动和不可移动的）和传统生活方式及其要素六大类。实际从内容上看可以统筹为三大方面：民间文学艺术表达（统筹创作和表演、有形文化财产、传统生活方式），传统科技知识（主要是传统医药知识，其中生活知识由于公共性特征可以不列），遗传资源（指与传统知识相关的生物资源）。针对以上传统知识进行知识产权的保护，就是人们常说的传统知识产权保护。① 在民俗文化产业中，广义上讲，域名问题、版权问题、工业产权问题（专利权、商标权）、行业协会命名问题、联合国文化组织列名保护问题都可以说是知识产权的保护问题。但从目前我国法律来讲，知识产权保护还只是局限在版权（著作权）和工业产权（商标权、专利权）的范围内。②

正确区分什么是传统知识产权，什么是知识产权，在民俗文化产业创新发展中非常重要。譬如在民俗文化产业发展中，对于文化产品、服务等内容进行了创新，外观进行了设计，可以申请专利保护。但对打着“文化创新”幌子而进行随意模仿、造假，对民俗真实性造成伤害的行为，当地政府和民众也应该有权申请传统知识产权保护。在实际运用过程中要做好严格区分，正确使用，才可以维护合法权益。

（二）加大知识产权保护力度

知识产权保护是民俗文化产业创新发展的基础和保障，知识产权保护的水平直接决定着民俗文化产业创新发展的水平。目前，我国还未形成完善的知识产权保护体系，仍需加快建立掌握专业技术和法律法规的执法队伍，企业的知识产权保护意识仍要不断加强。进一步健全知识产权保护法律法规，营造良好法制环境，落实有关保护措施，加大保护力度，进一步提高民俗文化产业创新

① 吴一文. 民俗文化创意产业中的传统知识产权保护问题——以剑河县大稿午苗族水鼓舞为例. 黔南民族师范学院学报，2012(5).

② 赵文广. 中国民俗文化产业知识产权保护问题研究. 社科纵横，2006(2).

发展中的知识产权保护水平,是当前民俗文化产业创新发展的题中应有之义。

1. 强化知识产权执法,严厉打击各种侵权行为,有力保护创新成果。深入开展打击侵权专项治理行动,加强统筹协调,形成条块结合、上下联动的工作机制,大力规范民俗文化产业市场秩序,为民俗文化产业发展营造良好环境。

2. 提高企业的自主创新能力,积极培育知识产权相关产业的示范企业。深入开展各类知识产权保护示范单位培育工作,加强对企业知识产权保护工作的分类指导,支持形成一批拥有自主知识产权和竞争力较强的优势产权示范企业。同时对比不同知识产权的民俗文化企业,相互借鉴与学习。

3. 对于一些可以开发的并具有知识产权的民俗文化资源,可实行市场化运作的运行机制,譬如传统手工艺品的制作等。不应将具有知识产权的民俗文化资源束之高阁,可依据市场导向性原则,进行加工生产。

(三) 营造创新发展环境

我国民俗文化产业创新发展需要形成有利于创新的社会环境,政府作为创新活动的重要参与者,除了在公共技术研发投入中发挥引导作用外,其最大的职能在于提供制度保障,营造创新环境。政府应该在法制规范、政策制定、舆论营造中发挥服务型作用,如通过完善和创新民俗文化产业知识产权制度,对产业创新发展中所产生的创新行为进行鼓励和保护。在创新环境上,为创新人才和创业人才提供必要的生活保障,为民俗文化产业创新发展营造良好的社会氛围。

第二节　民俗文化产业的品牌建设

"品牌"是一种无形资产,"品牌"就是知名度,有了知名度就具有凝聚力与辐射力，就能成为企业发展的动力。民俗文化产业品牌建设是产业发展规划中至关重要的一步，它有助于提升产品的信誉与形象，并在法律层面起到维权作用。品牌是宝贵的无形资产，它所包含的价值会对产业发展带来不可估量的产品附加值。从民俗文化产业发展方向与目标来看，品牌建设是不可忽视的重要环节。

一、民俗文化产业品牌建设的内涵

文化品牌，是文化企业、文化行业或文化产品用以区分其他文化产品的重要标志，也是该企业、行业核心竞争力的表现。在国内众多学者的研究著述中，我们很难找到对民俗文化品牌的准确定义，多是借助于民俗文化旅游或民间手工艺品等产业化发展而形成的品牌来定义的。

我们认为，民俗文化品牌是指向所有受众展示的、用来帮助其识别某一民俗文化产品的名词、特色、名称标志、个性、形象及市场影响力等要素，反映了消费者对于民俗文化产品的感知和体验，这其中不仅包括物质的体验，还包括精神的体验，尤其注重一种全新生活方式的提供。民俗文化品牌的价值、文化、个性决定了其进一步巩固和拓展市场，增强市场竞争力，提升产品或服务的整体形象和影响力。从某种意义上来说，一个民俗文化品牌能否持续地发展，主要取决于其品牌的塑造和品牌竞争力的提升。[①] 品牌不仅仅代表着一个企业形象，也体现了一个国家的经济实力，反映着一个民族竞争力的强弱。

二、民俗文化产业品牌建设的意义

民俗文化品牌建设很大程度上依赖于民俗文化产品与服务的

① 吴小莲，李冬芹，张强．民俗节庆文化与旅游创新研究．华中师范大学出版社，2014：164－165．

良好口碑,《印象·刘三姐》水上大型歌舞表演、广西三月三歌圩节、宋城千古情大型舞台艺术剧、开封清明上河园的《大宋·东京梦华》等,都是以民俗文化为核心的具有一定社会影响力的民俗文化品牌项目。民俗文化产业品牌建设除了代表企业形象、体现国家经济实力、民族竞争力等宏观方面的意义外,在微观层面上,民俗文化产业品牌建设也具有强大的功能作用。

首先,品牌建设可以使企业具有鲜明的识别功能。品牌识别功能是一个品牌的基本功能,它将自己与别的竞争产品或其他行业明显区别开来,从而来显示自己的独特性与唯一性。在普通消费品市场,被啃掉一口的"苹果"就具有强大的市场识别能力。而在民俗文化产业领域中,福建千里香馄饨、天津桂发祥十八街麻花、杨凌锣鼓、浏阳烟花等,同样具有强大的品牌识别功能。品牌建设可以持续稳定地吸引消费群体,稳定收益。

其次,品牌建设可以增加产品附加值。良好的品牌可以在市场上一枝独秀,无法复制,差异化特征明显。品牌所拥有的独特的品牌形象、文化内涵、个性特征等都会在无形中为产品带来远超于产品物质性价值部分的文化附加值,提高市场占有率。民俗文化产业的品牌多是在优秀民俗文化资源基础上而形成的,民族差异性强,民俗特征鲜明。重视品牌建设,有利于提高民俗文化产品附加值,带来超额收益。

再次,品牌建设具有维护顾客与生产者权益的双重功能。经济利益驱动下,民俗文化伪造的现象越来越严重,有些地方政府和资源开发者为增加地方财政收入,无视历史与现实,伪造大量假民俗以期获得收益。但从某种程度上来说,这属于欺诈消费者行为。人们花钱进行民俗文化旅游消费,为的是能感受到独具特色的民俗风情,如果呈现给消费者的都是假东西,不但有损顾客利益也反过来影响当地的可持续发展。民俗文化产业品牌建设是基于民俗文化真实性基础上的对民俗文化资源的开发利用,表现出民俗文化真善美的一面。从长远利益来看，品牌建设具有维护消费者权益和保护生产者的双重功能。民俗文化产业品牌建设既体现出企业的核心竞争力，也代表着企业乃至国家民族形象。品牌文化的无形资产能带来巨大的增值效应。

三、民俗文化产业品牌建设的现状

品牌建设是民俗文化产业发展的有力保障，也是我国民俗文化产业发展的战略选择。拥有一批特色鲜明的民俗文化产业品牌，才能在一定程度上改变整个行业的低水平发展状态，改变民俗文化资源转换率较低的局面，才能进一步扩大民俗文化产业的市场规模，增强市场竞争力，提高市场占有率。在我国民俗文化产业品牌建设过程中，成绩与不足都值得我们认真研究，总结经验，为进一步发展做好理论上的准备。

（一）民俗文化产业品牌建设的经验

1. 以民俗文化资源为基础

我国地域广阔，民族众多，丰富的民俗文化资源是民俗文化产业品牌建设的基础。不仅包括饮食、衣着、住宅、生产工具等物质方面的民俗文化资源，同时还包括语言、文字、艺术、宗教、风俗、节庆等属于精神方面的民俗文化资源。民俗文化产业之所以能够产生发展并逐渐壮大，保持兴旺不衰的态势，根本原因在于它所生产的民俗文化产品与服务，来自民间、流传于民间，为广大人民群众所喜闻乐见，其互动性和群众性自不待言。如南京秦淮灯会、上海豫园灯会、岳阳汨罗江国际龙舟节等都是在元宵观灯、端午赛龙舟等传统民俗节庆基础上形成的民俗文化品牌，类似的例子举不胜举。

我国民俗文化资源丰厚，各地区的资源形态和表现方式各异。依托民俗文化资源发展起来的民俗文化产业，其品牌建设要体现当地民俗文化资源特色，将最真实、最本质的民俗形态展现给世人,这是民俗文化产业品牌建设的关键。例如,端午节是我国及东亚汉文化圈重要的民俗节日,以端午节庆民俗发展起来的民俗文化品牌除我国的汨罗市端午节庆之外,还有韩国的"江陵端午祭"。韩国非常重视文化遗产保护,特别是非物质文化遗产保护。"江陵端午祭"于1967年被指定为韩国第13号重要无形文化遗产和重要无形文物。韩国通常于农历四月初开始,举办为期一个月的端午祭祀活动。活动期间,假面舞、民族歌舞等民间文艺民俗及摔跤、荡秋千、拔河、射箭比赛等民间体育民俗活动都成为"江陵端午祭"品牌系列内容,每年都有成百上千万游客慕名而去,为当地带来巨大经济收益。国内类似的庆阳香包、青田石刻、徽州宣纸、土家摆手舞、四大年画等都是在深厚的民俗文化资源基础上形成的文化品牌。所以说,民俗文化资源是民俗文化产业品牌建设的根基。

2. 探索多元投融资渠道

2012年,《文化部关于鼓励和引导民间资本进入文化领域的实施意见》(文产发[2012]17号)指出:"鼓励和引导民间资本进入文化领域,有利于完善社会主义市场经济体制,充分发挥市场在文化资源配置中的积极作用;有利于优化国民经济结构,创造更多就业机会,增加城乡收入;有利于拓宽文化资金来源渠道,促进投资主体多元;有利于进一步解放文化生产力,调动社会各方面积极性,整合各种资源,凝聚各方力量,激发全社会文化创造力,形成全社会共同参与文化建设的新局面;有利于丰富文化产品和服务供给,满足人民日益增长的多样化的精神文化需求。"民间资本进入文化领域,同样适用于民俗文化产业。民间资本参与民俗文化产业重大项目实施,可以为民俗文化产业品牌建设提供雄厚的财力资金。相比政府主导的民俗文化企业,民间资本在运营过程中可以更加灵活,更能适应市场需求,形成品牌效应。近年来,不少国家重点扶持的民俗文化领域,吸引了大量民间资本参与。如民办博物馆、美术馆就是近年来发展比较快的领域。在政府扶持下,民办博物馆投融资机制渐趋完善,形成了不少响亮的文化品牌,如陕西的大唐西市博物馆、北京的观复古典艺术博物馆等。成都市近年来倾力打造博物馆群落,大力发展民办博物馆,相继建成了三个博物馆群:安仁·中国博物馆小镇聚集了20余家博物馆;洛带博物馆聚落集中了10多家民办博物馆;青城山博物馆村落则吸引了5家民办博物馆落户。它们集中展示成都的历史文化和民族民俗文化,产生了强大品牌效应,为提升城市文化形象,优化城市文化建设环境作出了巨大贡献。

（二）民俗文化产业品牌建设的不足

在品牌化盛行的今天,民俗文化产业能否做大做强,很大程度上依赖其是否拥有品牌文化产品。中国民俗文化产业在品牌建设过程中虽然取得了一定的成绩,但总体而言,民俗文化产业品牌建设情况仍不容乐观,还存在着许多缺陷与不足,影响、制约了其进一步发展。主要表现在:

1. 品牌价值提升不足,缺乏战略意识

品牌对于企业来说,具有经济价值,可以帮助企业扩大知名度和提高美誉度,从而间接提高产品价格,增加经济收入。品牌价值的建立还可以帮助企业在市场竞争中获得竞争优势并取得交易优势。随着经济社会的迅速发展,人们对产品的需求不仅限于产品本身,还有产品所代表的文化内涵,而这种文化内涵又通过品牌体现出来。企业要想在日趋激烈的文化市场中立足,除了自身独具价值的文化产品之外,良好的品牌文化可以为其带来不少的附加值。因此,品牌文化在一定程度上是该产业、该企业文化的深层解读,它想让人们了解什么,想要人们购买什么,都可以通过品牌进行沟通交流。类似的苹果电子产品,拥有无人能及的优秀品牌价值,它除具代表苹果公司产品的使用功能外,还可以满足消费者的其他心理层次需求,比如对时尚、审美、品质生活的追求,等等。

但在我国的民俗文化产业品牌建设中，生产企业在实施品牌战略过程中，就缺乏一定思考与合理规划，品牌战略意识薄弱。从发展阶段来看，我国的民俗文化产业尚处于成长阶段，各产业开发主体都不够成熟，比如，企业在生产时更关注价格、成本竞争，在产品的宣传、推广以及传播方式、传播手段上，多以广告投入为主，仍处于初级营销阶段。而对于打造精品，建设民俗文化品牌，步伐相对缓慢。其主要原因在于大多数企业只顾眼前利益，忽视或根本不去考虑企业发展的长远目标。

2. 品牌维护与宣传力度不够

在现代市场经济中，优秀的品牌能带来强大的经济效益，在民俗文化市场领域，文化产品之间的竞争其实就是文化品牌之间的竞争。根据我国商标法的内容，只有经过注册的品牌标志才能受到法律保护，但在我国民俗文化产业品牌建设中，常有中华老字号被国外抢注的事情，如“同仁堂”被日本人抢注，王致和旗下的王致和腐乳、调味品、销售服务等三类商标，被其德国代理销售商欧凯百货公司悄悄在德国注册等。[①] 老字号民族品牌属于企业的无形资产，其损失是无法估量的。

上述事件的发生除抢注企业行径恶劣之外，我国民俗文化企业也要进行深刻检讨和反思。正是这些企业缺乏对品牌战略的深刻理解和认识，对品牌文化不够重视，不肯花大力气进行宣传，致使消费者对相关品牌感情淡化，从而慢慢失去原来忠实的顾客群。

而当类似的品牌遭到破坏、文化企业被侵权时，大多数企业经营者采取的是和解、赔款等方式，而不是诉诸法律来维护自己的权益，不但自己利益受损，而且也在客观上对正常经济秩序产生破坏和冲击力，不利于市场竞争机制运行，最终对社会经济文化发展带

---

① 姚伟钧等. 从文化资源到文化产业——历史文化资源的保护与开发. 华中师范大学出版社，2012：204.

来损害。

3. 品牌定位模糊，品牌识别度不高

伴随着民俗文化产业的开发经营，民俗文化产品同质化现象严重，出现了民俗文化产业品牌定位模糊、品牌识别度不高等问题。品牌定位，简而言之就是企业为自己的品牌在市场上树立一个有别于竞争对手的形象，以期在顾客心目中形成一种特殊的偏爱。正确的品牌定位有利于培养消费者的偏爱即对该品牌的忠诚度。① 在林林总总的众多品牌产品之中，企业品牌若想占有一席之地，赢得市场占有率，就必须全力打造品牌差异，根据自身所处环境结合自身特点，为品牌树立一个目标，逐渐在人们心中形成一种形象价值。准确的市场定位是品牌文化打开市场的关键。通过分析行业环境，在充分了解消费者和竞争者的同时，从自身产品特征、质量、价格制定、功能用途以及产品类型、产品目标受众等方面出发，作出准确的品牌定位，确定本企业到底是行业领军者还是行业挑战者或行业追随者，需要情景定位、文化定位、附加定位，等等。②

品牌的识别度不高是伴随着品牌定位模糊出现的另一消极现象。比如，甲地生产的民俗文化产品在进行资源整合时往往在乙地也能够提供，那么就需要对自己的产品进行精准定位，否则相互简单模仿，文化市场上必定到处都充斥着相似、相同的产品，自然会降低品牌识别度。

4. 品牌资产价值低，难以形成竞争力

品牌资产价值是反映消费者根据自身需要对某一品牌的偏爱(performance)、态度和忠诚程度，特别是指消费者赋予一个品牌超越其产品功能价值之外，在心目中的形象价值部分，是消费者对企

① 王晓东. 我国企业的品牌管理研究[D]. 西南石油学院硕士论文，2003-04.
② 王珏慧. 企业品牌建设：理念、实践、政策[D]. 上海社会科学院硕士论文，2009-04.

业产品或服务的主观认知和无形评估。[①] 品牌资产主要包括五个方面：品牌知名度、品牌认知度、品牌忠诚度、品牌联想度及其他资产。其中品牌忠诚度是品牌资产的核心因素，反映了消费者对品牌的偏好，品牌资产中的第二个重要部分是品牌知名度，说明了消费者对品牌的熟悉程度。[②] 目前，我国民俗文化产业资产价值低，在产业发展过程中竞争力量薄弱。

除此之外，我国民俗文化产业品牌建设还存在着优秀品牌少，国际化程度低的情况。这是由于我国民俗文化产业正处于起步发展阶段，各方面体制机制尚不成熟，经验缺乏，在配套的开发经营过程中，精品塑造难度大，优秀品牌产量小、国际参与程度低。同时，文化消费市场也主要集中在国内，宣传、推广的目标受众也多为国人，有些在国内叫座的产品及服务，到了国外无人问津，加之中西方生活方式、价值观的不同，国内优秀品牌在国际上鲜有人知是常见现象，这也是民俗文化产业优秀品牌资产价值低的原因之一。

四、推进民俗文化产业品牌建设的建议

在市场经济条件下，谁拥有品牌，谁就拥有市场。民俗文化产业是文化产业市场细分下出现的新的经济增长方式，近年来随着民俗旅游、民俗手工艺品市场的发展壮大，逐渐成为人们追逐热捧的新的消费对象。民俗文化产业下民俗文化产品与服务的品牌化，是民俗文化产业增强核心竞争力，提升、带动民俗文化产业发展的关键方式。

品牌价值是品牌管理中最核心的要素，譬如巴西狂欢节、西班牙斗牛节在世界范围内拥有着无可比拟的知名度，是因为其内在

① 叶柏霜. 基于品牌联想视角下的品牌资产提升[J]. 现代商业，2008(33).

② 吴琼琼. 利用品牌战略提升中国产品国际竞争力研究[D]. 河北经贸大学硕士论文，2014－03.

文化品牌价值能够吸引广大的消费者参与其中，具有较高的影响力与感知力。同时，品牌价值是基于消费者对于某种品牌的接受、认可和喜爱，使其品牌产生溢价，并通过技术手段折算成货币从而反映品牌价值。对于民俗文化产业的民俗文化品牌来说，其品牌价值是由消费者对于民俗文化产品和服务的喜爱而进行的与此相关的所有消费总和。它产生于民俗文化品牌与文化消费者的关系之中，这种关系促成品牌价值的形成，也包括民俗文化价值之外的其他资产价值。民俗文化产业品牌塑造是一个系统工程，它的途径多种多样，方法层出不穷，但是企业要创立品牌必须具备一些最基本的条件。这些条件不仅仅包括外部的市场环境，更重要的是企业自身也应具备品牌建设的微观基础。

（一）实施科学管理，树立品牌意识

品牌意识是现代竞争经济中引领企业制胜的战略性意识。在经济社会中，品牌是一种战略性资产和核心竞争力的重要源泉。对于任何企业来说，树立品牌意识打造强势品牌，是保持战略领先性的关键。正如美国著名营销专家拉里·赖特描述的那样："未来是品牌的战争——品牌互争长短的竞争。商界和投资者都必须认识到，只有品牌才是公司最珍贵的资产……拥有市场比拥有工厂重要得多，而唯一拥有市场的途径是拥有具备市场优势的品牌。"①民俗文化产品规模化生产经营形成的民俗文化产业，同样需要树立强烈的品牌意识。

由著名舞蹈艺术家杨丽萍出任艺术总监和总编导并领衔主演、倾情打造的艺术精品《云南映象》，是一台将云南原创乡土歌舞与民族舞重新整合的充满古朴与新意的大型歌舞集锦。原汁原味的真实性以及不加雕琢的唱腔和原始自在的舞技，将传统歌舞和新锐歌舞、现代舞美完美融合，在现实的基础上再创了神话般浓

① 严云鸿. 树立品牌意识　奠定品牌建设的精神基础[J]. 商场现代化，2008(28).

郁的云南民族风情。《云南映象》正是通过这一系列的本真还原，打造自己独具特色的歌舞表演形式，从而在社会上引起广泛影响，并先后到韩国、日本、东南亚等地演出，形成自己的品牌。杨丽萍认为，不管是普通歌舞也好还是需要群众欣赏的大型歌舞表演也罢，一定要有自己的特色，这样才能形成自己的品牌，成就品牌文化。

（二）提高员工素质，加强品牌建设

员工是企业文化的承载者，优秀员工具备较高素质，在企业品牌建设中发挥着不可替代的作用。大多数人都有过网上购物的经历，比如在网上店铺挑选商品时，人们往往喜欢咨询客服一些问题。耐心而服务态度好的客服，往往会赢得消费者信赖，多半会乐意消费，而对于服务态度差的客服或店家，往往会给消费者留下不好印象，从而打消购物愿望。网店借助网络平台进行商品销售，在看不见真实商品、无法进行产品体验的情形下，客服或店家的服务态度和服务水平就显得尤为重要。

民俗文化产品也往往要借助网络进行营销，但不管是实体经营还是网上开店，都需要我们的经营管理者注意提高员工素质，维护自己的品牌形象。企业要经常组织员工到不同的民俗文化经营单位观摩学习，甚至到高校集中培训，学习经营管理经验、技术创新手段以及营销策略等，这对于一个产业的品牌建设与维护来说都是很有帮助的。

（三）确立自身优势，明确品牌定位

明确自身拥有何种民俗资源，其个性特点、适用人群以及如何开发利用等，都是企业在进行品牌建设时需要考虑的问题。只有深刻把握资源特点，确立企业发展优势，明确企业发展目标，制定品牌发展战略，并加以认真组织实施，才能在激烈而复杂的市场竞争中脱颖而出。陕西杨凌上川口村是全国唯一既生产铜器又生产鼓类的地区，不同于其他地区铜鼓乐器产业发展缓慢甚至日益萎缩的状态，杨凌铜鼓乐器传统工艺产业日益发展壮大，并形成了自己独特的品牌。纵观其产业发展之路我们不难看出，上川口村传统手工艺产业化市场的发展与其良好的市场定位，独特的产品属性以及固定的消费市场有着很大的关系。上川口村生产铜器已有三四百年的历史，其生产的铜鼓乐器品种主要有大锣、钩锣、社锣、马锣、银锣以及各类牛皮鼓等 100 多个品种，产品除供应国内市场外，还远销东南亚及尼泊尔、朝鲜、日本等国家和地区。其生产的“威风”牌铜锣、“妙音”牌铙钹和“宏达”牌牛皮鼓在中国西北乃至全国铜鼓乐器行业享有盛名，2010 年“威风”商标获得“陕西省著名商标”，2015 年，继“威风”商标之后，“妙音”商标也获得“陕西省著名商标”。2005 年欢迎神舟 6 号航天英雄凯旋、2008 年北京奥运会上“天地社火”表演、国庆 60 周年千人腰鼓表演等重大活动均使用了杨凌的铜鼓乐器产品。[①] 30 多年来，杨凌乐器始终坚持以弘扬民族文化为己任，引领行业发展。发挥自身独特优势，明确目标市场，准确定位企业发展目标，是杨凌民俗文化产业品牌成功的关键。

（四）注重人才培养，创新品牌理念

品牌是效益也是竞争力，面对严峻的资本市场，培养人才，技术创新是民俗文化产业品牌建设的不二法宝。应做到：围绕品牌建设的需要，优化人才队伍结构，为做大做强民俗文化产业打好人才基础；重新修定民俗文化产业的人才管理办法，完善双向选择、择优录用、竞争上岗的用人机制；提倡广大员工在民俗文化产业品牌建设过程中，开展技术攻关、科研和推广应用的创新活动；创新激励机制，逐步建立起信用品牌流程管理和检查考核的品牌文化建设体系和运行机制等，为企业注入新的活力。

理念创新是技术创新硬实力下的文化软实力表现，它无时无

---

① 李兵. 传统工艺传承与民俗文化产业发展研究——以杨凌上川口村铜鼓乐器产业为例[D]. 西北农林科技大学硕士论文，2014－11.

刻不在影响着产业创新和品牌的形成。要树立以市场需求和用户需要为导向的品牌理念,根据不同层次、不同目标人群的消费需求,打造个性化产品,提供人性化、超值化的服务,不断创新品牌理念,努力提高品牌管理水平。

本章小结

本章主要论述民俗文化产业的创新发展和品牌建设,先重点阐述民俗文化产业创新发展和品牌建设的内涵,指出民俗文化产业的创新发展和品牌建设有利于增强产业核心竞争力,提高国家文化软实力,分节讨论民俗文化产业创新发展和品牌建设的现状、存在问题及建议。在论述民俗文化产业的创新发展时,还着重强调了知识产权保护与创新发展之间的关系;在论述民俗文化产业的品牌建设时,指出了目前民俗文化产业品牌建设中存在的品牌价值提升不足、缺乏战略意识,维护与宣传力度不够,定位模糊和识别度不高等问题,并从品牌定位、人才培养、科学管理、理念创新等方面提出了建设性建议。

民俗文化产业的创新和品牌建设是民俗文化产业发展的必然要求。《中共中央国务院关于深化体制机制改革加快实施创新驱动发展战略的若干意见》(2015 年 3 月 13 日颁发)中指出:“创新是推动一个国家和民族向前发展的重要力量,也是推动整个人类社会向前发展的重要力量。”在国家创新驱动发展战略的推动下,民俗文化产业也一定要坚持全面创新,在民俗文化产业领域实现科技创新、制度创新、开放创新的有机统一和协调发展的局面。品牌建设是创新发展的必然的路径选择,品牌建设是民俗文化产业走向精品化、高端化的前提。民俗文化产业进行品牌建设可提高民俗文化产品的知名度、美誉度,对于国家综合竞争力和文化软实力的提升都将起到巨大的推动作用。

第五章　民俗文化产业的集群与区域

在经济和文化相互影响、渗透和融合的今天，文化产业作为新兴产业对国民经济和社会发展的巨大推动作用越来越引起人们的重视。经济民俗学的发端，使传统民俗文化，如礼仪民俗文化、节庆民俗文化以及民间手工技艺等备受人们重视和关注，带动并催生了民俗文化产业的兴起。目前，我国民俗文化产业正在从分散经营向集群化发展，并显示出勃勃生机。

以迈克尔·波特为代表的西方经济学家认为，一定区域内的产业集群从横向上可以就近资源共享，降低交易成本，带来规模效应和竞争优势；纵向上可以延伸产业链，增强上下游企业之间的联系，形成竞争性的配套关系。它既有垂直整合的效率，又有更广泛的自主性和选择性。随着我国文化产业的快速发展，文化产业集群化发展已经成为一种趋势，而民俗文化产业集群也越来越受到各地政府的重视，并成为区域经济新的增长点。

第一节　民俗文化产业集群

一、产业集群的内涵与特点

产业集群也称为产业集聚，产业经济的发展是产业集聚的滥觞。在欧美各国，产业经济学又称产业组织理论（theory of industrial organization），是从微观经济学中分化发展而来的，主要运用微观经济理论分析厂商和市场及其相互关系，是研究企业结构与行为、市场结构与组织以及市场与企业相互作用和影响的一门新兴应用经济学分支。在国内，产业经济学是从产业出发来揭示产业的发展和变化、产业内部企业之间的相互作用、产业与产业之间的相互联系等诸如此类产业本身所特有的经济规律的学说。

产业经济学产生的物质基础源于古代人类社会出现的三次社会大分工和18世纪中叶以来的四次工业革命。古代畜牧业、手工业、商业的分离为产业革命的发生奠定了必要的物质基础，而以英国工业革命为开端到第二次世界大战结束后的电子计算机技术、生物技术和能源技术的发明，为世界产业经济发展奠定了坚实的基础。产业规模经济结构效率是产业集群概念的先导，它可以分为企业规模经济和行业规模经济。企业规模经济是指企业自身通过横向一体化或纵向一体化所实现的规模效益；行业规模经济是指当某个行业总量扩张时，如何能使行业内部的企业提高专业化程度，降低单位成本，如果行业的长期供给曲线是向下倾斜的，则该行业就是一个规模报酬递增的行业。

（一）内涵

产业集群的概念最早可追溯到19世纪英国新古典经济学家马歇尔的“产业集聚”和“产业区”理论。马歇尔认为，同一产业越多的企业聚集于一个空间，就越有利于企业所需生产要素的聚集，这些要素包括劳动力、资金、能源、运输以及其他专业化资源，等等。马歇尔将工业集聚的特定地区称为“产业区”，产业区内集中了大量相关的中小企业。这些企业在产业区内集聚的最根本的原因在于获取外部规模经济，这种经济往往能使许多性质相似的企业集中在特定的地方。在马歇尔的产业理论基础上，美国人迈克尔·波特在1990年出版的《国家竞争优势》一书中率先提出了“产业集群”概念。强调地理群聚现象对于生产力和创新能力的意义。迈克尔·波特认为，产业集聚是一组在地理上靠近的相互关系的公司和关联机构，它们同处或相关于一个特定的产业领域，由于具有共性和互补性而联系在一起形成的产业集合模式。[①] 作为一种产业组织形式，产业集群既能避免“一体化”和大集团所导致的管理成本和代理成本过高的问题，又能避免远距离交易所导致的交易成本和物流成本过高的问题。

（二）特点

在社会经济发展过程中，产业集群具有以下优势特点：

1. 有利于企业之间的深度分工。经济学中著名的“SCP”理论来自哈佛大学贝恩所著《产业组织》一书，SCP 理论范式［“市场结构（Structure）——市场行为（Conduct）——市场绩效（Performance）”］认为市场结构决定企业行为，企业行为决定市场运行的经济绩效。产业集群在一定范围内是企业规模效应的一种有力表现，相同规模的企业聚集在一起形成产业组织，带来更多的发展机遇与挑战。

2. 有利于企业降低和节省成本。迈克尔·波特认为，产业集群是指在特定区域中，具有竞争与合作关系，且在地理上集中，有交互关联性的企业、专业化供应商、服务供应商、金融机构、相关产业的厂商及其他相关机构等组成的群体。国外的如：法国的香水玻璃瓶产业集群、德国图林根的外科器械产业集群、美国的硅谷等；国内的如：广东的电子制造业、江苏苏州昆山市的台湾电脑厂商、北京海淀区中关村的信息技术产业、新疆的彩棉生产加工，等等。[②] 这些产业集群以某种产品或服务为核心形成较大规模和产业链，能够大大降低和节省成本。企业交易成本包括：企业之间进行服务、合作、技术创新等产生的合作成本；企业在配置资源时产生的费用以及企业内部沟通所付出的管理成本；相同行业之间的互相监督、协调等产生的监督成本、协调成本；企业委托管理者

① 欧阳友权. 文化产业通论［M］. 湖南人民出版社，2006：91.

② 夏为丽. 产业集群的竞争优势［J］. 经济视角（下旬刊），2008（8）.

行使经营与管理职能中产生的代理成本等。产业集群内，企业面对的是就近的、众多的原材料供应商、设备供应商，因而能货比三家，能以更低的成本，更高的要求，更快的速度购买各种投入品，包括原材料、零部件、机器设备、各种社会服务和各种人力资源。①

3. 有利于形成专业市场。产业集群在一定程度上可以克服市场信息不对称的难题，从而提高资产的利用率，为专业市场的形成创造有利的条件，而专业市场的形成又会反过来促进产业集群的发展，扩大招商引资，激发竞争意识，创立区域品牌。产业集群还有利于企业之间相互监督，避免违规行为的出现，对于治理个别企业的"信用缺失"有所裨益。

二、文化产业集群发展的概念及特征

（一）概念

文化产业概念的提出是在20世纪三四十年代，首先是以法兰克福学派为代表的批判观，之后是20世纪七八十年代的商业诉求再到后来城市建设中文化产业作为实用艺术实践而被人们所接受。联合国教科文组织认为："文化产业就是按照工业标准，生产、再生产、存储以及分配、消费的角度进行界定。文化产业连接了无形的文化内容创作、制造和商品化过程。这些内容通常受著作权法保护并可以采用产品或者服务的方式。"②文化产品及文化服务是文化产业的重要产出，其集群式发展，不仅在地域空间上形成产业优势，更是在文化空间上产生文化创造力。在产业集群精细化分工下，在全社会大力提倡发展文化产业政策引导下，文化产业集群发展成为国内外学者新的关注点。

---

① 五金配件产业集群优势分析. 百度文库，http://wenku.baidu.com/view/dc8e51d726fff705cc170ab7.html.

② 花建等. 文化产业的集聚发展——从创意集群到文化空间[M]. 上海人民出版社，2011：1.

随着文化产业集群化发展趋势的不断加强,国内外学者对文化产业集群的研究也逐渐增多。斯科特(Allen J. Scott)是较早也较为深入地对文化产业集群进行研究的学者。斯科特研究了文化产业生产的特点,并且指出文化产业能够从当地社会团体的特征风格、敏感性和论坛中受益。文化产业不是一个孤立的产业,而是一个巨大的“产业群”,它不仅包括以文化内容的创造活动为核心的产业主体,还包括以文化产品的制造、销售及服务为核心的产业交叉和产业外延。这些文化产业各业态之间既相互独立又紧密联系,相互促进共同发展。拉哈姆(Nachura)和克伯(Keeble)深入研究了伦敦中心区的媒体集群,他们发现了地方化集群学习过程作为媒体集群创新和活力主要源泉的有力证据。Herald Bathelt (2002)分析了德国莱比锡文化产业集群的再次兴起。Bassett, Keith, Ron Griffiths &Ian Smith(2002)详细描述了布里斯托尔的文化产业的发展现状和集群形成及发展的过程,分析了集群内公司的交互关系和外部环境对集群发展的影响。他们的研究分析了环境因素对文化产业集群形成和发展的作用和影响。①

国内学者花建曾阐述文化产业集群的内涵,认为文化产业集群指的是在一个特定的区域内,以一个主导产业为核心,吸引大量彼此产业联系密切的企业群和相关服务机构在空间上集聚,从而形成可持续的竞争优势的现象。② 欧阳友权在他主编的《文化产业通论》一书中指出,文化产业集群亦称“产业集聚”、“产业园区”,是指相互关联的多个文化企业或机构共处一个文化区域,形成产业组合、互补与合作,以产生孵化效应和整体辐射力的文化企业群落。他指出近年来许多城市正在探索建设的“创意产业园

① 晏雄. 丽江民族文化产业集群式发展研究[D]. 云南大学博士论文,2014-02.

② 花建等. 文化产业的集聚发展——从创意集群到文化空间[M]. 上海人民出版社,2011:1.

区"就是一个个文化产业集群,它们正成为文化产业的"孵化创意"和生产力的"蜂房"。① 杨立青在他的文章《深圳文化产业集群式发展研究》一文中给出的文化产业集群定义为:"在一定的地理空间上集聚,并通过相互的交流与合作联系在一起的大量的文化企业与机构,它们由于具有相当强的文化共性与企业互补性,而体现出相互依赖、相互促进的创新性与进取性。"诸如此类的关于文化产业集群的概念的观点数不胜数。

(二)特征

对比文化产业集群发展的概念内涵,我们可以总结出文化产业集群发展的特征:

1. 集聚性。在一定空间范围内文化企业或行业及其相关机构比较集中,这是其形成的行业基础。各地大量出现的文化产业园区、文化产品一条街等可谓文化产业集群发展的表现形式之一。

2. 互补性。文化企业或机构文化产品、服务相似或互补,在产品创新和生产服务、人员使用、支配上具有互补性和公用性。上海田子坊是以石库门为传统元素的新兴文化创意产业集聚区。以经营各种手工艺产品、文化用品、刺绣精品、服装展示、精雕玉器等为主,形成了很大的手工艺品市场,产品集中但又特色鲜明,慕名前去的游客不计其数。

3. 共享性。各文化企业之间在商品服务、信息交流等方面可以资源共享,有些文化企业还与当地的政府部门、高校等建立了友好合作关系。如浦东三林镇明通创意产业园区中的上海润泽踏莎文化传播有限公司主营文化活动策划、高峰论坛、企业宣传、会展会务和节庆演艺,该公司与复旦大学、华东师范大学、上海社会科学院、上海师范大学等高校和科研院所都建立了联系,高校和科研院所的专家学者会在该公司举办文化活动时给予一定的专业指导。

① 欧阳友权. 文化产业通论[M]. 湖南人民出版社,2006:90.

三、民俗文化产业集群的内涵

民俗文化产业集群是伴随着近年来逐渐兴起的民俗乡村旅游、传统手工艺产品市场化而逐渐发展起来的。这些带有特定区域内民众感情、反映当地老百姓习俗惯制、具有一定人文情怀的传统文化,成为当下新的消费需求,在推动地方经济增长中,民俗文化产业可谓功不可没。

民俗文化产品及服务是文化产品及服务的细化和再分,借鉴文化产品概念我们可以了解到,民俗文化产品指的是带有一定传统文化内涵,富有民族性、地域性并兼具商品性的可在市场消费、流通的文化商品及服务。代表性产品主要有民俗手工艺产品,如香包制作、刺绣生产;民俗歌舞表演,如杭州宋城千古情、广西《印象·刘三姐》;民俗文化旅游,如深圳民俗文化村、湘西苗族土家族生态自然村;传统民俗节庆,如广西、云南一带的三月三歌圩节、傣族泼水节、彝族火把节等;以复古民俗文化为核心的大型主题公园,如开封清明上河园、西安大唐芙蓉园等;甚至还包括中华老字号传统饮食制作,如天津狗不理包子、全聚德烤鸭、洪长兴、杏花楼糕点制作等。这些都属于民俗文化产品及服务的内容。

民俗文化产业集群内涵是指通过对一个特定区域内丰厚、独特的民俗文化和民间文化进行深入挖掘、整理、开发和利用,形成包括传统工艺制作、民俗节庆、民俗表演、民俗演艺、民族口传文化、民俗旅游、饮食民俗、服饰民俗、医药民俗等为核心,并延伸形成其他民俗文化产业业态,相互联系发挥作用的现象。它代表该地或该民族独特的思想价值、人文观念,是文化产业的一种专业分工发展形式,具有民族性、独特性、人文性、稀缺性和不可重复性等特点。例如陕西省西安市拥有众多独一无二的历史文化资源,底蕴深厚。西安市在大力发展文化产业的同时,注重文化产业的区域与集群发展。据相关数据显示,2003 年以后,西安文化产业空间布局表现出“一核心”“四组团”的空间结构,集聚模式主要有文化资源依托集聚模式、顾客导向集聚模式、产业链集聚模式、政府主导集聚模式。[①] 其中依托文化资源集聚模式发展起来的民俗文化产业内容主要为文物保护、宗教文化及古玩交易,分别对应的行业形态为文物保护单位、回民街宗教文化中心及古玩交易城,相对集中在西安西大街;以曲江池、大雁塔为核心的曲江新区拥有大唐芙蓉园、大唐不夜城等历史文化、民俗文化为一体的文化旅游商业圈;而在灞桥区的纺织城,则相应开展了纺织艺术品设计工作室、展览馆及纺织商铺,等等。西安市历史文化、民俗文化保存的完整性为该地区发展文化产业、民俗文化产业提供了得天独厚的资源条件。

第二节 民俗文化产业集群形成的条件

民俗文化产业集群作为一种民俗文化资源较为丰厚地区的发展民俗文化产业的新现象,已经成为推动区域经济发展的新动力。民俗文化产业集群的产生是多种因素交互融合的结果,它以丰厚的民俗文化资源为基础,还包括了日益增长的民俗文化消费需求、政府鼓励与政策扶持、专业人才的智力支持、良好的社会文化生态环境等因素,这些都是民俗文化产业集群形成的有利条件。

一、民俗文化资源是基础

发展文化产业是我国“十二五”规划纲要提出的重要战略举措。随着我国文化产业的快速发展,以民俗文化为依托的民俗文化产业正在发挥着越来越重要的作用。民俗文化资源的产业化过

---

① 石宁.西安市文化产业集聚多重效应研究[D].陕西师范大学硕士论文,2013－05.

程也是民俗文化资源的转化和民俗文化产业的形成过程。发展民俗文化产业,打造民俗文化产业集群,关键是要充分利用自身的资源优势。民俗文化资源的独特性与民族性使得它与普通文化产品有所区别,结合文化消费市场将一地丰富的民俗文化资源进行合理包装设计,挖掘其个性化和本土化特色,在传承民族文化的基础上,促使原来粗放型生产方式和分散型产业结构的转型升级,将会对区域经济增长带来极大的推动作用。北京交通大学王衍用教授指出:"个性化就是标准化,本土化就是国际化。"①因此,一地以民俗文化资源为基础而形成的民俗文化产业集群既是该地的一种经济发展方式,同时也是文化要素中经济功能发挥作用的结果,只有拥有独特而丰富的民俗文化资源要素,才具备形成民俗文化产业集群的基础条件。

丽江市位于云南省西北部,地处青藏高原向云贵高原的过渡地带和滇、川、藏大香格里拉核心区域,总面积 2.06 万平方公里,总人口 111 万人。共有 23 个民族,其中 12 个世居民族,少数民族人口占总人口的 57.3%。丽江市历史上就是滇西北政治经济文化中心,是汉唐时代通往我国西藏和印度、尼泊尔等地的南方丝绸之路和茶马古道上的重要物资集散地。② 古城文化、东巴文化、纳西古乐等丰厚独特的民俗文化资源为丽江发展民俗文化产业集群奠定了基础条件。如今凭借当地得天独厚的民俗文化资源优势,云南丽江已经形成了民俗文化产业集群化发展的态势。

二、市场需求是动力

经济学上常把投资、消费、出口比喻为拉动 GDP 增长的"三驾

① 王衍用.个性化就是标准化,本土化就是国际化——承德建设国际旅游城市的思考.转引自其毕神谷的博客,http://blog.sina.com.cn.

② 晏雄.丽江民族文化产业集群式发展研究[D].云南大学博士论文,2014-02.

马车”，这是对经济增长原理最生动形象的描述。其中，投资主要是指财政支出；消费主要是指本国居民的消费需要，也即内部需求，简称内需，它是经济发展的主要动力；出口是指外部需求，即通过本国企业的产品打入国际市场，参与国际竞争，扩大自己的产品销路。民俗文化是历代先民创造的极其丰厚和珍贵的文化财富，它是一个民族的民族精神、民族情感、个性特征以及凝聚力与亲和力的重要载体，既是人类文化多样性的体现，也凝聚着人类文化最珍贵的记忆。

在经济社会的发展过程中，代表人类文化记忆的传统民俗文化呈现出各种“文化符号”的活态聚合，如民俗手工艺品、旅游地区的民俗节庆表演、民俗歌舞表演等。在文化消费市场，民俗文化符号化现象越来越明显：各类传统节日发展为旅游业；各种民间戏曲进入演出市场实行产业化运作；各种民族服饰中的文化元素融入纺织品中用以提升我国纺织业的竞争力，等等。① 这些无一不是市场消费需求下民俗文化符号化产业化发展的表现形态。

年画是中国画的一种，始于汉代的“门神画”，作为汉族民间艺术之一，亦是常见的民间工艺品，是中国农村老百姓喜闻乐见的艺术形式，含有祝福吉祥之意。绵竹年画，是汉族民间木版年画之一，主要流传于中国西南地区，素有“四川三宝”、“绵竹三绝”之美誉，它与天津的杨柳青年画、山东潍坊的杨家埠木版年画以及苏州桃花坞木版年画并称为中国四大年画，社会影响力极大。在当地政府政策支持鼓励下，成立了绵竹年画村。目前，年画村从事年画产业的人员有 1 000 多人，开发出刺绣年画、陶版年画、手绘年画等上百种与家装、生活相关的年画品种，年画产量也从最初的年产 4 000 多幅增加到 2013 年的 3 万幅，远销 50 多个国家和地区，实现了年销售收入 2 000 万元，年画从业人员的年人均创收也达到 2

① 李昕. 非物质文化遗产：文化产业发展重要的文化资本[J]. 广西民族研究，2008(3).

万元。[1] 巨大的文化消费市场,使得绵竹地区形成年画民俗文化产业基地,反过来也拉动了该地经济文化发展。同样身处四川盆地的羌族年画,却并没有如此幸运,尤其在“5 · 12”汶川地震之后,传统的羌文化更是受到致命的打击。羌族年画因羌族民间特有的年节风俗而更具神秘性和民族独特性。相比四大年画的产业性浓厚的特点,羌族年画更具有民间性。但羌族年画目前依旧是羌族民众逢年过节时家家户户自制的一种“贴画”。其中很大的原因在于羌族年画的非“市场化”,而只是自给自足的生产,在形式、内容、艺术上也较少创新,这也是与绵竹年画最大的不同。所以,文化消费市场因素是民俗文化产品得以形成产业化的动力机制,也是民俗文化产业集聚的活力源泉。

三、政策扶持是保障

得天独厚的民俗文化资源,广阔的文化消费市场,还需要政府引导和政策扶持。民俗文化资源的开发利用在现实操作中会涉及多个部门,这是由民俗文化资源本身所具有的复杂性和丰富性所决定的。在民俗文化资源的挖掘过程中,我们常会遇到“保护式破坏”和“开发式破坏”两种尴尬局面:一些地方政府为了“保护”民俗文化资源,下令将原本应该活态传承的民俗文化资源放进博物馆;一些地方政府则将民俗文化资源的开发作为地方政绩而全然不管民俗文化的原生性,只为迎合市场,扭曲了民俗文化的本质。在民俗文化资源的产业化开发过程中,地方政府的合理引导和政策的有力扶持是民俗文化产业集群发展的有力保障。民俗文化资源开发涉及多个部门。就民俗文化资源的内容来看,涉及的部门有农业部、文化部、旅游局、环保局、林业局、国土资源部、水利

---

① 唐金龙. 绵竹年画村——一幅画里的产业. 四川在线—华西都市报,http://news.163.com/14/0208/04/9KHK5TM000014AED_mobile.html.

局等,这种多头管理是我国民俗文化产业在开发过程中碰到的最主要的体制障碍,而间接出现的权责不清在一定程度上会对民俗文化资源保护开发带来一定的损害。因此,民俗文化产业集群化发展需要在政府管理体制上进行改革,而不是要么“全部不管”,要么“全都管”。

在政策层面,必要的法律法规、一定的资金支持和技术支持,可以为民俗文化产业集群保驾护航。民俗文化资源形式多样,内涵丰富,如何在法律法规方面对它们进行有效保护是每个地方政府需要深入思考的问题。首先,坚持“以人为本”,打破“一保护就死”的恶性循环;其次,因地制宜,制定符合本地民俗文化产业发展的法律法规;第三,要对民俗文化资源进行符合法律要求的估价,在保证地方财政收入的基础上,使开发商不能谋取暴利但同时也要让他们有所收益;第四,形成奖罚分明的品牌激励机制。

资金支持是每个地方政府对新兴产业应有的扶助。类似的文化产业园区,如浦东三林明通产业园区内每个文化企业每年租金只有10万元,这对于小微文化企业来说,帮助无疑是巨大的。民俗文化产业集聚能够带动地方政治、经济、文化及社会的发展,当地政府应在财政资金上给予大力支持。在保证正常财政收入的前提下,减免税收、租金等,都是很好的支持方式。

另外,技术上建立民俗文化资料数据库、民俗文化影视资料库、民俗文化数字化管理等,也都能为民俗文化产业集聚提供有力保障。

四、专业人才是核心要素

以韦伯为代表的传统区位理论学派认为,劳动力的数量、质量(熟练程度)的地理分布和劳动力成本的高低是影响产业区位选择的重要因素。文化产业对创意的依赖性特征决定了劳动力要具有较高的创新、创意能力,能否拥有高素质的人才是文化产业能否有很大发展，能否提供高水准的文化产品和文化服务的关键所在。[①] 民俗文化产业作为文化产业的一种特殊经营模式，在对专业人才的需求上和文化产业是一样的，专业人才作为民俗文化产业的智力支持，是民俗文化产业集群发展的关键性因素。

民俗文化产业的专业性人才主要包括三种类型，一是基础的民俗文化传承人，其次是民俗文化创意型人才，第三是民俗文化产业的经营管理者。

民俗文化传承人一般是指民间文化艺术的优秀传承人，即掌握着具有重大价值的民间文化技艺、技术并具有较高水准的个人或群体。但目前情况下，我们遇到的困境是民俗文化的优秀传承人老龄化，年轻技师缺乏，传承人出现青黄不接的局面；许多传统民俗文化技艺的传承人由于受传统传授方式的局限，对其所拥有和掌握的技艺仍然采取的是传内不传外、传男不传女的传统落后的传承方式，使得大量宝贵技艺随着传承人去世而失传；还有一类传承人并不热衷带徒传授，自己也不发扬创新，这就在一定程度上妨碍了传统民俗文化的传承与发展。因此，民俗文化产业集群发展，专业人才管理与扶助是第一步。这就要求我们，首先，国家政府层面要鼓励传承人改变传统传承方式，在政策、资金上给以一定的支持，使他们在生活上有所保障；其次，加强民俗文化的学校教育和社会教育，培养接班人，使民间传统技艺不致失传；最后，创新民间文化传承人保护传承机制，建立健全考核奖惩机制，促进民间传统技艺的保护、传承和发展。

民俗文化的创意型人才是民俗文化产业的灵魂，在民俗文化产业集群化发展过程中发挥着锦上添花的作用。近年来，故宫从丰富藏品中提炼传统文化元素，将其与当代人的生活、审美需求相对接。设计者们匠心独运，推出了一系列深受消费者欢迎的文创

---

① 晏雄. 丽江民族文化产业集群式发展研究[D]. 云南大学博士论文，2014－02.

产品,如朝珠耳机、"朕就是这样汉子"折扇、建筑彩绘"秘密皇宫"等,使人耳目一新。民俗文化产业创新型人才的培养是民俗文化资源产业化开发、民俗文化产业集群的核心灵魂。

民俗文化产业的经营管理者在民俗文化产业集聚形成过程中起着引领方向、把握大局的作用,是民俗文化产业集聚的领袖人物。民俗文化产业的经营管理者可以说是该产业的文化经纪人,由于民俗文化产品及服务属于非刚性需求,这就要求经营管理者在不同阶段制定不同的经营管理策略。民俗文化产业的经营管理者可以在一定程度上克服民俗文化消费市场信息不对称的难题,对大量的信息进行收集、加工、存储、传输,在节约社会生产总成本的同时及时掌握市场信息。优秀的民俗文化产业经营管理者,能够在基于企业既定战略目标的前提下,关注客户需求的满足、分析市场机会、反思自身优劣势、考虑市场竞争因素、预测可能存在的问题、培养和提升团队能力,最终作出准确合适的市场战略,为顾客提供满意的商品和服务而实现企业目标。但目前国内民俗文化产业的经营管理者则多存在文化素质低、经营管理不到位、专业水准低下等一系列问题。这就要求在民俗文化产业化过程中,将培养提高经营管理者的文化素质作为重中之重,这也是民俗文化产业集群发展的要求。

五、社会文化生态环境是先决条件

民俗文化产业化发展,离不开良好的社会文化生态环境。文化生态环境,也可以说是文化生存空间。我国丰富而优秀的传统民俗文化为社会经济发展带来了巨大的效益,然而随着经济全球化、商业化、城镇化以及新农村建设的加快,生活方式的改变甚至是一些天灾人祸的发生,使得传统民俗文化生存空间被大量挤压,甚至遭到毁灭性破坏。如河南省信阳市素有河南"歌舞之乡"之称,信阳民歌是信阳市的汉族民歌,主要流行于大别山区,其风格迥异于河南省内淮河以北地区的民歌。2008 年，信阳民歌被列入第二批国家级非物质文化遗产名录。然而随着现代社会生活的发展，民歌生存环境发生了很大改变。首先，农民的生存方式发生了变化，田间地头不再是很多农民的工作场地，越来越多的农民成了农民工，成为标准化工业生产的一员。其次，农业的耕作方式发生了变化。机械化生产使原来的《插秧曲》不再在秧田里响起，也让《赶牛歌》不再传唱。再次，农民文化娱乐方式发生了变化，电视、电影、流行音乐等娱乐方式被农民所接受，成为他们茶余饭后的消遣。现在已经很少有人再去关注民歌，传唱民歌。民俗文化生态环境一旦遭到破坏，就很难从根本上进行修复与维护。年轻一代甚至不了解自己的本土文化，何谈热爱与保护。人们参与性不够、文化认同程度不高，都会使民俗文化资源在产业化开发利用中受到阻力，更谈不上形成产业集群现象。

"生态博物馆"是文化生态环境的概念化表示。所谓"生态博物馆"指的是一种以村寨社区为单位的没有围墙的"活体博物馆"，它强调保护和保存文化遗产的真实性、完整性和原生性。生态博物馆的概念最早于 1971 年由法国人佛朗索瓦・于贝尔和乔治・亨利・里维埃提出，其"生态"的含义既包括自然生态环境也包括人文生态环境。1998 年在贵州省六枝特区梭嘎乡建立的中国乃至亚洲第一个生态博物馆即梭嘎苗族生态博物馆，是至今为止国内最早且相对成熟、保存完好的自然人文生态中心，对于民俗文化资源的保存与保护起到很大的促进作用。该地有名的"六枝原则"强调，民族民俗文化产品的开发要在遵循保护当地文化的基础上进行，村内传统民俗工艺只能通过村民自行制作售卖，不能将原生物品转卖他人，民俗文化产品的开发要将当地民俗文化保护放在第一位，社会利益高于经济利益，长远利益大于眼前利益。到梭嘎乡我们会看到苗族少女日常生活中穿着民族服装、戴着牛角头饰，并沿袭当地最原始的传统民俗。现在到该地旅游的人不计其数，成为著名的民俗文化旅游村，对当地经济、社会和文化发展产生了极大效益。因此，文化生态环境的保护既是民俗文化资源产业化发展的必要条件，更是民俗文化产业集群发展的必要条件。

第三节 民俗文化产业集群的功能

民俗文化产业具有很强的外部影响力，与其他产业不同的是它可以影响一国的政治、经济、文化及社会，具有政治功能、经济功能、文化功能和社会功能。

一、民俗文化产业集群的政治功能

民俗文化产业集群具有强大的政治功能效力，它在很大程度上可以代表一个地区甚至一个民族、一个国家的形象。以民俗文化为核心的民俗文化产业，其产品、服务可以起到教化人、引导人，规范人的思想和行为的作用。民俗文化产业集群发展可以是一地经济的主导型、支柱型产业，这就能为提升地方荣誉感、自豪感和凝聚力起到很好的促进作用。同时，民俗文化产业集群使大量民俗文化产业的企业和部门集聚在一起，成为一个地方显著的政治引领风向标，对改善民风、提高民众文化素养起到很大的促进作用。如近年来河北滦县依托其厚重的文化底蕴和丰富的文化资源，尤其是评剧、皮影、剪纸等民族艺术瑰宝，实施文化旅游振兴工程，实现了从无到有、从有到强的跨越。每年一度的“中国滦河文化节”已成为地域文化交流的有力平台，2011 年、2012 年、2013 年滦县先后被评为“中国滦河文化之乡”、“中国皮影艺术之乡”、“中国地秧歌之乡”，挂牌成立了“中国滦河文化研究中心”、“中国皮影艺术研究基地”和“中国地秧歌研究基地”，并成功获评“全国特色文化产业示范县”等美誉。独具个性的民俗文化产业集群的发展壮大,极大地提高了当地的知名度和美誉度。在丰富多彩的民俗文化活动和产业经营活动中,人们的人文素养和艺术素养得到了提高,从而自觉地担当起了民俗文化保护和传承的责任。

二、民俗文化产业集群的经济功能

民俗文化产业集群发展最明显的是其经济功能,与政治功能不同的是,经济功能带有更多的显性作用。

首先,民俗文化产业集群可以带动地方就业,缓解就业压力。以民俗传统工艺品为例,陕西杨凌上川口村为全国有名的铜鼓乐器生产集聚地,并在当地政府的积极引导下兴建了"铜锣产业园"。截至2014年,上川口村从事铜锣加工的企业和农户共有29家,吸纳本村就业人口360~400余人(视生产忙闲情况有波动),男女工人约各占一半,每年从事锣鼓生产的收入约1 500万元。[①]

其次,民俗文化产业集群可以促进地方经济增长。民俗文化产业是低碳、无污染的绿色环保产业,能够在拉动地方经济增长过程中起到很大作用。湘西龙山县民俗文化旅游资源丰厚且集中,代表性民俗文化资源主要有土家吊脚楼、土家摆手舞、土家"赶年"与"抢年"庆典节日、土家梯玛信仰、龙山土家族婚姻仪式等,相对集中且有规模效应。资料显示,2012年五一节期间,游客人数达7万人次,收入达2 500万元;"十一"黄金周游客人数达10.8万人次,收入达3 800万元。民俗旅游综合收入从2003年的0.72亿元到2012年的2.17亿元,增长了3倍多,并呈现增长较快、相对稳定的状态。[②]

再次,民俗文化产业集群可以有效改善地区产业结构,助推产

---

① 李兵.传统工艺传承与民俗文化产业发展研究——以杨凌上川口村铜鼓乐器产业为例[D].西北农林科技大学硕士论文,2014-11.

② 杨甜.龙山县民俗文化旅游资源开发研究[D].吉首大学硕士论文,2013-05.

业升级。以民俗文化产业为核心的文化产业与影视、动漫、游戏等内容产业相结合,呈现出较强的外部经济效应和产业关联效应,同时促进上下游企业之间的联合,产业链的延伸升级,产业边界模糊化。传统的以第一第二产业为主的产业增长结构将会得到全面改善。

三、民俗文化产业集群的文化功能

民俗文化产业集群是民俗文化功能的有力体现。民俗文化产品与服务可以体现一个地区民众的文化心理、审美趣味、思想意识,是民族文化的隐性表现。中国的传统饮食、传统服饰、手工艺品,在国家交往中往往扮演着友好交往的媒介作用。在召开北京峰会、首脑高峰论坛接待外国国家领导人时,菜谱菜单中多选择中国传统饮食,领导人服装也多以唐式中山装为主。中华传统饮食民俗、服饰民俗越来越成为国际交往中的媒介,在世界各国和平相处中发挥了极大的作用。

四、民俗文化产业集群的社会功能

民俗文化产业集群还具有社会功能。民俗文化产品与服务具有鲜明的时代特征、民族个性和地域风格。在全球经济一体化浪潮中,文化产业的快速发展,文化产品的复制程度加快,使得文化的共性加强个性削弱。人们在追求物质生活享受的同时越来越追求高品质的精神生活享受,民俗文化产业的兴盛发展形成地区性的产业集群,加强了稀缺文化资源的保护与利用,促进了文化多样性保护和可持续发展,从而有利于文化生态环境保护,有利于促进社会和谐与进步,为社会关系的维护和社会秩序的稳定提供整合、固化和润滑的作用,为社会凝聚力提供引领和增强的作用。同时,民俗文化产业的创新性和时代进步性、历史传承性,又使得我们在继承发扬传统文化的基础上进行合理创新,为社会提供新的文化要素,形成多元文化共存共生的局面。

第四节　民俗文化产业集群对区域发展的影响

民俗文化产业集群是民俗文化产业发展到一定阶段的产物。不同于单一的产业形态,产业集群是产业规模效应的反映。作为一种多元化经营和规模经营,集群式发展使得区域内部的社会经济活动和诸种经济要素相互配合,按地区合理配置社会资源,特别是合理配置社会劳动,提高经济增长的质量和效益,同时建立起以区域为中心的层次不同、规模不等、各具特点的经济区网络,最大限度地形成全国的整体优势,促进国民经济持续、稳定、协调地发展。

但民俗文化产业集群对区域发展的影响可谓是一把双刃剑,既能对区域经济社会发展作出积极贡献,又可能带来隐性的、消极方面的破坏,这就要求我们在权衡其贡献的同时,努力规避可能的破坏力,全面协调可持续发展。

一、民俗文化产业集群对区域发展的贡献

民俗文化产业集群对区域发展的贡献力主要表现在:首先可生产大量移植性民俗文化产品;其次可有效解决传统古村落沦为"空心村"、"无人村"的尴尬处境;最后在一定程度上还可以提高地区民众的民族自豪感,有利于文化遗产的保护。

(一)促使大量移植性民俗文化产品开发

移植性民俗文化产品是移植性民俗文化旅游产品概念的扩大化,移植性民俗文化旅游产品是指在旅游园区内,通过模拟异域民俗环境、表演民俗节目或生产、生活民俗中的某些活动,形成规模展示,从多角度反映不同民族文化的独特的旅游产品。其形式既

包括各种民俗文化主题公园，如深圳中华民俗文化村；也包括含有民俗文化活动的综合性景区，如济南九顶塔民族风情园、青云山游乐园等。[①]

民俗文化产业集群使得大量不同种类的民俗文化产品的生产带有移植性特征，除了当地民俗文化特有的元素，开发商为扩大产业规模或延伸产业链，在某些情况下会根据消费市场需求而制定一些非本地民俗文化所特有的民俗文化产品或服务。社会上一些专家学者将此种行为称之为"伪民俗"，但我们必须分清"伪民俗"与移植性民俗之间的根本区别。

"伪民俗"指的是受商业利益驱动的、趣味低级的、粗制滥造的"民俗"，其虚假与肤浅的特点破坏了民俗的自然与淳朴。其制作或再现这种"伪民俗"的动机是为了营利，而不是恢复传统民俗、民间文化中真正有价值的内容，例如社会上至今广泛流行的电脑"算卦"或是"喝烟灰治病"等，都属于"伪民俗"，其根本特征是"伪"，是假的东西。而移植性民俗文化产品是在还原真实民俗文化、民俗情景的基础上同时也符合另一地民俗文化特征而复制过来的文化现象，它虽也为商业驱动，但最大限度地保存了民俗文化的本真性。

大量移植性民俗文化产品，首先改变了民俗文化的地理空间范围，从而加强了不同民族不同地域之间人们的相互认识和了解，弘扬了民族文化，为区域文化发展注入新的活力。

其次，大量移植性民俗文化产品与服务的生产可以在一定程度上解决区域民俗文化资源薄弱、产品服务形式单一的状况，反过来为该地区民俗文化产业集群的发展带来更多的发展机会，产生更大规模的集群效应。

再次，集群式发展在一定程度上提高了群众参与民俗文化保

---

① 邵玲. 对移植性民俗文化旅游产品开发的再认识[J]. 工会论坛，2008(5).

护的积极性，增加就业率。

（二）有效治理传统村落消亡等社会问题

中国民间文艺家协会会长、著名作家冯骥才曾针对全国古村落资源调查情况说，自2000至2010年，我国自然村落由363万个锐减到271万个，10年内我国自然村总数减少90万个，传统村落每天消失100个。它显示村落消亡的势头迅猛和不可阻挡。当前社会，古村落面临的问题主要有：历史性老化造成老房子的自然颓败和无力修复；随意的抢占性的新建、翻建；与乡土环境、历史风貌不和谐的各类现代建材破坏了古村落的古风古貌；村民对原有居住环境的不满意构成古村落保护的内部压力；公路和高速公路的建设对村落景观的破坏；土地集约化导致对民居宅基地的兼并；城市化发展进程对古村落保护构成的压力和威胁，等等。[①] 如山西临县啧口镇李家山村曾被著名画家吴冠中评为“与世隔绝的桃花源”，然而，近年来李家山村村民大量外出就业或为寻求更好的居住条件而搬离村庄，只留下孤寡老人和留守儿童，是中国现在典型的“无人村”、“空心村”的代表。如何才能使这些传统古村落留得住原居民，使当地民俗文化不致消失，民俗文化产业集群化发展是解决目前此种情况的有效方式之一。

丽江古城先后出现的演艺文化产业集群、东巴纸坊纸业、酒吧娱乐文化产业集群和旅游文化产业集群，聚集了各类文化企业，吸引着世界各地的游客蜂拥而至。游客对吃、住、行、娱、购等方面尤其是对当地的民族民俗传统文化的需求使得许多濒临失传的传统民族民俗文化得以重构和新生，古城居民获得了前所未有的巨大商机，许多原住民纷纷搬回原来的村庄，在增加经济收入的同时，自觉地承担起了保护本民族文化传统的责任。民俗文化产业集群

① 应琛. 古村之急：活态保护，中国民俗学网，http://www.chinesefolklore.org.cn/web/index.php? NewsID=10117.

是促进地方经济发展、有效保护传统村落、促使区域民俗文化得以保存的重要策略。

（三）促进民俗文化与非物质文化遗产保护

2003年联合国教科文组织颁布《非物质文化遗产保护公约》，我国于2004年加入该公约。十多年来，我国在非物质文化遗产保护方面做了大量工作，但成效不容乐观，破坏非物质文化遗产的行为仍大量存在。民俗文化是非物质文化遗产的有机组成部分，民俗文化保护与非物质文化遗产保护是相辅相成、相互促进的整体。为了促进非遗保护，自2007年6月文化部批准设立第一个国家级文化生态保护区——闽南文化生态保护实验区，至2014年年底，已相继设立了18个国家级文化生态保护实验区，分布在16个省区市。武陵山区（湘西）土家族苗族文化生态保护实验区即为其中之一，这些文化生态保护实验区大都也是民俗文化旅游产业集聚区。2013年9月起，该地政府实行"8+1+3"工程，即在全州8个市县各选取1个自然生态、文化生态和非遗保护完好且民俗文化资源丰富的村寨，作为建设文化生态保护区的试点，并制定了3年行动方案。在此计划实施过程中湘西苗族土家族民众非遗保护意识、民俗文化保护意识明显增强。比如，踏虎凿花技术是泸溪县合水镇踏虎村苗族民间传统技艺，在当地政府的大力支持和鼓励下，泸溪县专门成立了踏虎凿花传习所并对该技艺进行保护传承。当地民众参与性极高，在传习所先后举办的12期培训班中培训了200余人，被培训的学员在挖掘、整理和研究该技术中都有突出的贡献，同时也有部分培训学员在泸溪县小学、中学、职中等当地4所学校开设该项非遗技艺课程。

当地民众民俗保护、非遗保护意识的增强很大程度上有赖于民俗文化产业集群的商业化生产和经营对当地的政治、经济、文化和社会带来的广泛社会影响。民众对当地民俗文化自豪感增加，自然对民俗文化保护更加尽力。因此，文化生态保护区的建立不仅是对某个地区的非物质文化遗产、民俗文化遗产的专门性保护，同时也为全国性的非遗保护与民俗保护起到了很好的示范作用。

二、民俗文化产业集群对区域发展潜在的消极影响

事物都具有两面性，民俗文化产业集群发展不仅具有拉动区域经济增长、带动社会文化进步、增强国际竞争力等显性积极影响，同时也会对区域民俗文化带来潜在的消极影响，我们要正确看待消极影响，规避民俗文化产业集群在发展过程中可能造成的不良后果。

（一）商业利益驱使下，区域民俗文化真伪性受到拷问与非议

民俗文化作为产业化的一种可用元素，在现代社会发挥着越来越重要的作用。地方政府、企业开发商甚至是传承者个人，无一不在想方设法地去利用自己所掌握的民俗文化资源而获取利益。民俗文化产业集群在更大范围内将这一商业现象演绎得淋漓尽致，但也造成了“伪民俗”盛行，使其受到社会各界的拷问和非议。

众所周知，名人效应能带动多方面的效益，名人故里引发的争夺战在国内已经属于屡见不鲜的现象。为了发展本土文化产业，有些地方政府找来专家学者造势，号召本地居民上网宣传呐喊，大肆修建庙宇，搞近乎疯狂的祭祀仪式，恨不得让作古的名人们复活过来作个现身佐证。只为经济效益和政绩，扭曲、丧失了宝贵的传统文化内涵。我们身边存在着很多这样的例子：2010 年《扬子晚报》记载了这样一则报道：“全国 23 名专家揭露河南安阳曹操墓造假”。安阳“曹操墓”在发现和发掘过程中，存在人为策划、蓄意造假的行为。而当地政府建设的曹操高陵展馆却将于 2010 年 9 月开放，门票价格初步确定为 60 元。[①] 后来因遭质疑而延期开

① 全国 23 名专家：河南安阳曹操墓造假　刘庆柱说谎. 中国城市文化网，http://www.citure.net/info/2010823/2010823113040.shtml.

放。在这种政绩观的影响下，民俗文化只能成为政绩工具，不可能从根本上得到真正保护。其他诸如：到底梁祝是什么地方人？到底是什么地方的伏羲庙更加权威？到底诸葛亮出生在哪里？不同的地方之间诸如此类的争论喋喋不休。[①] 这就要求我们在进行民俗文化资源开发过程中，辨清民俗真伪，做到不自欺不欺人，尊重历史、尊重文化。

（二）对历史遗存和当地居民生活方式造成一定的负面影响

原生自然式的民俗文化旅游开发方式，是直接利用原生民族村落来开发，有村民的参与，是一座活生生的民族露天博物馆，其特点是保留了原来的自然风貌、民居、饮食、节庆和其他民俗事物，具有自然朴实的特色。[②] 但是，这种原生的开发方式不仅会对古村落历史遗存造成一定的破坏而且对当地民众的正常生活也会造成一定的干扰。例如丽江古城酒吧一条街，虽然在经济开发上带来一定的商机刺激了文化消费，但是喧嚣的环境吵闹的人声，与古城静谧的人文生态环境格格不入，人们的生活作息受到了干扰。类似的例子还有很多。如果民俗文化的区域与集群式发展在某些方面干扰破坏了原有社区生活秩序与民俗文化的自然状态，那它绝对不是可取的产业发展模式。这就要求开发者在开发过程中兼顾经济利益与社会利益，着眼长远利益而不能只看眼前利益。

三、民俗文化产业集群促进区域经济社会发展的建议

民俗文化产业集群式发展对区域经济社会发展具有不可估量的贡献力，但是，如果处理不好，也会对区域发展带来一定的破坏力，这就要求各级政府部门、投资开发商在文化产业集群发展中制定正确的发展策略和做好应对措施，以规避可能带来的负面影响。

---

① 安德明. 非物质文化遗产保护：民俗学的两难选择[J]. 河南社会科学，2008(1).

② 邵玲. 对移植性民俗文化旅游产品开发的再认识[J]. 工会论坛，2008(5).

（一）坚持科学规划，发挥政府的支持引导作用

民俗文化产业集群对区域发展的影响很大程度上依赖于当地政府的引导和支持。在推动产业集聚发展过程中，政府的主要职能是保证市场机制的顺利运行，并监督资源配置是否合理。政府要根据地区资源优势、发展实力等客观要素制定科学合理的产业集群发展规划，明确本地是否适合发展民俗文化产业集群以及发展所要实现的目标、达到的目的都有哪些，并对所要完成的项目给予一定程度的支持和帮助，建立区域民俗文化品牌。同时，对政府部门行政审批等流程进行一定程度的简化，方便投资人尽快取得合法手续，提高办事效率。审时度势，在维护大政方针的前提下，根据自身特点制定地方性的法律法规，使产业集群发展有法可依。

（二）加强合作交流，培养产业集群的创新能力

创新是民族进步的灵魂，是国家兴旺发达的不竭动力，民俗文化产业集群发展的不竭动力是要提高创新能力。建立民俗文化产业集群的创新体系，关键是要制定一套合理的产学研合作机制，包括企业、大学或研究机构等公共组织以及中介服务组织等在内的各创新主体，加强合作交流、思想碰撞，从而促进技术、人才在区域网络内部的合理流动。其中，大学和科研院所是产业集群创新的知识创造者，为企业发展提供智力支持。企业即为创新活动的参与者、实践者。中介服务部门及公共组织可以为产业集群发展提供良好的外部条件，间接参与创新活动或过程。他们之间的分工与协作，构成了民俗文化产业集聚的创新系统。

（三）完善社会服务体系，营造良好的外部环境

民俗文化资源的独特性与丰富性，使其在产业化发展过程中牵涉到多部门利益，涉及众多的政策和法律法规，这就要兼顾各部门实际情况，建设良好的社会人文环境和保持适宜的自然生态环境。一是增加民俗文化培训机构，培养专业性人才；二是完善民俗

文化产业发展的硬件环境,为民俗文化产业集群奠定扎实的基础;三是优化社会保障体系,培育民俗文化产业专业市场,完善金融、物流、通信、信息、咨询等服务配套;四是保护民俗文化生态环境,加大环境治理资金、技术等投入,留住人们共同的民俗文化记忆。

本章小结

民俗文化产业集群是文化产业集群的优化和细分,它具备文化产业集群的一般特征和发展模式,但因其文化开发内容的独特性而又有别于文化产业集群。本章通过对民俗文化产业集群的发展历程及内涵的介绍,让读者了解什么是产业集群、文化产业集群以及民俗文化产业集群,以及它们各自的特征。进一步指出产业集群的优势,民俗文化产业集群产生形成的条件、功能特征。民俗文化产业集群是在民俗文化资源的基础上集聚发展起来的,丰厚的民俗文化资源是基础条件,广阔的文化消费市场是它的动力机制,政府、政策的有力支撑是其发展保障,专业人才则为其作智力支持,同时民众的广泛参与与良好的社会文化生态环境又可以为民俗文化产业集群作很好的提升。民俗文化产业集群的产业发展模式可以带来大量移植性民俗文化产品的产生,丰富老百姓的日常生活,也可以在一定程度上缓解治理“无人村”、“空心村”等传统村落出现的尴尬局面,民众非遗保护意识的增强也会得到一定程度的提升。但是不得不注意的是,民俗文化产业集群也会带来一定的负面影响,譬如民俗文化的真伪性、民俗生态环境的破坏性等问题。民俗文化产业集群是一个动态发展的过程,这就要求我们的政府部门和民俗文化资源的开发者,对民俗文化产业集群发展给出良好的建议,引导、支持其发展壮大。本章希望能够为我国民俗文化产业开发有所借鉴,但在应用中应当结合当地自身发展状况,合理选择产业化、集群化发展路径。

第六章　民俗文化产业的跨界与融合

工业革命之后，社会生产力的深刻变革与资本的飞速发展使不同领域间的分类与产业之间的别属更加清晰，然而，现代新科技的到来革新了传统意义上产业体系的划分格局与分类模式，扁平化的结构加速了产业之间沟通融合的进程，使原本细分的产业领域走上了跨界融合的新的发展方式。“建立在互联网和新材料、新能源相结合基础上的新经济发展方式，它以新型通信技术、能源技术及对应的基础设施为基础，以制造业数字化为核心，带来产业组织模式的转变，使全球技术要素和市场要素配置方式发生革命性变化；传统的自上而下、集中式经营活动的垂直结构将逐步被第三次工业革命分散经营方式的扁平化结构所取代”。①

第一节　民俗文化产业跨界融合的条件与意义

产业间的跨界与融合意味着两个或两个以上领域之间，在打破边界区划和部门格局的交叉与跨越中，吸收双方在管理模式、基本运营、产业结构、运营机制等方面的优势并加以重新整合的基础之上进行再创新。民俗文化产业的跨界与融合是产业发展的大势所趋，一方面有助于民俗文化产业自身发展，提升产业的核心竞争力；另一方面有利于整个产业（包括信息产业、旅游业、出版业、影

---

① 芮明杰. 第三次工业革命与中国选择[M]. 上海辞书出版社，2013：31－38.

视业等在内的)结构的优化升级。

一、民俗文化产业跨界融合的基础和条件

从文化产业的内在性来看,其自身内涵边界的不确定性与学科属性归类的多样性为民俗文化产业的跨界与融合提供了内在的可能性。“同时,这种以智力创新为主要标志的产业门类对其他产业具有极强的渗透性、整合性,对关联产业具有越界改造的内在基础”。[①] 从外在条件来看,一方面,全球化发展大趋势和中国良好的政策环境为民俗文化产业的进一步跨界和融合提供了良好的外在环境,同时,国内经济转型升级的加速为文化产业的跨界整合提供了丰沃的土壤。另一方面,互联网和数字技术的更新换代为民俗文化产业的交流融合提供了开阔的平台,加速了各领域和多行业之间的沟通交流,打破了传统产业之间的藩篱。各种有利因素为民俗文化产业的跨界与融合提供了良好的基础和条件。

(一) 民俗文化产业跨界融合的基础

1. 学科发展基础

(1) 开放性与延展性

自 1944 年法兰克福学派提出“文化产业”概念至今,文化产业已然成为一种新的以文化的意义生产和符号生产、流通、消费与服务经济生产关系的描述。然而,国际上,由于文化背景和行业分类不同等原因,对文化产业划定了不同的概念内涵。例如,英国布莱尔政府的创意产业特别工作组将文化产业定义为是源自个人创意、技能及才华,通过知识产权的开发和运用,具有创造财富和就业潜力的行业;芬兰将文化产业定义为“是基于文化意义内容的生产活动”;联合国教科文组织在题为“文化、贸易和全球化”的报告中认为:“文化产业这个概念是指那些包含创作、生产、销售‘内

---

① 赵渊. 文化产业跨界整合式发展:模式、策略及路径. 北方经济,2012(9).

容’的产业。”诸多定义和内涵使文化产业难以有一个清晰的范围。2012 年，国家统计局颁布的《文化及相关产业的分类》中将文化产业定义为“为社会公众提供文化、娱乐产品和服务的活动，以及与这些活动有关联的活动的集合”。因此，从不同角度诠释文化产业，就会得出不同的定义，这也就导致了文化产业定义的难度。但是，不可否认的是，正是由于文化产业概念的开放性为其自身的发展提供了更多的可能性，也使文化产业具备了在其产业内部以及与其他产业跨界融合的潜在基因。文化产业作为新兴“朝阳产业”，具有无限的发展前景和可能，民俗文化产业作为文化产业的延伸与拓展，横跨民俗、文化、产业三大板块，既不同于传统的民俗学，又与新兴文化产业有所不同，这为民俗文化产业的跨界与融合提供了内在可能性。

（2）渗透性与多元性

尽管文化产业发展势头良好，许多高校都开设了相关课程，清华大学、北京大学等九所高校与文化部联合建立了国家文化产业创新与发展研究基地。但是，在学科划分和归属方面，每个高校都面临着不同的情况。有些学校将文化产业设置在历史学院，有的设置在经济学院、文学院或者新闻学院，而在学科体系上，文化产业类归属管理学。这种情况的出现既是新兴学科体系不完善的表现，也是文化产业多重属性所致。文化产业的概念内涵的不确定，提供了其与多个学科互有交叉的机会，也带来了文化产业的多重属性。在其发展的过程中，随着文化产业社会功能不断开发渐而具有了经济性、政治性、社会性、文化性和意识形态性等多重属性。作为其类属的民俗文化产业同样也具有这些属性。经济性意味着民俗文化产业的经营性特征，是其经济学属性的表现，使民俗文化产业与消费市场具有潜在的血脉相连；政治性则是民俗文化产业与国家政治、民族特色息息相关；社会性带来了民俗文化产业与大众传媒、信息产业等相关领域的融合；文化性则是民俗文化产业与中国传统文化、民间文学、民间技艺等学科的交汇；而意识形态性则涵盖着民俗文化产业在一定历史时期和社会发展阶段所表现出的意识形态的变化。民俗文化产业的多重属性正是由文化产业本身的丰富、复杂和多样性决定的，反过来，文化产业的概念内涵和多重学科属性为民俗文化产业的跨界与融合提供了可能和条件。

2. 产业发展基础

(1) 丰富性

丰富性与综合性意味着多种文化样态与多重资源的整合与发展。民俗文化本身是一个极为丰富的文化样态，它不仅包含民间文化、民间技艺，还包括人们的衣、食、住、行等物质民俗、人生礼仪、宗教信仰等非物质民俗等诸多方面。在中国统一的地域空间内共存着不同民俗、不同地域特色的民俗文化，体现了中国民俗的丰富性特征。中华文化向以包容四方的气象著称于世，其中民俗涵化之功甚伟。自古及今民族文化的融合，首先是民俗层面的接纳，民俗化人于细微处，却影响深远。例如，汉俗中复合了不少少数民族习俗，可以说从来就没有纯粹意义的汉俗，只有民俗融合时间的早晚而已。同样，现存的各少数民族也程度不一地受到汉俗的影响。因此，这也就决定了民俗文化产业发展模式的丰富性。

(2) 符号性

人类社会普遍存在着民俗文化的象征体系。民俗符号的基本结构及其各种各样的符号系统，是形成民俗文化传承的要素。在民俗艺术中，寓意一种理想的事件或现象，使一些很难用画面表现的内容得以实现，这种民俗文化的符号性决定了其与其他产业跨界融合的元素符号的契合性。如现代广告设计中常用的寓意表现手法，即设计中运用各种传统的具有丰富指示意味的民俗符号来表达情感，它可以多方面提升广告的内涵，尤其可以提升广告的形象性和丰富性。又如在文创产品及动漫制作中，将民俗文化符号与创意相结合，能够极大地丰富作品的文化内涵，表现出浓厚的民俗意蕴。

（二）民俗文化产业跨界融合的条件

1．文化条件

（1）文化全球化趋势

联合国教科文组织曾指出，“发展可以最终以文化概念来定义，文化的繁荣是发展的最高目标”。21世纪的当今世界，国际社会上各个国家的竞争已经由最初的武力竞争转化为经济竞争，并逐渐向文化竞争过渡。文化的交流、繁荣与发展已经不仅仅是关乎黎民百姓精神生活的问题，也是国家综合实力的重要表现。另一方面，全球化背景下的世贸组织的确立，互联网技术的发展及其应用等都加速了各个国家、各个民族之间文化思潮的传播和交流，打破了传统固守的藩篱，为不同地区、不同民族和不同国家之间的民俗文化交流提供了更为开阔的平台和视野。民俗文化产业走出国门，与来自世界各地的精神文化相互碰撞和交流，求同存异，擦出智慧的火花。

全球化作为当今世界发展的一个趋势，正深刻地影响着整个人类社会的历史进程和文明进程，同样的，也给民俗文化产业的发展带来不同层面的影响。“全球化源于西方人对‘市场全球’的认识和界定，其观点认为随着资本主义商品、服务、资本和技术在世界生产、消费和投资领域的逐步扩散，全球经济将逐步呈现一体化发展的趋势”。[①] 从哥伦布发现新大陆，到第一次工业革命和第二次工业革命之后，全球化趋势带来了国与国之间在政治、经济贸易上的互相依存和发展，国际间的货币、商品、人员、信息、资源等交换加快，人们生活的各个领域和空间正在日渐成为一个更为缩小，联系更为紧密的地球村格局。资本的自由流动和信息传播的自由交流加速了民俗文化产业与各个领域的沟通，全球性的资源再分配，拉动和刺激了规模空前的文化商品流动和文化形态对撞，带来

① 蒋晓丽等. 全球化背景下中国文化产业论. 四川大学出版社，2006：256.

了不同领域之间跨界融合的新机遇。例如,中国昆曲经典《牡丹亭》在美国大都会博物馆的艾斯特庭院正式上演,赢得国内外人士好评;腾讯公司提出的“泛娱乐”战略融合发展模式抓住了市场需求,以网络平台为基础,展开电影、音乐、动漫等多领域、跨平台的商业拓展,从文学、影视、消费等各个领域,它们贯通资金、内容制作、演艺明星、宣传推广、发行销售、衍生产品等环节,真正带来了文化产业的跨界与融合。再以日本为例,日本以自身民族文化、民俗特色为基础,通过发展动漫、游戏、流行音乐、服饰设计等行业,带动了相关文化产业的发展。美国的传媒业和电影业、英国的软件业、法德的出版业在全球化的背景下,具备了互相交流融汇的可能和条件。在特定时代背景与经济发展水平下,文化产业全球化已经成为影响当代世界经济、文化秩序和国际关系的重要力量。与此同时,中国政府也顺应时代潮流,倡导文化产业“走出去”政策,一方面鼓励民众自发创业,鼓励创新发展,另一方面向全球产业价值链高端攀升。多元化融合与发展是当今时代的大势所趋,民俗文化产业应改变束之高阁的传统定位,改变一国、一地的封闭生存发展的单一态势,加强不同领域之间的交流、融合和创新,营造多元化和多样化的发展格局。

(2) 国家文化战略

进入21世纪以来,伴随着传统与革新、现代化与国家化、全球化与地方化等各种话语体系的彼此交融、博弈,以及政府倡导的非物质文化遗产保护工作,为民俗文化产业化发展提供了新的发展机遇。目前,我国从国家到地方已经制定了不少促进民俗文化产业发展的政策法规,这些方针、政策及法律法规是民俗文化产业跨界与融合的必要条件。

2. 科技条件

(1) 互联网的发展

互联网提供了对大量信息快速、准确处理与传送的可能,使得现代社会在生产、贸易与管理等各个方面发生巨大变化。基于互联网的文化产业新业态蓬勃发展，深刻地改变着文化产业的内在结构。互联网技术消除了传统领域之间的壁垒，打通了文化产业链。例如，文学作品不再是社会经济权力之外孤立的精神板块，而是作为商品之一被推向大众消费的前沿，文学网站和网络文学的兴起为大众精神消费提供了无限可能，盛大文学网、起点网、猫扑等社区论坛使人们能够快速访问、阅读和交流。

另一方面，文学作品也被翻拍成影视作品走入寻常百姓家。2014 年阿里巴巴完成对文化中国的股份收购，更名为阿里巴巴影业，2015 年初腾讯文学在与盛大文学合作之后，2015 年 3 月又与美国数字发行公司 Trajectory 签署协议。改编自流潋紫所著的同名小说《甄嬛传》，由郑晓龙导演，流潋紫编剧，孙俪、陈建斌、蔡少芬、蒋欣、陶昕然、孙茜等人主演，在北京电视艺术中心制作完成，传统文本文学，借助互联网和数字技术的力量得以影音展现，在国内各大电视台热播之后，2012 年先后在中国台湾、香港地区和日本登上银幕，受到民众追捧。除此之外，民俗文化产业的线上销售也开始逐步确立起来，在淘宝、天猫、一号店等各大电子商务平台上均有地方特产、特色工艺品的销售，比如苏绣、湘绣产品；民间特色小吃，比如花生糕、包公豆等，品种繁多。互联网带来的冲击力改变了旧有的民俗文化产业的内在结构，为各个领域的交流汇合提供了平台。与此同时，互联网也带来了人们的文化消费习惯的改变。从电子阅读的逐渐普及到剧场、电影院的网络低价售票，移动互联网已经越来越成为大众文化消费的重要途径之一，渗入到人们日常生活和文化娱乐的各个方面。例如人们观看电影或者电视剧之后，立马就可以在网上购买影片中或剧中自己喜爱的男女主角衣物饰品；各大高校的课堂也可在新浪公开课或者网易公开课等网站上收看。2014 年我国电影市场爆发式增长，达到近 300 亿元的票房，成为全球第二大电影市场，其中互联网营销模式占据了重要的分量，一方面互联网带来的便利激发了人们的消费需求，另一方面这些被改变的消费习惯将会加速民俗文化产业的快速更新，促进产业链的衔接与完善。

对此，上海社科院研究员花建指出："互联网思维正在为中国文化产业提供前所未有的巨大机遇，将从四大链条方面推动文化产业发展。智慧链：互联网通过整合创意、硬件、软件、资本等要素，正在形成具有极大包容性的文化商业生态系统，把文化企业和文化消费者的隔阂逐步消融。平台链：互联网提升和重塑了文化产业的平台经济，形成了平台型企业和平台经济集群，以'免费'和'开放'作为广泛吸附合作伙伴的终极武器。服务链：中国文化产业正在通过大数据的采集和分析，采用可量化的精确市场定位技术，推动了文化产业对客户的精准服务。贸易链：在互联网技术支持和嵌入的背景下，全球文化服务贸易与文化产品贸易越来越呈现融合趋势。互联网对推动中国文化'走出去'，特别是发展文化服务贸易提供了强大动力。"①

(2) 数字化技术的发展

数字化技术的发展产生了新的社会文化形式，使信息文化获得了新的载体。信息时代网络技术与多种行业结合产生了新的变化，同时也为民俗文化产业的发展带来全新契机。数字技术背景下文化成果共享渐成趋势。建立在数字化和互联网基础上的互惠平台给民俗文化产业带来了革命性的变革，加快了信息资源传递的速度，实现了文化产业资源的共享。借助于互联网的平台，企业之间能够快速储存、传递不同形式的信息资源，比如当下非物质文化遗产图谱的编制，以及非物质文化遗产数据大平台的构建等。信息的快速传递将会带来文化产业的"无疆界"的流通，将民俗文化与科学技术紧密联系在一起，使其在公开共享的平台上相互交

---

① 鲁元珍."互联网+"：给文化产业带来什么[N].光明日报，2015-03-19.

流影响。

二、民俗文化产业跨界融合的意义

文化产业非单一性学科，它涵盖新闻出版、广播电视、文化娱乐、工艺品销售等各个方面，民俗文化产业同样具有综合性、融合性和多样性的特点。产业之间的跨界融合，从小的方面而言，有助于民俗文化产业自身发展，提升产业的核心竞争力；从大的方面而言，有利于整个产业结构的优化升级，其中包括信息产业、旅游业、出版业、影视业，等等。

（一）有利于提升产业核心竞争力

跨界融合有利于提升民俗文化产业的核心竞争力，推动产业体系的跨越式发展。民俗文化产业属于新兴产业，尚处于成长阶段，有很多不完善的地方，因此，对其他产业领域的借鉴、学习和吸收，有利于民俗文化产业完善自身产业链。动漫产业、网络游戏、影视演艺产业对民俗文化产业起到了重要的助推作用；信息产业带来的现代科技革新了民俗文化产业的经营模式；现代商业运营体系为民俗文化产业的发展与完善注入新鲜血液。跨界融合带来产业之间的交流与合作在某种程度上促进了民俗文化产业对自身的审视与完善，融合之后将会带来产业内部的革新与发展。

（二）有利于促进产业结构的转型升级

民俗文化产业以中国传统文化、民间技艺为企业的精神内核和主要增长点，因此具有低投入、高产出的特点，与其他产业领域的跨界融合将会带动经济增长方式的调整，促进产业结构的转型升级。中国制造现在面临的重要问题之一是缺乏自身的品牌特色，以廉价的批量生产赚取较低的利润差，而民俗文化产业的出现正是致力于打造以中国民间文化为亮点的企业品牌，起到优化升级产业结构，提升产业的文化附加值的作用，并带动整个地区产业结构的调整，以高效环保的生产方式打造文化产业链。

（三）有利于提升民俗文化的生命力与创造力

民俗文化产品作为载体，其背后承载着整个民族的生活方式、思想意识、文化传统。由于民俗文化自身携带的文化因子具有极强的渗透性，因此在与其他产业融合的过程中，会使中国传统文化符号与民间文化精神渗透其中，从而有利于提升民俗文化的生命力与创造力。民俗文化产业跨界与融合将会加速民俗文化的传播速度，进而促进其弘扬、传承与发展。

第二节　民俗文化产业跨界融合的路径

随着文化产业的发展，传统意义上的划界式体制已经发生了改变。市场需求、消费需求、企业需求、资本需求、跨界需求推动着文化产业与相关产业的融合，文化产业跨界融合已经成为一种发展趋势。文化产业跨界融合同样也带动了民俗文化产业的跨地区、跨行业的交互融合。民俗文化产业的跨界融合有利于传统民俗文化产业结构的转型升级，促进相关产业共同发展。

一、民俗文化产业与其他文化产业门类的融合

（一）民俗文化产业与旅游业

国民经济运行的良好态势与人们日益增长的精神文化需求使得民俗文化越来越成为旅游业的重要资源。因此，民俗文化产业与旅游业的跨界融合既是经济发展的大势所趋，也是为了更好地满足人们日益增长的精神文化需求的主动选择。

“民俗是一种重要的旅游资源，古代的‘观风察俗’‘入境先问俗’，就是早期的一种民俗旅游活动。我国著名的民俗学家刘锡诚认为，民俗与旅游是一对孪生兄弟。现代旅游活动中，只要旅游者离开他惯常的居住地到异地时，就会感受到一种与自己惯常居

住地不同的风土人情，如居所、饮食、音乐、舞蹈、服饰、仪礼等，给人一种完全不同的文化生态环境，即旅游目的地的民俗文化氛围”。[1] 民俗文化产业与旅游业具有许多共同的特性：首先，民俗文化产业与旅游业都具有经济特性和文化特性。近些年来，旅游和民俗文化在拉动地方 GDP 方面贡献了重要力量。不同于工业生产的是，旅游业与民俗文化产业以地域文化和地方风土为产业成本，具有强烈的文化性质。经济特性与文化特性是旅游业与民俗文化产业跨界融合的先决条件。其次，二者都包含着吃、住、游、行、购、娱六大要素，具有极强的综合性和整体性，这也就决定了民俗文化产业与旅游业在产业链打造上的相似性。再者，民俗文化产业与旅游业都具备游览和观光的性质，在产品展示方面二者可以互通有无互相借鉴。

因此，民俗文化产业与旅游业的跨界融合是互利共赢的合作，不仅为传统民俗事象带来新的发展，也为旅游业注入新活力。一方面民俗文化产业是旅游业开发的基础和卖点，借助于传统文化的魅力、民间故事神话传说的附会等可增加旅游景点的神秘性和经典色彩，比如神农架的传说故事为湖北省旅游增添了吸引力；雷峰塔下，白蛇与许仙的故事使原本美丽的西湖更添几分姿色和凄美。越是有着悠久历史和传统文化的旅游地越能吸引众多游客的关注，因此，民俗文化产业的开发是旅游景点“走出去”的掘金点。并且，民俗文化具有的低成本的优越条件，不像物质文化，如景区维护、基础设施建设等耗资巨大。民俗文化产业的加工与开发更多需要的是文化层面的二次处理，我国传统的京剧、昆曲、苏州评弹、少数民族歌舞、东北二人转、庙会等，既被作为各景区的重要旅游景点来吸引游客，也是丰富游览内容、提升旅游产品档次和延长游客逗留时间的重要资源。同时，在游客游览的过程中，一些富有

① 吴忠军. 民俗旅游学的几个问题[N]. 桂林旅游高等专科学校学报，1999(1).

地方特色和传统文化内涵的特色小吃,手工艺品,如驴打滚、剪纸、泥塑、雕刻等都是重要的旅游商品。因此民俗文化产业对旅游业开发有极大的促进作用,民俗文化保护得越好,开发得越完善,其利用价值和经济效用就越大。如果放弃民俗文化所带来的潜在经济价值,就会使旅游业失去许多乐趣。保护和利用好民俗文化资源,对发展旅游业和其他相关产业起着举足轻重的作用。另一方面,旅游产业的兴旺也是保护、传承、弘扬传统民俗文化与非物质文化遗产的有效途径。旅游业的大力发展,在搞活一个地域的经济,带来经济效益的同时,也可以解决目前对非物质文化遗产保护中所面临的各种实际问题,解决资金压力,减少政府负担,以利益机制调动对民俗文化产业以及非物质文化遗产的自觉保护。这种保护是最直接的,不需要政府立法的强行措施政令,而是依靠旅游业、商业的自发拉动。因为能够直接带来经济效益,民众会自觉地把民间艺术,民俗文化等开发利用起来。发展旅游在拉动经济的同时,更能够促使游客们在不知不觉中加入民俗文化产业的理解与保护的队列中来,而且旅游所带来的经济效益将直接使许多民俗文化产业得到宣传、学习和交流,既扩大了民俗文化产业和非物质文化遗产在社会中的影响力,也弘扬光大了中国传统民俗民间文化。

例如,湖北省车溪原本是一个藏在深山中的土家族与汉族杂居的偏僻山村。在未被开发之前,世世代代居住在车溪的土家族儿女们仍保留着祖祖辈辈传承下来的独特的生活方式,如哭嫁、唱山歌、跳丧等,这些独具特色的习俗不为外界所知。但是,闭塞也带来了贫穷,温饱问题与教育问题长期困扰着居住于此的民众。20 世纪 90 年代,这里还流传着“笔笔陡陡两面山,中间只有丈把宽,出门都是光棍汉,油盐全靠卖鸡蛋”的民间歌谣。1997 年车溪民俗风景区开工建设,除天然景区之外,还借助车溪独特的民俗文化打造农耕稼作展示、民俗歌舞表演、古代作坊体验等项目,将民俗传统与旅游业相结合，形成民俗文化旅游新业态。在开发初期，政府拨款扶持，并聘请专业旅游公司进行规划设计。车溪民众自发修缮土家吊脚楼，发掘优秀的民间艺人，坚持在保护原有生态环境与原生民俗样态的基础上呈现车溪风貌。同时，建筑、交通、教育、基础设施、广告传媒等各个领域，在促进车溪民俗文化旅游产业发展的同时也相互交汇融合。2010 年车溪景区内外交通道路修筑完成后，又着手民居改造工程，完善配套设施，扩建停车场，安装太阳能，优化景区硬件条件。在对外宣传方面，车溪借助于现代媒体，精心打造车溪传统文化宣传片，推出系列精品文艺节目，整合多元传播策略。车溪的民俗文化产业与旅游业的结合为车溪民众提供了更多的就业岗位，现在车溪流传着“男人抬轿子、女人开馆子、孩子盘店子、爹爹做车子、婆婆看摊子、部分人员开厂子”的有趣描述。据世界旅游组织公布的资料显示，旅游业的经济乘数远高于其他行业，“旅游业每收入 1 元，相关行业的收入就增加 4. 3 元”。① 民俗文化旅游定能为民俗文化产业开辟更为广阔的空间。

（二）民俗文化产业与影视演艺产业

随着经济全球化和城市现代化的快速发展，传统民俗文化和非物质文化遗产面临着消亡的危险，而民俗影视片的制作无疑能全方位地创建一种“国家的形象历史档案”，补充传统文字记录的民俗志和地方志的不足。民俗文化产业与影视演艺产业的跨界融合为民俗文化产业的发展带来了新的契机。其主要表现在两个方面：一是民俗文化产业与影视剧、影视片的结合，比如推出的《功夫熊猫》《舌尖上的中国》，前者属于以民俗文化为创作题材的影视作品，后者属于民俗纪录片，而百集民俗纪录片《中华民俗大

---

① 陈建设，吴忠军. 少数民族村寨旅游开发中的经济激励研究[N]. 广西民族学院学报，2005(S2).

观》更是全面展示了中华传统民俗文化。二是民俗文化产业与剧场实景演出的结合，比如武汉的“汉秀”，开封的“东京梦华”等。

1. 民俗文化产业与影视产业

影视是当今社会最具影响力、最具活力的产业之一，也是与人们日常生活紧密相关的产业之一。现代科技的不断更新换代，使得影视产品成为可以包容音乐、舞蹈、戏剧、摄影、文字、雕塑、绘画、建筑、科技等多门艺术的综合性艺术，影视产品具有的动态、真实、多维、科学等特点，使其艺术表现力远高于其他艺术形式。因此，将静态的民俗事象通过活态的影视作品展现出来，是民俗文化产业发展的一大进步。“通过影视手段，将具有浓郁民族和地域特色的民俗文化的‘活’形态，包括民众的生活方式、历史发展以及民族或群体特有的民俗气质等等，真实地记录下来，从而成为见证民众生存状态和生活文化的‘活态文献’”。[①] 比如央视播出的中国传统类美食纪录片《舌尖上的中国》通过对中华美食的多个侧面的拍摄，不仅使观众见识到了中国传统特色饮食、烹饪方法以及构成中国饮食特有气质的一系列文化元素，也同时展现了中华饮食文化的独特之处和源远流长，展现了中国人的生活方式、礼仪习俗、家庭伦理等方面的传统。此外，对于民间文学以及长篇叙事史诗等，影视片可以在“活态”展示的情况下进行记录，比如英雄史诗的唱诵和仪式，传统祭拜仪礼与过程，通过表演者的语言、肢体、情感表达等，展现史诗的跌宕起伏和大气磅礴，表现英雄史诗的时空穿透力和历史厚重感，使观众能够自然进入影片所营造的时空环境，真正达到异文化之间的有效沟通。

借用传统文化的再创作，比如借用中国历史典故、神话传说、英雄事迹等进行再创作是民俗文化与影视深度融合的主要方式之一。例如美国迪士尼出品的《花木兰》《功夫熊猫》等即是借用中

① 黄凤兰. 从民俗影视片的特点谈非物质文化遗产保护[J]. 江西社会科学，2005(12).

国历史上的民间传说或者传统文化打造的极具东方色彩的影片。通过对中国民间故事中的传统文化元素进行提炼和升华，再现中华民族特有的精神气质，促使人们对民俗文化的保护和传承。

2. 民俗文化产业与演艺业

“演艺产业指的是以演出产品的创作与生产、巡演与销售，以及通过剧场等配套服务机构共同构成的产业体系。其中，演出产品的创作与生产是演艺产业的核心，它往往也是其他文化产业部类的价值源泉”。① 演艺产业不同于民俗文化产业的特点是：首先，它不仅包含着多种艺术门类，比如话剧艺术、戏曲艺术、歌剧舞剧艺术或者即兴表演等，每一个演出剧目的背后还包含着一系列的运作，从早期的剧本，到中期的演员排演，到后期的剧场布置等。其次，演艺产业具有现场性的特点，这种现场性表现在所有演出产品的价值必须且只能通过演员的现场表演和观众的现场观看才能完成。

因此，民俗文化产业与演艺产业的融合，一方面使一些本身就具有演艺性质的民俗文化得以产业化，比如传统京剧、昆曲等自身在传统社会中即以演艺的形式展现，但并未形成现代社会意义上的产业，经过现代艺术家的完善和再创作，登上现代剧场的舞台，呈现在观众的视野中，后期则可以刻录成 CD、电视台展播、各地剧院巡演等方式，在一定程度上实现产业化。另一方面，一些原本不具产业性质的民俗文化也能够借用演艺的方式展现出来，比如口头传说、民间故事、神话等通过演艺形式得以保存和传播。由张艺谋导演的大型桂林山水实景演出《印象·刘三姐》是中国·漓江山水剧场的核心工程。这部作品于 2004 年 3 月 20 日正式公演。世界旅游组织官员看过演出后如是评价：“这是全世界看不到的

① 祁述裕. 中国文化产业发展前沿——“十二五”展望[M]. 社会科学文献出版社，2011：79.

演出,从地球上任何地方买张飞机票飞来看再飞回去都值得。”《印象·刘三姐》演出成为世界旅游组织目的地会议、最佳休闲度假推荐项目。2004年11月,以桂林山水实景演出《印象·刘三姐》为核心项目的“中国·漓江山水剧场”(原“刘三姐歌圩”)荣获国家首批文化产业示范基地。继《印象·刘三姐》之后,各地开始打造具有自身特色的实景演出,比较有代表性的有万达集团与弗兰克·德贡娱乐集团合作,倾力联袂打造的融合了东方与西方、传统与科技文化的世界级舞台秀——“汉秀”,这是一场糅合了多种表演形式的跨越千年的文化视听盛宴;开封的大型水上实景演出《大宋·东京梦华》,它以画家张择端的写实画作《清明上河图》为蓝本,按照《营造法式》为建设标准,以宋朝市井文化、民俗风情、皇家园林和古代娱乐为题材打造的历史文化主题公园——清明上河园为实景,真实再现了北宋汴梁的繁华。

演艺产业与民俗文化产业的有效结合,既符合中国特色社会主义文化建设的要求,满足人民日益增长的精神文化需求,又带来了GDP的增长,搞活了一方经济,实现了社会效益与经济效益的统一。同时,民俗文化通过场景展现,能够带给观众切身的感受,真正领略民俗文化传统的动人之处,从而实现民俗文化和非物质文化遗产的活态保护。

(三)民俗文化产业与动漫产业

动漫作为当代喜闻乐见的一种艺术形式,是继IT产业后的又一个经济增长点。动漫产业是以创意为核心,以动画、漫画、游戏为表现形式,以形象权为核心营利模式的文化产业。其产业分为三大类,一是拥有知识产权的漫画、动画卡通创作艺术品;二是在其核心产品基础上开发出来的产品,如图书、画片、游戏等;三是衍生产品和周边产品等,如玩具、衣物、食品等。

动漫产业基于自身的特点与民俗文化产业的跨界融合具有以下优势:

第一，动漫是依靠想象而设计、制作出来给人以运动幻觉的画面。[①] 动漫原属于电影产业的一种类型，但是又不如电影一样写实，它由制作者发挥自身的想象力绘制人物、场景等，其制作细节既可以依照生活中的场景比对，也可以完全按照想象架构，这就使得凭借视觉图像传递文化信息的动漫产业具有轻松、幽默、形象生动、易阅读的特性，同时也具有很强的想象力和包容性。这些特点使其能够与具有广泛渗透性的民俗文化紧密结合起来。例如上海市松江区出版的非物质文化遗产漫画集，将松江区的非遗特色绘制成漫画故事供小学生课余学习，这也是保护和弘扬中国优秀民俗文化的行之有效的新颖手段。

第二，动画是一门综合艺术样式，不仅涉及文学和艺术，综合了戏剧、文学、美术、音乐等艺术成分，又涉及科学技术，综合了摄影、计算机等许多技术手段，是具有非常广泛的综合性的学科和独特的综合性艺术的形式。动画的创作和制作过程，实际上就是多种艺术门类与科学技术的综合过程，而民族传统文化的注入将为这门综合艺术的成长提供丰富的创作素材与创作灵感。比如，建国后以传统故事打造的动画片《大闹天宫》《九色鹿》《哪吒闹海》《火童》《三个和尚》等。在动画创作设计中，文学的内涵、造型艺术的形象、戏剧的叙事、电影的语言结构和音乐的灵魂，以及那些体现民族传统文化精神的宝贵资源，这些不同艺术门类特性的集中整合，并借助现代科学技术为实现手段，是民俗文化产业与动漫产业跨界融合的优势所在。以民族文化为内核的动画创作应该成为我国动画艺术创作发展的主流，文化的民族性也将成为我国民俗文化产业的发展方向。

第三，动漫产业以青少年为主要消费群体。民俗文化产业与动漫产业的结合有助于青少年以喜闻乐见的方式理解接受中国传

---

① 盛怡文. 动画影片鉴赏[M]. 湖南师范大学出版社，2008：2.

统文化。动漫图书、动漫电影等产品具有内容的幻想性、展示方式的图像性、故事情节的可视化等特点，能够较为轻松地跨越不同年龄、不同教育背景、不同民族之间语言文字的障碍。因此，将民俗文化以动漫形式展示将会有利于新一代青少年群体对中国传统文化、民间文学的了解，动漫形式也将辅助民俗文化与非物质文化遗产的普及和推广。文化创新离不开文化传承，传统文化的传承又必须借助于现代文化传播的形式和手段。动漫产业是文化创意产业中最有代表性的重要组成部分。在进入眼球经济与读图时代的今天，动漫化传播已成为当代文化传播的一种行之有效的重要载体。优秀的动漫作品和动漫形象能够直观地吸引受众，引发受众（尤其是青少年）的共鸣。因此，利用动漫形式传承、弘扬、发展中国传统文化非常具有价值和意义。

创新是动漫产业的生命，民俗文化、民间艺术是其取之不尽、用之不竭的创作源泉。我国动漫作品应该立足于优秀民族文化，传达优秀民俗文化的人文思想和价值观。同时，现代动漫技术手段与传统民俗文化“联姻”也为中国原创动漫产业发展提供了一条捷径。1941 年，万氏兄弟制作的中国第一部长篇动画《铁扇公主》，将根据中国四大名著之一的《西游记》改编的动画故事搬上银幕。随后，又拍摄了经典动画片《大闹天宫》和《哪吒闹海》。而时下中国动漫创作却面临着传统文化精神的迷失和优秀动画传统的缺失等严肃而现实的问题。探索民俗文化的动漫化产业发展之路，把现代创意文化与我国传统民俗文化紧密结合起来，尝试运用多种艺术表现形式与多媒体技术手段进行动漫创作是我国动漫产业发展的重要途径。同时，也要开发和推广与民俗文化相关的漫画图书和动漫作品及动漫衍生产品，借助影视、互联网和移动通信手机网络等相结合的数字新媒体传播途径，充分挖掘以传统文化元素为核心的文化产品的市场价值。民俗文化的动漫产品化宣传推广还能起到促进旅游业的发展，开发丰富的文化旅游纪念品，从而带动文化产业全方位市场化发展，为传承弘扬传统文化和创建和谐文化作出贡献。[①] 民俗文化产业与动漫产业的跨界融合，势必创作出富有民族气质、中国特色和时尚风韵的动漫作品，将中国文化推向世界，让更多的人认识了解我国传统的民间文化艺术。

二、民俗文化产业与相关产业的融合

（一）民俗文化产业与信息产业

人类历史上的重大技术变革和科技创新都带来了人们生活方式、思维方式以及文化传播方式的变化。比如铁器时代的到来、第一次和第二次工业革命等。当下的互联网技术、数字化带来的信息产业同样也不例外。21 世纪是以知识和信息为基础的知识经济时代。随着计算机和网络技术的迅速发展和普及，社会信息化程度不断提高。大数据时代的到来，使信息产业与其他领域的跨界融合成为大势所趋。同时，知识密集型的文化产业迅速发展，也成为拉动经济增长的新动力。

"一般来说，信息产业是指以信息为资源，信息技术为基础，进行信息资源的研究、开发和应用，以及对信息进行收集、生产、处理、传递、存储和经营活动，为经济发展及社会进步提供有效的综合性的生产和经营活动的行业"。[②] 民俗文化产业本身具有内容化和信息化的特点，为信息产业与民俗文化产业的融合提供了契合点。第一，信息技术的不断发展和互联网的无处不在不仅逐渐改变着作为知识经济重要组成部分的文化产业，而且也在一步步改变众多文化产品的生产、传播、消费等各个环节，深刻影响着民俗文化产业的发展趋势，为民俗文化产业自身的创新发展，产业结

① 奇麟笔. 民俗动漫化生存与动漫民俗衍生——论民俗文化与动漫结合的文化创意产业化发展. 奇麟笔动画的博客，http://blog.sina.com.cn/s/blog_3e5335b10100f734.html.

② 崔向阳. 南京都市圈文化产业与信息产业互动研究[J]. 南京社会科学，2008(3).

构的改造升级提供了新的动力。第二，信息产业对民俗文化产业的知识需求也在随着新技术的变革发展而不断扩大。民俗文化产业为信息产业提供低成本、高成效的文化输出和内容输出，使文化的因素深深地渗透进现代生活的各个领域。例如现代企业品牌的商标设计既要使用现代构图，更需要注重其企业文化内核和企业精神等。第三，信息技术与文化资源的结合能够提升信息产业的层次，文化精神和品牌文化内涵成为当今企业产品生产的重要方面。当今，单纯的产品销售已经无法满足消费者的需求，如数码产品 iPhone 与 iPad 的背后，除了科技之外，是品牌文化与高层次消费需求的结合。信息与文化两大产业的互动与融合已是大势所趋，民俗文化渗透信息产业，信息技术渗透民俗文化产业，相互促进成为社会经济发展的又一大动力。

近些年来，非物质文化遗产资源信息化逐渐受到重视。当下不少学者尝试运用可视化技术，绘制全国非物质文化遗产图谱。与此同时，学者们也开始着手非遗数据库和数据平台的建立，依靠网络平台的力量，使非物质文化遗产成为民众共享的精神资源。2010 年文化部提出将“非物质文化遗产数字化保护工程”纳入“十二五”规划，2011 年非物质文化遗产数字化保护工程正式启动。该项工程涉及五个项目：非遗数字化保护标准规范的制定、国家非遗数据库建设、非遗数字化管理系统软件的研发、中国篆刻艺术应用软件的研发和非遗数字化保护的试点工作。其中，国家非遗数据库是一个由数据库群构成的系统，分别是非遗普查资源数据库、非遗项目资源数据库、非遗专题资源数据库、科研库和公众库等。而这些数据库群分工不同，起着储存、管理、连接、展示、宣传等不同的作用。数字化技术和网络平台使得非物质文化遗产数据的管理、整合与储存成为可能，同时也加强了各地的非遗项目及非遗传承人之间的联系，实现了对生态保护区的有效监测。2015 年 7 月，非物质文化遗产电商平台——“e 飞蚁”正式成立。“e 飞蚁”依托国家非物质文化遗产数据库，营销非遗产品。该平台采用的是类似于淘宝网店 O2O（Online To Offline，即线上到线下）模式，线上交易平台对接线下多个非物质文化遗产博览园，为非遗传承人和非遗企业构建推广平台，促进产品的上市营销，[①]探索“非遗”产品信息化的新思路。

利用互联网信息技术，民俗文化产业的信息化、数字化近年来有了较大发展。在历史文化名城保护中，提高民俗文化产业的信息化、数字化、市场化层次；在民俗文化产业园区兴建中，普遍采用数字化信息技术，推广销售民俗文化产品及服务；在民间工艺品生产中，通过线上线下互动，扩大民间工艺产品销售渠道，等等。总之，信息产业与民俗文化产业联动发展，能够有效利用民俗文化资源，促进整体产业向价值链高端移动。同时，民俗文化产业和信息产业互为生产要素，相互服务，信息产业能够发挥技术优势，实现科技引领作用，提升民俗文化产业的现代性；民俗文化产业也应积极利用信息产业的数据资源以及技术与传播平台的优势，促进民俗文化产业的现代化与信息化进程，提升民俗文化产品的科技含量与附加值，扩大民俗文化产业的影响力与市场规模。

（二）民俗文化产业与网络游戏产业

随着互联网的普及与动漫产业的发展，作为一个新兴的文化创意产业，近年来游戏业与动漫产业齐头并进。2006 年，全球游戏产业产值达 2 800 亿美元，与游戏产业相关的周边衍生品产值在 6 000 亿美元以上，并逐渐开始成为许多国家的支柱产业。据投资银行 Digi-Capital 预测，至 2017 年，全球游戏市场产值（包含硬件和软件）将超过 1 200 亿美元。网络游戏的走红为民俗文化产业的发展带来了新的思路，使民俗文化通过游戏的形式走进了青少年群体的视野中。

---

① 蒋肖斌. e 飞蚁要做非遗界的“淘宝”[N]. 中国青年报，2015－07－31.

民俗文化与网络游戏相结合衍生出不少创意网游。其中最为经典的是1995年起源于台湾并风行大陆的《仙剑奇侠传》，这款游戏以中国历史上的仙妖鬼怪传说为故事背景，以仙侠和武侠为故事题材，其中不仅包含着中国传统的六界之说，伏羲、三皇等人物角色在游戏中被塑造，也将民间传说、神话故事、武侠精神糅合进游戏之中，使原本单一的网络游戏融入了故事情节因而有血有肉。迄今为止，《仙剑奇侠传》已经发行了七款单机角色扮演游戏、一款衍生经营模拟游戏、两款网络游戏和一款网络社交游戏。"仙剑"的主人公和主要线索以女娲为首，将中国传承千年的故事与传说注入网络游戏的剧情中，并渗透着中国孝道、家国情怀等传统观念。可以说，某种程度上，《仙剑奇侠传》因大量借用中国传统文化的元素而得以畅销，也将中国传统民俗文化予以推广和普及。民俗文化产业与网络游戏产业的跨界融合，开拓了民俗游戏产业的新路径。

2011年度中国游戏产业年会在陕西西安召开，年会评选出十大最受欢迎的民族网络游戏，依次排名为：星辰变、征途二、梦幻西游、诛仙、鹿鼎记、剑网三、问道、书剑恩仇录、传奇世界、佣兵天下。这些游戏有着共同的特点：以中国五千年传统文化资源为依托，或取材于民间故事，或取材于神话传说，这是民俗文化产业与网络游戏产业结合发展的良好趋势。近年来，手游产业发展迅速，开发数量惊人，并将逐步超过端游。目前有超过2万款手游在线运营，预计到2017年，中国将成为全球最大的手游市场。民俗文化产业与网络游戏产业融合具有广泛的发展前景。

（三）民俗文化产业与金融业

2010年3月，为加大对文化产业的支持力度，促进文化与金融合作，中宣部、中国人民银行等九部委下发了《关于金融支持文化产业振兴和发展繁荣的指导意见》（银发［2010］94号）。以此为契机，经过相关部门和金融机构的共同努力，金融支持文化产业发展取得了明显成效。[①] 作为文化产业重要部分的民俗文化产业同样受益于此。第一，金融行业为民俗文化产业的发展提供财政支持。各地政府出台相关政策，优先为民俗文化产业提供优惠贷款，或以专项财政扶持资金、政策性担保、政策性贴息等方式予以支持，免除中小型企业发展的后顾之忧；第二，金融行业的介入拓宽了民俗文化产业的融资渠道。企业与政府间以独资、合资、合作、联营、参股、特许经营等多种方式进入民俗文化产业，推动更多优质文化企业上市融资；第三，民俗文化产业借鉴金融行业的运营模式。例如，文交所的设立，以从事文化产权交易及相关投融资服务工作为主，促进文化产业要素跨行业、跨地域、跨所有制流动，推动文化产权交易、企业改制、资产重组、融资并购、创意成果转化。这是民俗文化产业借鉴金融产业链运营模式的新的发展方式。

三、民俗文化产业与其他相关产业的融合

除旅游业、影视演艺业、信息产业、动漫产业外，民俗文化产业与娱乐业、会展业、出版业、科技界等各领域也均有跨界融合。例如，近年来，传统娱乐项目，如舞龙、踩高跷、打秋千、耍狮子、扭秧歌、猜灯谜、赛龙舟、跑旱船以及各式的民间小戏等传统节日的娱乐项目以产业化的形式重新进入人们的视野。专业承办中国传统婚礼仪式的婚庆公司方兴未艾，将迎亲、跨火盆、拜堂、闹洞房等传统礼仪产业化，并形成从服饰、饮食到礼仪的传统婚庆产业链。20世纪90年代以来，会展业在各城市发展迅速，并逐步形成了一系列完整的产业链，民俗文化产业也因此借鉴会展产业形式来招商引资，拉动经济增长，如各地涌现的传统婚嫁博览会、民俗文化博览会、国际茶文化博览、茶具用品展览会、中国文物国际博览会等，都为民俗文化产品及服务提供了展示、推广和营销的平台，也为民

① 宋慧中，王鲁非，于松涛. 深化文化产业与金融合作的思考[N]. 金融时报，2014－05－26.

俗文化产业的招商引资带来了更多的机遇。在民俗文化产业与出版行业的跨界融合方面,在民俗文化相关书籍立项时,往往由各类投资企业、制作公司、原创作者、出版社、发行商等产业链各个环节组成制作委员会,共同承担风险和分享利益。民俗文化利用出版业的传播渠道、传播手段,搭建各个行业的"市场链",为受众提供有价值的媒体延伸服务,从而参与、融合到各个行业的经营中。

在全球化和信息化背景下,各个领域不再像过去那样严格分界,跨界融合成为文化发展的新动力。对于民俗文化产业而言,跨界融合也是当今民俗文化产业发展的大势所趋。对此,政府应该加强引导,支持产业间的联动发展,并建立完善的互动发展机制,鼓励不同产业领域间资源、人才、技术等要素的流动和交流。民俗文化产业自身的发展也不应该封闭在传统领域之内,应以开放积极的心态学习和借鉴不同产业领域新的技术、新的发展方式,这是民俗文化产业自我完善的必然选择。

第三节 民俗文化产业跨界融合存在的问题与建议

科学技术的变革使文化处在一个媒介融合、快速传播的信息时代,不同领域的跨界融合成为趋势,融合、变革与发展成为民俗文化产业发展的新主题。从整体上来看,目前我国民俗文化产业处于快速发展阶段,产业跨界融合表现出了强劲发展的势头,并呈现出产业深度融合态势。同时,不同领域的融合案例不断涌现,涵盖了网络游戏、影视制作、互联网应用等。但是,民俗文化产业跨界融合在为自身发展带来新机遇的同时也暴露出了产业内部以及不同产业跨界融合中存在的诸多问题,需要我们进行深入思考,并提出合理化建议。

一、当前现状及存在的问题

（一）战略思想不够明确，跨界理论有待加强

不同产业领域的跨界融合能够实现资源的优势互补，但是如果不能有效指导，合理整合，就会使产业之间的跨界出现诸多混乱。民俗文化产业在参与其他市场及业务领域时，常因为不了解或不擅长该专业领域的知识而出现效率低下等现象。当前关于民俗文化产业与不同领域融合的战略指导思想仍不够明确，未能从理论上完整分析民俗文化产业与不同产业领域的区别与特点，因此导致部分民俗文化企业对跨界融合缺乏正确认识，盲目进入一些产业关联度不大甚至背离、产业体系不能承受甚至生疏的领域，致使民俗文化企业自身发展陷入困境，不仅增加了企业自身的经营风险，也背离了跨界融合式发展的初衷。现在市场上的一些民俗文化企业由于盲目跟风，追逐利益，忽视市场规律与企业自身发展条件而进行不合理的跨界融合，致使民俗文化产业发展受到损害，自身企业经营陷入困境的案例不在少数。对此，政府部门也应承担部分责任。部分官员由于政绩考核的需要而不分青红皂白地进行创新，在理论准备不够充分的基础上搞“拉郎配”，这也在某种程度上阻碍了民俗文化产业的发展。因此，在理论上对民俗文化产业与其他领域的跨界融合进行指导十分迫切。

（二）跨界合作类型单一，融合模式仍需丰富

不同产业之间跨界融合的成效需进一步提高，产业之间交流合作的模式类型还可进一步丰富。尽管目前民俗文化产业与其他行业领域的跨界融合有一定的成效，但是也出现不少复制丛生、缺乏创意的生拼硬凑，比如有些民俗旅游景区为拉动消费，聘请一些演艺团体在景区内表演，有些非但没有凸显该地的风情特色，反而影响游客的感官体验，还有部分民俗文化企业在与其他产业相互借鉴中出现产业要素互斥现象，对自身发展反而不利。目前市场上，文化产业之间的跨界融合缺乏创意，合作类型较为单一，部分

中小企业热情不高，对于自身跨区域资源配置及市场布局缺乏理性认知。因此，需进一步丰富产业间的跨界融合模式，拓宽交流渠道，探索适合中小民俗文化企业的跨界融合模式。同时，应该建立起文化资源丰富地区与产业发展完善地区的互补与交流，使文化优势与先进的产业经营理念相结合。

（三）相关措施力度不够，扶持政策亟需完善

民俗文化产业的整合发展需要政策的支持与完善。不同产业的跨界融合往往涉及整个产业链的资源、人才、管理模式、财政等各个方面。因此，随之带来的是不同领域的政策再调整与资源再分配。目前我国对于民俗文化产业再整合的相关措施未能及时更新，也尚未建立完善的行政管理机制，因此导致产业调整之后，出现资源分配不均，基础保障不完善等诸多问题，不同领域专业人才的跨区域流动还比较困难。与此同时，地方保护主义或产业领域内的保护条例等也给民俗文化产业跨界融合带来阻碍。当下各地区民俗文化产业仍然以行政区划的区域性资源分割为基本界限，管理上以单位行政部门职能划分界线，这种行政分割的管理方式制约了不同地区、不同产业之间跨界融合的可能性，资源配置效率较低。因此，政府应制定相关应对措施破除行业之间的壁垒，清理不同行业间在制度管理和观念上的隔阂，尤其在跨所有制对话中开辟民俗文化产业与不同产业领域的合作空间，以政策上的有力支持保障民俗文化产业跨界融合发展的配套政策的逐步完善。

（四）传统产业桎梏思维，主体参与热情不高

民俗文化产业内地市场目前存在的很大问题是，市场主体参与度不够，观念不够解放。对于部分部门和民俗文化企业而言，某些方面还受到原来的粗放型经济增长模式的影响，跨界融合的市场尚未全面打开。另一方面，一些事业单位或者国企从旧有的经济体制下脱胎而来，尚无革新与发展，在管理机制上没有建立相应的科学高效的管理团队，有些国有企业虽试图改制，仿制现代企业建立一系列人事制度、经营机制等,但内部仍无法去除行政化惯性;在股权结构和员工激励机制方面,也未能真正落实现代企业的管理模式;在观念上仍然存在旧的习惯性思维方式,各自为政,以邻为壑,阻碍了民俗文化产业的跨界融合的进程。

(五)文化产业一刀切,缺乏民俗个案研究

目前文化产业跨界融合发展过程中存在着对于产业整体层面的关注比较多,而忽视了对民俗文化产业典型个案的分析研究的情况。市场上,对于文化产业分析的书籍与专著较多,而对于民俗文化产业进行专门论述的书籍反而较少,尤其缺乏对于个案分析以及实践研究的著作。民俗文化产业是一门涉及经营学与管理学的实践性学科,如果单从文化产业方法论的角度"一刀切",反而不适合民俗文化产业自身的性质特征,因此,应注重对民俗文化产业自身特质和个案分析的研究,从个案中总结实践经验。

二、发展建议与展望

为了使民俗文化产业的跨界融合更有效地促进经济增长和结构转型,政府和企业都应该采取相应措施来实现不同产业领域跨要素、跨门类、跨地域的融合与发展。

(一)有效考察合理跨界

产业之间不可盲目跨界融合,应该在有效考察的条件之下进行合理的跨界融合。民俗文化产业跨界融合发展的前提条件是:产业要素相互匹配,优势资源合理整合。产业之间的要素互补性是民俗文化产业融合之后能够相互匹配、合理发展的重要基础。匹配要素涉及:不同产业链的兼并重组、跨专业领域之间的合作、企业间不同管理机制的结合、构建创新型发展模式,等等。"文化产业跨界整合式发展的绩效要体现在集成、裂变效应的获得与产业发展质的提升上,不仅仅是产能的扩大,更重要的是要立足新的产业形态、产业门类、产业驱动机制、产业治理结构的创新上,并且更好地实现文化传承与新商业文明的建构等”。[①] 产业之间的跨界融合是以提高效率为目标的，而非盲目创新与合作。因此，产业合作之前的深入沟通、细致分析是保证民俗文化产业跨界融合有效实现的原则之一。

（二）探索产业创新模式

在跨界融合的过程中要探索民俗文化产业的创新模式。首先，在观念上，跨界融合在某种程度上意味着冲破之前领域之间的藩篱，革新旧的思维模式。民俗文化企业在调整自身发展模式的同时，要积极应对不同行业需求；在管理机制上，要逐步探索适合新的产业链的发展形势，大胆突破原有格局的限制，尝试高效精简的管理方式，并在相应配套奖励机制上不断创新，逐步完善一套促进产业间业态融合发展的保障机制体系；在人才培育方面，要努力吸收多种学科背景、跨专业领域、高层次的复合型人才，并实施海外人才引进计划，为国内民俗文化产业发展注入新鲜血液。只有在观念、路径、管理机制、人才引进方面逐步完善起来，才能保证在产业的跨界融合过程中焕发出源源不断的创新动力。

（三）政策支持跨界融合

政府部门应制定相应的政策措施以鼓励产业之间的跨界融合。政府对于文化产业的跨界融合的发展趋势应予以肯定和支持，在政策上对产业之间跨界融合带来的经济效益以及生产方式的转变作好战略指导及顶层设计。同时，地方政府也应积极参与其中，例如在跨区域人才流动、人才引进方面开辟宽松渠道，出台一些落户、医疗保障、住房优惠等政策，以此来增加人才储备。另外，在知识产权保护及财政税收方面也应出台相关措施，避免民俗文化企业间的跨界融合不当造成的财政负担及版权纠纷，为产业融合和区域发展创造良好的政策环境。

---

① 赵渊. 文化产业跨界整合式发展：模式、策略及路径[J]. 北方经济，2012(9).

（四）保持自身产业特色

民俗文化产业在跨界融合的过程中不能丧失自身产业特色。在消费市场的影响下，不同产业之间在跨界融合时，常常会发生弱势行业因受到强势行业主导而丧失自身特点的现象，众多民俗文化中小企业也面临这样的风险。例如，苏州原旗袍生产厂商因其生产的旗袍销售不好，为迎合大众需求转而改为生产现代服饰，使原有的民俗文化产业链断裂。对于民俗文化产业来说，历史积累的民俗传统文化与特色民间技艺资源既是民俗文化产业发展最初的支撑点，也是该产业在现代商业模式中得以继续发展的依托之一。民俗文化产业区别于其他商业模式的不同点是：在探索现代资本市场的运营模式，追逐市场利益的同时，民俗文化的传承与发扬始终是产业发展的精神内核。“坚持特色凝炼、因地制宜原则，即是指在文化产业跨界整合式发展中要注重发掘独创性、特色性文化资源参与跨界发展，以独特的文化基因赋予跨界产业门类具有差异化优势竞争内核，助推产业成长”。[①] 因此，在跨界融合的过程中，民俗文化产业万不可因利益驱使而丢弃自身的产业特点。

（五）以国家文化安全为最高利益

民俗文化产业跨界融合的前提是保证以国家文化安全为最高利益。“全球化”是一把双刃剑。同样的，“文化全球化”亦是把双刃剑。在全球化文化产业跨界融合的趋势之下，发展中国家自身的文化安全在某些情况下也会面临考验，尤其对于以民俗文化、中国传统为根基的民俗文化企业而言，更是面临发达国家强势文化的诸多挑战。对于一些重大的国家传统文化项目而言，与各领域产业资本的整合必须要在有关部门的监督下进行，一方面避免对我国传统文化的损害，另一方面也避免低俗文化产品流入市场。因此，对于国内民俗文化产业的跨界融合而言，应该在维护国家文

① 赵渊. 文化产业跨界整合式发展：模式、策略及路径[J]. 北方经济，2012(9).

化安全的前提下进行有效的沟通与合作。

本 章 小 结

当今世界,国与国之间的文化竞争日益明显,西方发达国家的文化产业起步远早于中国,跨区域、跨门类、跨专业的产业间合作很早便如火如荼地展开了。当下的现状是,中国民俗文化产业还处于起步发展的阶段,无论是跨界融合的理论研究还是企业间实践层面的个案研究都尚处于探索阶段。但是随着近些年来中国经济的快速发展,民俗文化作为中华民族的基础文化已经逐步跟随时代潮流而不断融入到产业化实践中。产业间的跨界融合只是刚刚开始,其后势必会创造更多机遇,带来更多挑战。

第七章　民俗文化产业的政策与法规

在经济全球化的今天，文化软实力越来越成为国家综合国力的体现。国家之间的竞争不仅包含经济、军事竞争，更有文化竞争。文化竞争力作为一种软实力，在综合国力竞争中的地位日益重要。民俗文化是特定区域内民众或民族集合体在长期的生活和生产中自发创造，并为这个民族世世代代所喜爱和传承，凝聚着这个民族的精神和智慧，承载着这个民族的文化血脉和情感因素的文化形态。我国幅员辽阔，拥有丰富的优秀民族文化资源，而这些资源恰恰是文化产业发展的动力和源泉。民俗文化与文化产业互生共存，民俗文化是文化产业的创意来源，文化产业是民俗文化的发展路径之一。建立健全相应的政策法规是民俗文化产业发展的重要保障。

第一节　我国相关政策法规的梳理

2011 年，中共十七届六中全会通过《中共中央关于深化文化体制改革 推动社会主义文化大发展大繁荣若干重大问题的决定》指出："当代中国进入了全面建设小康社会的关键时期和深化改革开放、加快转变经济发展方式的攻坚时期，文化越来越成为民族凝聚力和创造力的重要源泉、越来越成为综合国力竞争的重要因素、越来越成为经济发展的重要支撑，丰富精神文化生活越来越成为我国人民的热切愿望。"

随着民俗文化产业的不断发展壮大，我国从国家到地方已经制定了不少促进民俗文化产业发展的政策法规。民俗文化产业的相关政策与一般产业政策主体相似，是由国家法律、行政法规、战略规划、部门规章、规范性文件和部门文件六类构成。这些政策从性质角度可分为奖励性政策和限制性政策。奖励性政策是对民俗文化产业及其特定行业给予直接或间接支持的各种政策，主要目的在于鼓励民俗文化、非物质文化遗产的发展与推广。而限制性政策则是对民俗文化产业的发展方式、特定行业的发展等实施一定的限制措施，其目的在于规范产业发展方式，限制无序和盲目的竞争等。

一、国家民俗文化产业政策现状

"政府通过文化政策对文化实行有效的监管和指导，是现代国际社会普遍的文化政治行为"。[①] 民俗文化产业政策属于文化产业政策的一部分，它不完全与以往的文化经济政策相似，它要解决的问题是扶持和引导民俗文化产业稳定、持续地发展，也是市场经济条件下政府对民俗文化、民间文化以及非物质文化遗产进行宏观调控、有效开发并创造经济价值的手段之一。

（一）从限制发展到允许发展

我国的民俗文化与民间文学的发展道路可谓是命运多舛，从五四时期北大"歌谣运动"的兴起到"文革"的"破四旧"运动的摧毁，因政策的变化，民俗文化的发展也跌宕起伏。

新中国建立后，国家各项政策在外部条件不容乐观，国内环境亟待重建的形势下摸索前进。"从 1949 年后，共和国建立的六十多年间，中国有两个充满斗志、激情四射的词汇，即'革命'和'改革'。这两个词集中反映了两个三十年共和国的政治、经济、社会和文化的轨迹。在前三十年以'革命'为主题曲的年代，其最大的

① 胡惠林. 文化政策学[M]. 上海文艺出版社，2003：1.

遗产之一就是如何与‘传统’决裂，与文化传承的延续性‘断乳’；而在我们还处在的后三十多年由‘改革’带来的高速经济增长的时代里，以经济为核心的理念和实践，又成为改革的基础；同时我们也深深地感受到、看到在‘有形的手’背后，作为‘无形的手’的传统和文化的表述和实践，又和改革的进程互相联结在一起”。[①]改革开放之前，全民所有制和集体所有制在经济部门占百分之九十以上，除公私合营企业的资本家拿定息、居民储蓄存款有很少利息外，工矿企业一律按八级工资制拿工资，农村则根据出工情况拿工分，收入差距不大，“铁饭碗”、“大锅饭”现象普遍存在。

在文化发展方面，政府过分强调文化的政治功能，几乎完全抹杀文化的经济属性等。在计划经济体制下，文化消费较为贫乏，当时文化事业单位的主要任务是在物质资源稀缺的条件下满足人民的基本文化需求，而民俗文化产业尚无概念，民俗文化的发展仍停留在新中国成立之初的政策层面上。政府对于民间传说、民间故事、民间歌谣的态度则是用革命的话语予以改造，服务于国家的意识形态，并且把很多传统的民俗文化认定是“封建迷信”的遗留与祸害。20 世纪 50 年代之后是新中国社会主义新精神新风尚形成并发展的基础时期，在这一段时间里，传统的民俗文化常常面临被打破、被重构甚至被剔除摒弃的境地。

因此，我们认为从新中国成立到改革开放之前，民俗文化尚处在国家意识形态控制之下，中国旧的乡村社会的传统逐步被政府倡导的新风尚瓦解，比如当时风行的破除旧的思想、文化、习俗以及生活方式的“破四旧”运动，使传统的非物质文化遗产和民间文化受到了一定程度的影响，并被整合到民族国家的权力结构之中。

改革开放之后，全球化趋势和国际化浪潮席卷而来，致使中国

① 麻国庆，朱伟. 社会主义新传统与非物质文化遗产研究[J]. 开放时代，2014(6).

传统文化进入新的自我反思和觉醒阶段，民众开始逐步形成新的“文化自觉”意识，因此“保护”与“抢救”传统文化、民俗文化逐渐成为主流声音，党和国家积极改进了针对文化事业的相关政策法规。十一届三中全会以来，在“弘扬主旋律，提倡多样化”方针指引下，文化领域呈现出多层次全方位发展的局面，随着对中国传统文化、民间文化、非物质文化遗产的重视，相关政策的出台拓宽了民俗文化的发展空间，民俗文化产业随着文化发展的新活力也开始起步。

在新时期传统文化的重构和复兴的阶段中，尤其是对于中国传统民俗文化的挖掘与恢复，国家与地方政府都在其中发挥了重要的助推力。20 世纪七八十年代之后，为鼓励民间文化和经济的双效发展，各地政府部门进行了各式各样的尝试与实践，比如各地庙会的重建，之前被摧毁的民间信仰的重新架构以及大力发展民族民俗特色旅游等，这些最初旨在保护与传承传统文化的行为，在其后逐渐演变为“文化搭台、经济唱戏”的产业发展模式。1984 年，由政府文化主管部门批准的“中国民间文学三套集成”正式启动，包括了《中国民间故事集成》《中国歌谣集成》《中国谚语集成》三套书的省卷本 90 卷、县卷本 4 000 多卷，被称为“世纪经典”和“文化长城”。民间文学与民间艺术，在回归传统的同时，致力于拉动文化产业经济发展，尤其是自 21 世纪初非物质文化遗产保护工作如火如荼开展以来，将民间民俗文化再次纳入传统文化的源流范围，并成为传统社会的遗产得以保护和再造，这种趋势在全国各地基层的文化馆中均有体现，自此也迎来了民俗文化产业发展的新机遇。

（二）从允许发展到推动发展

21 世纪以来，伴随着传统与革命、现代化与国家化、全球化与地方化等各种话语体系的彼此交融、摒弃、博弈、再造、濡化与复兴等，以及政府倡导的非物质文化遗产保护的扶持政策，为民俗文化的产业化发展提供了新的发展机遇。2002 年 11 月,党的十六大作出“深化文化体制改革,发展文化事业和文化产业”的战略部署,文化体制改革不断深化,文化生产力进一步解放和发展,文化科学发展的体制机制初步形成,文化事业和文化产业走上了繁荣发展的道路。自此,我国文化体制改革的步伐明显加快,以中国传统文化为基础的民俗文化产业也进入起步阶段。2003 年,十六届三中全会通过的《完善社会主义市场经济体制若干问题的决定》明确提出文化体制改革要形成一批大型文化企业集团,为文化产业集团化发展创造了良好的政策环境。2005 年,国务院颁布《关于深化文化体制改革的若干意见》(中发[2005]14 号),标志着我国文化体制改革的全面展开。2006 年,中共中央办公厅、国务院办公厅印发《国家“十一五”时期文化发展规划纲要》大力倡导和扶持文化创新,突出内容创新的核心地位。

2007 年,党的十七大报告提出,要坚持社会主义先进文化前进方向,兴起社会主义文化建设新高潮,激发全民族文化创造活力,提高国家文化软实力;要大力发展文化产业,实施重大文化产业项目带动战略,加快文化产业基地和区域性特色文化产业群建设,培育文化产业骨干企业和战略投资者,繁荣文化市场,增强国际竞争力;要运用高新技术创新文化生产方式,培育新的文化业态。

2009 年 9 月,国务院发布《文化产业振兴规划》,这是我国第一部文化产业专项规划,标志着文化产业已经上升为国家的战略性产业。同时,从国家层面开展的非物质文化遗产保护工作,既为隐藏在乡野边陲的各种民俗提供了合法化生存的契机,也为国家化、革命化的文化形式提供了追根溯源的理由。[①] 在建设社会主义市场经济的宏观背景下,政府不断出台相关政策,为文化与经济

① 麻国庆,朱伟. 社会主义新传统与非物质文化遗产研究[J]. 开放时代,2014(6).

的繁荣打造了良好的政策环境和社会环境，中国文化体制的改革进程也随之明显加快，开始从“直接管理”过渡到“间接管理”，从“小文化”向“大文化”转变，从“办文化”到“管文化”的调整，等等。从产业政策角度来看，一系列政策打破了传统领域之间的壁垒，比如电影发行权、制片权进一步放开，影片的发行垄断被打破，以民间文化为特色的民俗文化题材影片逐步投入制作，鼓励民间组织如中国书协、中国美协、中国民俗学会等百花齐放、百家争鸣。

（三）从推动发展到大力发展

民俗文化产业是市场经济条件下繁荣发展社会主义文化的重要载体，是满足人民群众多样化、多层次、多方面精神文化需求的重要途径，也是推动经济结构调整、转变经济发展方式的重要着力点。进入21世纪之后，我国的民俗文化产业相关政策与实践走过了从不自觉到自觉、从被动到主动、从个别到全面的发展过程。

1. 战略方针政策

2002年4月，文化部发布《文化部关于进一步活跃基层群众文化生活的通知》（文社图发[2002]13号），其中第十一条指出：“要根据我国人民的传统习俗，充分利用民族民间节庆日、农闲、集市，开展花会、庙会、灯会等文化活动。民间艺术之乡、特色艺术之乡要开展经常性的文化艺术活动。少数民族地区要尊重当地的民族风俗，以开展各民族传统文化艺术形式的活动为主。要扶持民间艺人和民办文艺团体的发展，加强农民业余文艺演出队的规范管理，鼓励农民自编自演内容健康的文艺节目。”

2010年10月，国务院出台《关于加快培育和发展战略性新兴产业的决定》（国发[2010]32号），指出战略性新兴产业是引导未来经济社会发展的重要力量，并提出了五项具体的政策来扶持文化产业等战略性新兴产业的发展，强化科技创新，积极培育市场，深化国际合作，加大财税金融政策扶持力度，推进体制机制创新。

2011年，中共十七届六中全会通过《中共中央关于深化文化体制改革推动社会主义文化大发展大繁荣若干重大问题的决定》,提出推动文化产业成为国民经济支柱性产业。2014 年上半年,国务院办公厅发布《关于印发文化体制改革中经营性文化事业单位转制为企业和进一步支持文化企业发展两个规定的通知》(国办发[2014]15 号),修订完善一系列推动文化改革发展的重要经济政策,为新一轮文化体制改革提供有力支撑,激发内在动力,促进繁荣发展。

2. 财政支持政策

2010 年 3 月,九部委共同发布的《关于金融支持文化产业振兴和发展繁荣的指导意见》是第一个在国家层面上鼓励金融与文化产业全面对接的政策性指导文件,为借助金融资本推动文化产业加速发展提供了政策保障,对拓宽民俗文化产业投资融资渠道提供了宝贵的契机。

2012 年 6 月,文化部《关于鼓励和引导民间资本进入文化领域的实施意见》中指出,第一,充分认识促进民间资本进入文化领域的重要意义;第二,鼓励民间资本参与国有文艺院团转企改制;第三,鼓励民间资本参与公共文化服务体系建设;第四,鼓励民间资本投资文化产业发展;第五,鼓励民间资本投入非物质文化遗产传承保护;第六,鼓励民间资本积极参与对外文化交流和文化贸易;第七,为民间资本进入文化领域创造良好发展环境;第八,加强对民间资本进入文化领域的指导和规范管理等,这些相关政策和措施把民俗文化产业的发展推向了一个更高的平台。

2013 年 7 月,财政部、国家文物局联合发文,印发了《国家重点文物保护专项补助资金管理办法》(财教[2013]116 号)的通知,明确指出,拨款专项资金用于列入联合国教科文组织世界文化遗产名录项目的保护。并提出,要积极发展公益性文化事业,大力发展文化产业,激发全民族文化创造活力,更加自觉、更加主动地推动文化大发展大繁荣。之后,2014 年间,财政部、中宣部先后出台了多项与文化产业相关的政策法规。

3. 专项保护政策

1997 年 5 月 20 日，国务院令第 217 号发布《传统工艺美术保护条例》，条例指出，对于有百年以上历史，且技艺精湛、具有完整制作流程世代相传的工艺美术进行保护。由国务院负责传统工艺美术保护工作的认定与申请，并对认定的技艺进行完善整理，建立相关档案，征集作品，对制作技艺实施保密，资助研究培养人才。

2004 年 4 月 8 日，文化部、财政部联合发布《关于实施中国民族民间文化保护工程的通知》(文社图发[2004]11 号)。通知指出，保护民族民间文化遗产，是各级政府的重要职责，不仅要落实资金，还要组织力量，统筹规划，加强指导。要全面了解和掌握全国各地民族民间文化资源的分布情况、保护现状与存在问题，摸清历史家底，建立民族民间传统文化档案，编制民族民间文化保护目录清单。

2004 年 8 月，全国人民代表大会常务委员会表决通过了关于批准《保护非物质文化遗产公约》的决定。少数民族文化艺术的保护传承和发展，不仅被列入党和政府的重要议事日程，成为国家可持续发展战略的一个重要组成部分，而且受到各自治区和多民族省份人民政府的重视。2005 年，《国务院办公厅关于加强我国非物质文化遗产保护工作的意见》(国办发[2005]18 号)、《国务院关于加强文化遗产保护的通知》(国发[2005]42 号)相继出台，标志着我国遗产保护工作进入新阶段。2012 年 2 月 2 日，文化部在《关于加强非物质文化遗产生产性保护的指导意见》(文非遗发[2012]4 号)中要求科学推进非物质文化遗产生产性保护工作深入开展，并建立完善非物质文化遗产生产性保护的工作机制。

2005 年 6 月 17 日，中宣部、中央文明办等五部委印发《关于运用传统节日弘扬民族文化的优秀传统的意见》(文明办[2005]11 号)。意见中指出，要深入挖掘传统节日的文化内涵，积极创新传统节日的形式和载体,使传统节日与现代生活方式相适应,与现代社会人际交往相结合,与商业营销形成互动,不断增强节庆活动的群众性、广泛性和吸引力、感染力,始终保持传统节日旺盛的生机和活力。同时指出,要把传统节庆文化作为重要的人文旅游资源,通过科学讲解、情景重现、参与互动等方式,让旅游者参与其中,亲身体验独具民族特色的节日习俗。组织好传统节日商品的研发和生产,引导商家用好节日商机,活跃节庆气氛。广电部门要组织力量,制作播出一批介绍传统节日的影视作品,丰富群众的节日文化生活。新闻出版部门要认真做好传统节日图书和电子读物的出版规划工作,编辑出版一批高质量的图书。

2009 年 9 月 8 日,国家民委办公厅和财政部办公厅出台《关于做好少数民族特色村寨保护与发展试点工作的指导意见》(民办〈经济〉发[2009]315 号),提出建设一批"少数民族特色村寨",把民族特色村寨建设工作作为支持地区旅游重大项目建设进行规划的要求。

2014 年 3 月 28 日,文化部文化产业司下发了《关于征集文化产业重点项目的通知》,面向全国开展 2014 年度文化产业重点项目征集工作。其中,特色文化产业重点项目和藏羌彝文化产业走廊重点项目作为重要组成部分,首次向社会公开征集。重点征集演艺娱乐、工艺美术、文化旅游、节庆会展、创意设计、文化创意和设计服务与相关产业融合等领域的项目。经过评审进入特色文化产业重点项目库和藏羌彝文化产业走廊重点项目库的项目,将纳入国家文化产业项目服务平台统一管理,从项目对接推介、投资融资、人才培养、技术支撑、专家咨询等方面给予重点支持,并优先支持符合条件的项目申报中央财政文化产业发展专项资金。

随着国内经济形势的发展,政府逐渐意识到民俗文化产业正在成为国民经济中新的增长点,并制定了相关政策,为民俗文化产业的发展营造了良好的政策环境,对中国传统文化、民俗文化的重视已经逐步上升至国家战略层面，并予以重点扶持。

二、地方民俗文化产业政策现状

在民俗文化产业政策研究制定方面，我国地方政府也积极配合，政策出台力度高于国家层面，并制定了相应的发展战略规划。由于各地民俗文化产业发展程度不一，因而针对自身发展现状，地方政府在依据国家政策的前提条件下，分别制定适合本地区发展的政策。这些政策一方面保证了对中央政策的落实与执行，另一方面考虑到了一省一地的民俗文化产业发展的现状与问题。因此，政策的制定更具针对性，也使政策的实施更具地方特色。主要集中在五个方面：

（一）鼓励民俗文化、非物质文化遗产产业化发展

随着国家对地方民俗与非物质文化遗产的重视，各省市纷纷致力于挖掘地方民俗特色，保护非遗项目的传承与发展，以此来打造各具特色的区域民俗文化产业。因此，诸多非遗保护政策的出台，有效地促进并活跃了民俗文化产业市场。

例如，在内蒙古自治区，鄂伦春族是个有语言、无文字的少数民族，民族语言文化传承岌岌可危。随着生产生活方式的变迁，为数不多的非物质文化遗产传承人和民间艺人年事已高，现鄂伦春自治旗境内居住的鄂伦春人只有 2 737 名，许多年轻人对民族文化的认识淡漠，许多口耳相传的鄂伦春民族文化濒临消亡，民族传统技艺亟待挖掘抢救。2014 年，经内蒙古自治区十二届人大常委会第十一次会议批准，《鄂伦春自治旗鄂伦春民族民间传统文化保护条例》于当年 10 月 1 日起施行，《条例》规定：自治旗鼓励通过社会组织和个人捐赠等方式募集资金，建立民族民间传统文化基金；自治旗政府要建立民族民间传统文化传承人、传承单位命名制度，在鄂伦春族居住相对集中、原生态文化保留较好的区域设置民族民间传统文化生态保护区。鄂伦春族原生态狩猎文化有望得

到更为完整的保留。

2014 年 7 月，辽宁省人民政府也相继在官方网站公示了《辽宁省非物质文化遗产保护条例》草案，该条例指出，在有效传承其核心技艺和文化内涵、保持传统工艺流程整体性和核心技艺真实性的前提下，可以借助生产、流通、销售等手段，并通过融资、合作、入股等方式，将非物质文化遗产及其资源转化为文化产品和文化服务，对实施生产性保护的单位和个人，政府及其有关部门应在政策、资金、税收等方面给予扶持，并鼓励非物质文化遗产代表性项目保护单位和代表性传承人通过注册商标等形式保护其合法权益，有关部门应当为其提供便利条件。这些相关措施促进了非物质文化遗产的产业化发展。

2015 年 2 月 4 日，为保护浙江省地方戏剧的传承，促进地方戏的繁荣，浙江省为此出台了《浙江省传统戏剧保护振兴计划》，明确了浙江传统戏剧保护振兴工作的任务：一是繁荣戏剧精品创作，推出五部左右原创精品剧目和五部左右优秀保留剧目；二是培养优秀戏剧人才；三是推动戏剧团体发展，逐步实现“一团一（剧）场”的建设目标；四是培育戏剧演出市场；五是发展传统戏剧教育；六是保护传承非遗项目，开展传统戏剧濒危剧种守护行动，开展“浙江好腔调”传统戏剧非遗项目保护传承系列活动，等等。有利于浙江省民俗文化保护和浙江传统戏剧产业化发展。

与此同时，除省、自治区、直辖市一级外，各地级市也纷纷制定了相关保护条例，着手保护本地非物质文化遗产。如 2014 年 4 月，安徽省六安市审议通过了《六安市非物质文化遗产项目保护单位和代表性传承人管理暂行办法》，明确要求对有突出贡献的保护单位和传承人进行表彰奖励，对长期不作为的传承人暂停补助经费的发放甚至取消其传承人资格。此外，要求加强对非遗项目保护资金的管理，完善非遗资金的审批制度，建立非遗传承人工作报告机制，促进传承人更好地履行传承任务。办法出台后，整顿了民俗文化产业市场和非物质文化遗产保护方面的混乱现象。

（二）完善和优化民俗文化产业体系

针对民俗文化产业发展中存在的问题，各地政府也出台了相关政策措施以进一步完善和优化民俗文化产业体系。

2012 年 3 月，《四川省人民政府关于加快推进文化产业发展的意见》针对四川省民俗文化产业发展资金链不足的问题，提出开展文化产业项目招商引资。要求精心筛选招商引资项目，搞好项目的策划和包装，编印文化产业招商引资手册。积极拓宽招商引资渠道，开展网上推介、媒体推介、会展推介以及组团招商、专题招商、定向招商等多种形式的招商活动。重点利用中国西部国际博览会、中国成都国际非物质文化遗产节、中国四川国际文化旅游节、四川国际电视节等重大展会平台搞好项目招商引资。

2014 年，《江西省人民政府关于加快文化创意产业若干政策措施》指出，鼓励各市、县（区）加大对文化创意产业的资金投入力度，搭建投融资平台，鼓励民间资本进入文化创意产业领域，让文化企业向科技、生态、电商等方向融合发展，助推媒体数字化、信息化建设。同时规定，要降低注册门槛、减少运营成本、打造公共服务平台、优化发展环境，着力为创业型、中小型文化企业扫清障碍，重视本土文化遗产的保护和开发，扶持赣文化传统演艺剧目。这些政策的出台，一定程度上鼓励了民间资本进入江西省民俗文化产业。

（三）规范和管理民俗文化市场秩序

中央在制定政策时，主要从宏观大局出发，因而落实到各个地区，还需要有相应配套政策和具体实施措施，规范和管理民俗文化市场秩序，避免出现政策漏洞。

比如在湖北省，过去汉绣从业人员有一个口口相传的“规矩”（即行业标准），尽管没有形成文字，却也保证了汉绣的传承，但随着汉绣入选第二批国家级非物质文化遗产名录，市场对汉绣的需求越来越大，生产厂家因此鱼龙混杂，质量参差不齐。2014 年，湖北省出台汉绣行业地方标准，对汉绣产业发展过程中的质量下降问题进行整治和规范。

同样，2014 年 12 月，山东济宁市针对非遗项目市场的混乱现象出台了《济宁市非物质文化遗产项目代表性传承人认定与管理暂行办法》，对非物质文化遗产传承人所掌握并需要保密的工艺技术，依法实施保护；禁止经营珍贵的非物质文化遗产原始资料和实物；同时，如果受资助的市级非物质文化遗产项目代表性传承人在规定时间内未完成资助项目任务书要求的传承任务，将中止协议，停止资助；对怠于履行传承义务的，取消其市级非物质文化遗产项目代表性传承人的资格。

（四）各省市促进民俗文化产业协调发展的区域政策

在针对区域民俗文化产业集群发展方面，制定跨省区的政策十分必要。藏羌彝文化产业走廊位于中国西部腹心，自古以来就是众多民族南来北往、繁衍迁徙和沟通交流的重要廊道，区域内自然生态独特，文化形态多样，文化资源富集，是我国重要的历史文化沉积带，在我国区域发展和文化建设格局中具有特殊地位。2014 年 3 月，文化部、财政部联合发布《藏羌彝文化产业走廊总体规划》，这是我国第一个国家层面的区域文化产业发展专项规划，旨在历史上形成的纵跨陕西、青海、甘肃、四川、云南、贵州、西藏七省区的民族迁徙大通道发展文化产业，是文化部、财政部共同策划实施的重大文化产业工程。这个总体规划的制定使这个文化积淀带转化为民俗文化产业带。该规划指出：推进文化资源向旅游产品转化，培育一批具有藏羌彝特色的文化旅游景区景点；整合文化与旅游资源，在知名旅游景区培育高品质、有地方特色和民族特色的演艺精品和演艺娱乐场所；发掘藏羌彝等民族文化元素，突出地域特色，强化品牌意识，在保护多样性和独特性的基础上，促进工艺美术产业集约化、规模化发展；促进民族文化元素与高新技术、音乐制作、时尚设计、广告设计、家居装饰设计相结合，大力推进文化创意和设计服务与相关产业融合发展。2015 年 1 月，文化部文化产业司下发了《关于征集文化产业项目的通知》（产函[2015]3 号），面向社会征集特色文化产业、藏羌彝文化产业走廊和丝绸之路文化产业重点项目。在各地认真组织和积极推荐下，经资格审查和专家评审，确定了 2015 年度特色文化产业重点项目 66 个、藏羌彝文化产业走廊重点项目 24 个、丝绸之路文化产业重点项目 26 个。除了藏羌彝文化产业走廊重点项目遍布多省市外，丝绸之路文化产业重点项目覆盖了内蒙古、广西、海南、陕西、甘肃、青海、宁夏、新疆八个省区，对区域民俗文化产业发展起到了一定的推动作用。

（五）鼓励民俗文化产业发展的财政扶持政策

2015 年 3 月，海南省委宣传部联合省财政厅、省文体厅、省文化办印发《海南省关于鼓励高雅艺术商业演出票价补贴办法（试行）》，其中规定由国内省级（含副省级）以上艺术表演京剧、昆曲等在内具有较大社会影响力的民族传统优秀剧（节）目每场补贴 5 万~8 万元，对民间传统戏剧团体进行了一定程度的扶持与补助。

2013 年，甘肃省庆阳市也出台了《关于推进华夏文明传承创新区建设的实施意见》及九大工程实施方案。方案拟定，“从 2013 年开始，庆阳市将财政每年支出的民俗文化产业专项资金从 2011 年的 1 000 万元增加到 6 000 万元”。[①] 此外，政府还积极与银行沟通合作，农发行庆阳分行承诺，“十二五”期间给予庆阳文化事业 5 亿元的授信额度，其中包含对庆阳香包、庆阳绣制、剪纸艺术、民间唢呐以及庆阳皮影等民俗文化产业的拨款与扶持。

① 先朝阳. 高天厚土竞风流　民俗文化展异彩——庆阳市香包民俗文化产业发展纪实[N]. 甘肃日报，2014 - 05 - 29.

除以上列举的各省市出台的相关政策外，其他各地方省市为鼓励或规范民俗文化产业的发展也积极出台了一系列措施。例如，在政府的支持下，侗族大歌深入校园，成为中小学生的选修课之一，黎平县与贵州师范大学联手开办侗族大歌本科班。同样，在云南丽江，为鼓励人们学习东巴文化，当地政府开设了东巴文化学校，通过政策优惠，使人们乐于学习接受当地文化。此外，如西藏自治区出台了《西藏自治区实施〈中华人民共和国非物质文化遗产法〉办法》；宁夏回族自治区批准了《银川市旅游促进条例》等，以此扶持民俗文化产业发展。

中国的民俗文化产业从无到有，经历了从懵懂期到快速发展时期的过渡，相关政策也从单一到丰富，逐步完善。在发展初期，胡惠林曾说，"这种烦恼有来自外部的压力，更多的是来自于一切都还没有准备好的内在忙乱。'摸着石头过河'也就自然成为了这个时期中国文化产业政策运动的典型特征"。[①] 进入 21 世纪后，我国民俗文化产业政策进入快速发展的阶段。政策的制定、规划的实施与产业发展相互促进、相得益彰，为之后民俗文化产业的转型升级提供了良好的政策环境。

三、我国民俗文化产业政策的效用分析

我国民俗文化产业政策从无到有，不断完善，逐渐丰富，为引导产业发展方向、优化产业发展环境发挥了不可或缺的作用。

（一）实现民俗文化的有效保护和"活态"传承

民间文化是珍贵的、具有重要价值的文化信息资源，也是历史的真实见证。随着全球化趋势的加强和现代化进程的加快，传统民俗文化和非物质文化遗产的生存状况面临许多挑战。其一，生存环境受到时代冲击。随着社会的进步，现代工业与电子科技的

---

① 胡惠林. 我国文化产业政策文献研究综述 1999—2009[M]. 上海人民出版社，2010：2.

迅猛发展,使传统民间技艺、民间文化陷入困境;其二,民间文化传承后继乏人。随着物质文化生活日渐丰富,青少年热衷于现代快节奏生活方式,而对民俗文化传承的兴趣越来越淡漠,致使众多民间技艺后继乏人,产业发展举步维艰,濒危状况很难改变;其三,市场营销被动。民俗文化没有有效地参与到市场经济中,因而在消费市场面临尴尬境地。因此,加强对我国传统文化和非物质文化遗产的保护已经刻不容缓。

相关政策的出台不仅在财政上对民间技艺、传承人等进行扶持,而且鼓励民间社会资本参与民俗文化产业。例如 2013 年,新疆生产建设兵团十二师建设局为大力发展生态旅游文化产业,对"十二师生态旅游文化创意产业带专项规划"进行了公开招标,聘请中国建筑设计研究院专家,对十二师生态旅游文化创意产业带进行详细定位和布局分析。而在目前民族文化产业开发较好的地区,如江苏、云南、山西、山东等省市,民俗文化产业获得了大量民间社会资本的青睐。苏州吴江区与中国旗袍会合作,共同打造中国旗袍小镇。2015 年 8 月 17 日,中国旗袍会理事长汪泉被聘为"中国旗袍小镇"名誉镇长,并获赠"中国旗袍小镇"入驻"金钥匙",中国旗袍小镇正式落地吴江盛家厍。中国旗袍会由旗袍服饰行业、旗袍文化学术机构、文化策划人、旗袍爱好者代表联合构成,旨在推广中国传统旗袍文化。社会资本的加入是中国旗袍小镇项目得以顺利启动的重要因素,标志着中国旗袍文化将得到有效的活态传承。

传统文化资源是民俗文化产业生存发展的根基和源泉,如果离开了文化资源,民俗文化产业便成为无源之水、无本之木。因此,对本国的历史文化资源加以有效保护,保证其不会在开发利用中受到损坏、歪曲和流失,是民俗文化产业政策的第一要务。保护和利用好非物质文化遗产,对于落实科学发展观,实现经济和文化的全面协调可持续发展意义重大。

（二）推进经济结构的战略性调整和增长方式的转变

在推动经济转型升级中，对民俗文化与传统文化作用的认知，之前存在着两方面的误区：一是突出强调科技促进产业转型升级的核心作用，而忽视了文化的重要性；二是认为文化产业产值小，不具备推动作用。这种对于民俗文化产业的认知偏差在进入21世纪之后得以改变，政府开始重视文化产业带来的经济效益，以及繁荣文化建设的重要作用。2001年，我国《政府工作报告》就解决经济发展中的结构性矛盾，提出要大力发展文化产业，第一次把发展文化产业纳入到国家经济建设的战略需求层面上，文化产业要作为整个现代产业经济体系的一部分发挥作用。

2013年，上海自贸区文交所由国务院批准正式挂牌成立，作为其园区内目前唯一的国家级交易所，上海文交所也是中国首家文化产权交易所，它是以文化版权、股权、物权、债权等各类文化产权为交易对象的综合性文化产权交易服务机构，并被指定为“国家级文化产权交易和投融资综合服务平台”，上海文化产权交易所由此肩负着为文化与资本搭建对接平台，推动海内外文化贸易，以促进中国文化产业升级的重责。文交所涉及文化市场的多层交易，并且开展国有文化企业产权交易，涉及范围涵盖文化品牌、商标、版权、冠名权等无形资产交易，文化产业项目融资交易和产权交易，等等。

同样，各地制定的民俗文化产业政策也对拉动当地经济增长发挥了积极作用，使民俗文化产业成为推动经济转型的主力军之一。例如，云南昆明官渡古镇乌铜走银的第六代唯一传人金永才通过政策扶持，成立了乌铜走银公司，改变了过去凋零的状况。现今一年乌铜走银的产值大概在300万元左右。民俗文化产业不仅增加了政府的财政税收，也实现了自身拯救的活态传承。大量的非物质文化遗产作品在文交所上市，脆弱的“非遗生态”在市场化运作的道路上逐渐摸索出与现代商业社会的结合点，主动脱去了被保护的外衣，积极地寻求发展与创新，达到了社会效益与经济效益的双赢。

（三）促进产业市场竞争规范化及产业环境健康发展

随着人民生活水平的提高，日益增长的文化消费需求刺激了民俗文化产业市场的兴起与繁荣，但由于在发展初期片面强调经济效益而导致产业市场出现诸多不规范现象。例如，许多上市公司借用非物质文化遗产的名号进行违规操作，不正当竞争，等等。2015年，经河南省政府认定的省级非物质文化遗产“聂麟郊膏药”，其衍生品“聂麟郊祛痛贴”被河南省食药监局认定为假药，其经销商被警方刑拘，但关于该非遗衍生品属于保健品还是药品的问题，由于概念不清，至今仍然存在诸多争议。同时，非遗类图书市场上也出现了大量非法出版物，其质量低劣、编排混乱、内容大量抄袭且价格不菲。据《中国文化报》记者屈菡报道，《非物质文化遗产保护抢救技术与组织工作规范化管理及成功经验交流实用手册》和《中华人民共和国非物质文化遗产法贯彻实施手册》均属于伪造出版社、书号的非法出版物。[①]

因此，为整顿市场混乱，中央和地方都出台了相关政策以完善规范民俗文化产业市场秩序。其不仅具有纠正民俗文化产业市场缺陷，弥补市场功能失灵的作用，而且在产业组织上，能够通过旨在鼓励有效竞争、反对垄断、保护适当集中、发挥规模经济、完善市场秩序等政策的制定与实施，有力整顿产业市场出现的混乱现象，以适度竞争的市场结构起到优化市场机制的作用，遏制文化市场的畸形发展和恶性竞争，为民俗文化产业的健康合理发展营造良好的政策环境。

（四）实现产业发展财政支持多样化与融资渠道多元化

财政扶持政策既包括对民俗文化产业各个行业的扶持，也包

---

① 屈菡. 警惕防范非遗类图书市场中非法出版物[N]. 中国文化报，2011－05－18.

括对特定文化企业及文化企业特定行为的专项扶持。同时,也对为民俗文化产业提供金融支持及其他服务的主体予以扶持。如,重点行业、中小企业、文化产业园区;集团化经营、品牌建设、技术创新、文化产品出口与对外宣传;为文化企业提供贷款的商业银行、提供担保的机构等。财政投入方式多种多样。现阶段财政扶持文化产业发展的方式有:项目补贴、贷款贴息、政府采购、奖励、贷款担保、股权投资、配套资助、陪同投入、后期赎金、创业投资引导基金等,其中以项目补贴、贷款贴息、政府采购、奖励为主要方式。例如,安徽省为促进地方戏曲黄梅戏的发展与产业化进程,在争取中央支持该省扶持黄梅戏精品创作生产专项资金500万元资金的基础上,2008年省财政安排配套资金200万元,支持黄梅戏事业发展壮大。2010年进一步加大支持力度,补助安庆市市直及所辖县黄梅戏院团转企改制经费950万元。据不完全统计,仅近三年来补助黄梅戏发源地安庆市黄梅戏项目的经费就达2 600万元。[①] 随着政府文件一一出台,财政支持文化产业的方式也将进一步多样化。

(五)相关政策对中小企业及地方产业的发展起引导作用

任何国家的文化产业政策都是为了保护和促进民族文化产业发展,我国的民俗文化产业政策也不例外。近几年来,我国支持民俗文化产业发展的政策频出,这些政策涉及民俗文化与其他产业融合、小微文化企业、非物质文化遗产"走出去"等多个方面,覆盖范围之广、支持力度之大可谓空前,我国民俗文化政策的顶层设计日趋完善。通过这些政策,我们不难发现,继续深化文化体制改革,充分发挥市场的决定性作用,通过市场竞争提升文化产业的规模化、集约化、专业化水平,让政府这只"看得见的手"更好地发挥对产业的引导作用,是我国民俗文化产业政策一以贯之的总基调。

---

① 丁莉娅,方虹慧.安徽财政大力支持"非遗"保护[N].中国财经报,2011-05-28.

例如,扬州市虽然古韵丰厚,但是众多民俗文化珍珠散落民间,得不到有效整合。2013 年,政府与知识分子参与其中,通过政策有效引导,财政适当扶持,推进广陵古籍刻印社新址建设,联合广陵书社、国书公司、新扬州书局打造扬州雕版文化新地标;并进一步加强集聚效应,推进杭集古籍线装文化创意产业园建设,打造集研发、生产、展示、交易、旅游为一体的雕版印刷集聚区,实现了扬州民俗文化产业的质的飞跃。①

中科院发布的《中国现代化报告 2009》中提出了我国文化产业强国战略的目标和任务设想。报告中指出:在 2020 年左右,文化产业成为国家战略产业,文化产业竞争力达到世界中等发达水平,力争成为文化产业的世界中等强国。一个文化强国,必然拥有属于自己的民俗传统与民族文化。中国拥有的丰富的文化资源,绚烂的民间文化与多民族国家特色是发展文化产业的优势所在。建立民俗文化产业体系,提升民俗文化传统竞争力,加速民俗文化产业的现代化进程,不仅是中国现代化道路的必然选择,也是建设中国特色文化强国的必然选择。

第二节　发达国家民俗文化产业政策及其启示

发达国家的民俗文化产业政策体系完善,相较于我国有着更为丰富的经验与实践过程,例如,英国在政策方面为民俗文化产业的发展解决融资问题,提供资金支持;美国政府一方面对内放松文化管制,另一方面制定相关政策加速文化产品的对外输出;日本政府自上而下加大对民俗文化产业的推进……各国依据本国国情制

① 扬州市文广新局. 扬州市出台政策助推非遗产业发展,http://www.jscnt.gov.cn/whzx/jdxw/201312/t20131211_20924.html.

定符合自身发展规律的政策体系,值得我们借鉴学习。

一、各国民俗文化产业政策优势

（一）英国:解决融资问题,提供资金支持

英国支持文化产业发展的主要融资渠道包括财政拨款、彩票基金和社会融资等。其中,以政府的财政拨款为主要渠道。成立于1946年的英国艺术委员会,是目前英国最大的艺术拨款机构,其经费主要来源于英国文化、媒体和体育部。2004年,艺术委员会推出一项名为“拥有艺术”的无息贷款项目,任何18岁以上的北爱尔兰人都可以通过其获得100英镑至2 500英镑的无息贷款,这笔钱将用以购买艺术品,贷款十个月之内还清即可。如果该艺术品价值超过2 500英镑,贷款也可以用来支付其中的部分款项。这项无息贷款项目对民俗文化产业,甚至是整个文化产业的发展带来积极影响,尤其对于民间艺人的产品销售推广十分有利。英国2003～2006年的年经费预算超过10亿英镑,其中8.35亿英镑用于1 000多个长期资助项目。

2009年,英国艺术委员会又与“国民信托”联合发起了“信任新艺术”项目(“国民信托”是一个依靠民间力量从事自然环境和历史文化环境保护的团体,缘起于民众因担心英国快速而无控制的工业化会对环境产生广泛的不良影响,因而自发成立以扮演监护者的角色,协助国家保护受损的海岸线、乡村地区以及历史古迹),并花30万英镑赞助了该项目。“信任新艺术”将英国的文化遗产与当代艺术相结合,为人们体验传统的历史遗迹提供了新经验。

此外,英国艺术委员会还通过发行国家彩票的方式,为文化创意产业筹集大量经费,使产业项目发展有了强大的资金支持。

（二）美国:对内放松文化管制,对外注重文化产品的输出

当今社会,美国文化在全球化趋势中占据着重要地位,从电影、书籍到服饰、饮食,无处不渗透着美国文化。对内,美国的民俗

文化产业政策秉承自由主义传统,以文化产品的市场化为主导,减少政府干预力度,相对宽松的政策环境为民俗文化产业的自由竞争和发展提供了空间。此外,在培育强大的市场竞争能力的同时,政府出台《版权法》《反垄断法》等确保市场个体利益均沾及权益维护,带动整体繁荣。

对外,美国政府注重文化产品的输出。“成为文化贸易赢家的最重要原因就是美国在推行其文化对外贸易的过程中采用了两个重要的政策措施。一是推动美国文化产品的出口,促进全球贸易份额的扩大,使得全世界的大众都可以消费它;二是鼓励其文化产品在全球生产,以使美国文化产品在对外贸易中有更强的跨国文化接受度和更低的成本优势”。① 在本国的文化产业输出的过程中,美国一方面依托于官方组织,例如,国务院设立的教育和文化事务局,主管美国文化的对外交流,达到输出文化产品的目的,另一方面政府制定相关政策鼓励非官方组织产业交流,并通过在贸易规则中制定特有的优惠政策来鼓励民俗文化产业“走出去”。如今,在世界各国都能够轻而易举地见到美国民俗文化的象征,如夏威夷风情舞、美国西部片等。万圣节、圣诞节等西方节日以及西方饮食习惯也风行亚洲各国。

此外,美国还很善于对其他国家、民族民俗文化资源加以利用开发,从而促进自身的文化产业发展。例如,美国迪士尼借用别国的传说及民间故事打造的动画片风靡全球。《芭比之拇指姑娘》改编自丹麦安徒生童话《拇指姑娘》,《花木兰》则改编自中国家喻户晓的民间传说。

(三)日本:政府自上而下加大对民俗文化产业的推进

日本将振兴和发展本国文化产业定位为国家战略。日本的各

① 张慧娟.美国文化产业政策及其对中国文化建设的启示[D].中共中央党校博士论文,2012-05.

个地方政府都是自治体政府，地方具有较大的自主权，因而由政府主导的民俗文化产业发展模式也取得了较好的成效。各个地方政府制定具有地方特色的文化遗产、民间艺术、传统工艺和民间祭祀活动等，或者举办各类的文化节等，一定程度上促进了民俗文化产业的发展。

政府自上而下的扶持力度，以及地方政府有效的自主权，保证了民俗文化产业政策的有效落实。其中，最有代表性的是日本对非物质文化遗产的保护。早在 1950 年 5 月，日本政府就颁布了《文化财保护法》，1950 年 8 月起就开始实施。在此法颁布之前，日本文化遗产的保护只限于传统建筑、工艺美术、名胜古迹及天然纪念物四个方面。《文化财保护法》在上述基础上拓展了保护范围，将无形文化财、地下文物一并列入文化遗产的保护范围，在全世界文化遗产保护的法律上开了先河。

（四）韩国：推进文化立国政策，加紧非遗项目申请

韩国以建立“文化立国”发展战略为基础，通过设立专责的主管部门和协调机构，统一规划文化产业发展。早在 1997 年，韩国就提出了“文化立国”战略，并制定了有关文化产业的综合性法规《文化产业振兴基本法》，明确了文化产业的定义，提出了文化产业的基本方针政策。与此同时，韩国还成立了文化振兴院等研究机构，作为民俗文化产业发展的智囊团，为产业发展提供战略指导，并建立了文化振兴基金，为民俗文化产业发展提供资金支持。

截至 2014 年，韩国共有 17 项非物质文化遗产入选联合国教科文组织非遗名录，其中包括江陵端午祭、泡菜、阿里郎、宗庙祭祀等，2015 年 12 月 2 日，当天在纳米比亚首都温得和克举行的联合国教科文组织政府间保护非物质文化遗产委员会第 10 次会议通过决议，正式将韩国、越南、柬埔寨、菲律宾四国联合申请的“拔河”列入教科文组织人类非物质文化遗产名录。由此，拔河成为韩国第 18 项人类非物质文化遗产。作为国土面积与人口有限的韩国,这样的数字显示了韩国对于传统文化价值的推崇,以及国际社会对于韩国传统文化的认可。近两年,韩国政府还在积极为“暖炕”、“筷箸”申请非物质文化遗产做准备。韩国的诸多非遗事项与中国文化有着千丝万缕的联系,使不注重保护传统的中国人为之唏嘘。在对本国非物质文化遗产及民俗文化整理方面,我国应该向韩国学习。

(五)澳大利亚:实施产业税收激励措施

澳大利亚政府借助于税制奖励或税收减免等激励机制,鼓励私人企业参与影视制作投资等,推动影视等文化产业的发展。2007年,澳大利亚影视制作激励机制出台,规定制作澳大利亚本土电影将减收40%的税额,对于将澳大利亚作为外景拍摄地的,将减收15%的税额。之后,以《恶灵骑士》《神秘代码》《法外狂徒》《玛丽和马克思》等为代表的一系列影视作品进驻澳大利亚拍摄。同时,这些优惠政策为鼓励澳大利亚的民俗风情与人文风貌“走出去”提供了政策平台。

二、发达国家民俗文化产业政策的启示

发达国家在促进本国民俗文化产业发展的政策措施上虽各有不同,但是不可否认的是,各国均将文化产业的发展放在重要的战略位置,尤其注重对本国民俗文化传统的保护和弘扬。在我国民俗文化产业的起步发展阶段,我们需要积极借鉴发达国家民俗文化产业的发展经验,并结合中国的具体实际,制定出适合中国特色社会主义国情,且有利于提高我国民俗文化产业国际竞争力的各种应对措施。

(一)从战略上高度重视民俗文化产业

作为“朝阳产业”的文化产业成为经济全球化竞争的又一重要砝码,而作为其中重要一翼的民俗文化产业也日益充当着越来越重要的角色。纵观美国、英国、日本、韩国等欧美与亚洲各国,都

将民俗文化产业确立为国民经济发展的支柱和经济发展的新动力之一。各国都设立了高级别的专责推进组织机构,制定并实施专门的发展计划。例如,1995年,日本在《新文化立国:关于振兴文化的几个重要策略》的报告中,确立了日本在未来21世纪的文化立国方略。1997年英国成立了创意产业特别工作组和文化、媒体及体育部。1998年,韩国也相继提出了“文化立国”的口号。民俗文化产业的快速发展成为经济全球化中的大势所趋。但是,目前我国政府尚未建立一个统一独立的民俗文化产业部门,因此,亟需合理规划民俗文化产业未来发展的战略地位、方向、目标以及框架,并指导协调各部门的政策实施,从战略上确立民俗文化产业发展的方向。

(二)鼓励民间投资以及多种融资方式

民俗文化产业需要多方社会资金的支持。然而,长期以来融资渠道不畅、资金短缺问题始终是困扰我国民俗文化产业发展的重要问题。在扩大投资主体,解决融资问题方面,我国应借鉴发达国家的产业经验。例如,英国依靠民间力量从事自然环境和历史文化环境保护的团体——“国民信托”,通过民众自发组织保护英国的文化遗产、历史古迹,并与英国艺术委员会联合,为民间艺术提供资金支持。美国的文化艺术团体获得的社会资助主要来自基金会和个人的捐助。韩国政府通过运作“文化产业专门投资组合”,大力鼓励和引导民间投资文化产业。另一方面,在市场经济条件下,多种经济手段并用是有效的融资方式,应参照发达国家的经验与做法,开辟新的投资、融资渠道,如信贷、彩票、股票、债券、资金奖励等都可以为民俗文化产业的运作方式提供借鉴。

(三)注重创意人才培养

民俗文化产业在快速发展的同时,应该注意对非物质文化遗产和民俗文化的活态保护,同时在继承前人智慧的基础之上进行创新,这就意味着民俗文化产业对创意革新的重视。因此,培养一批具有创造和创新能力的创意人才是民俗文化产业繁荣发展的根本动力。发达国家设置有专业教育和培训机构为该领域人员提供大量培训和深造项目,并且,一些创意领域的高等教育工程是非营利的。韩国文化振兴院还建立了文化产业专门人才库和人才培养委员会,负责人才培养计划的制订、协调等,并对优秀者给予奖励和资金支持。这些政策上的支持与鼓励是人才培养的重要渠道,也是值得我国借鉴和学习的。

(四) 以市场和贸易拉动产业发展

发达国家的经验显示,拓宽民俗文化产业的市场需求能够有效拉动产业发展。美国作为典型的以产业市场为主导的发达国家,秉持多元、开放、平等、自由的原则,在产业发展方面弱化政府的主导作用,地方政府自主特色,鼓励自由发展,并在财政方面给予扶持。目前,美国文化产业的产值已占 GDP 的 31% 左右,并对国内其他行业带来了显著的拉动作用,其发展策略成为各国发展民俗文化产业竞相效仿的案例之一。此外,除开拓国内市场以外,发达国家也毫不放松其文化产品在国际市场上的竞争力。民俗文化产业的出口不仅带来经济效益,更是一国文化的对外出口与传播,因此,在培育市场和国际贸易方面,我国应借鉴发达国家的相关经验,并予以完善。

(五) 强化知识产权保护

英美各国制定了完善的法律体系来保护知识产权。美国早在 1976 年就颁布了《版权法》,英国专利局设立独立的知识产权网站,为使用者和创作者提供版权、商标、设计、专利等。日本、韩国也先后出台了《著作版权法》等。发达国家的历史经验表明,只有使民俗文化产业的知识产权得以维护,才能保证产业的健康发展。目前,我国的知识产权保护力度不够,民俗文化产业发展过程中的侵权行为屡屡发生。因此,政府应该继续完善我国现行的知识产权保护法,尤其对于民俗文化产业划分不清的地方予以重新讨论修改,并加大执法力度,严厉打击知识产权侵权行为。

第三节　我国民俗文化产业政策存在的问题与建议

我国的民俗文化产业发轫于改革开放之初,历经计划经济、市场经济、WTO、国际金融危机的冲击和洗礼,在当前正处于爬坡阶段,尚属于“幼稚产业”。面对这样一个新兴的幼稚产业,主管部门和从业者在政策制定与落实方面虽积极努力但仍存在诸多问题,因而需要一个逐步深入的过程,来认识和理解其发生、发展和完善的规律。

一、我国民俗文化产业政策存在的问题

在民俗文化产业的发展初期,各主管部门对文化产业发展过程中出现的新情况、新问题,既缺乏深刻的认识,也没有做好充分的准备,只能“头痛医头,脚痛医脚”,这必然会导致政策上往往带有“权宜性”、“盲目性”、“多变性”等特点。同时,在某些行业亟需相关政策进行规范时,却不能及时出台,导致政策缺失。即使出台了相关政策,由于对民俗文化产业发展过程中出现的各种新情况和新问题,缺乏深刻的认识,往往会导致政策缺乏针对性和可操作性。

(一) 我国民俗文化产业政策建设缺乏系统性

我国既有文化产业政策的出台虽然频繁而密集,但是其中不乏应急而生者,这些政策往往是在实践中遇到问题后,未能通过深入的理论论证,只是进行简单的经验总结而制定出相应的对策,以至于不能形成较为完整、协调的民俗文化产业政策体系。

例如现行民俗文化产业的税收政策,对于扶持和鼓励文化产业发展的税收优惠政策就比较零散,不完整、不成体系,临时性税

收扶持政策多,而总体税收激励政策力度不大。原因在于:一是没有建立起一套专门的长期扶持和激励民俗文化产业发展,且便于有效执行的税收政策体系。二是缺乏扶持民俗文化产业可持续发展的协调一致的税收优惠处理方式,即没有通过税率、征收管理、减免税等多种手段方式来全面、规范激励文化产业大发展的完整的税收政策体系。三是缺乏清晰的民俗文化产业行业引导政策。从而导致了民俗文化产业相关税收政策的不成体系。同样,这种政策的零散状况在产业发展的其他方面也大量存在。尤其是一些地方政府,在未成立统一管理机构的前提下,各个部门先后频繁出台规范民俗文化与非物质文化遗产的政策法规,致使中小企业不知所措、有法难依。不成系统的产业政策不仅不能够有效执行,反而会出现诸多政策漏洞,为不规范的市场行为提供可乘之机。

（二）我国民俗文化产业政策扶持及保护力度仍然较弱

毋庸置疑,文化产业极具发展潜力,其在促进国民经济健康发展、维护国家文化安全等方面均具有十分重要的意义。但是,据最近国家统计局统计,2014 年全国文化及相关产业增加值为 23 940 亿元,占 GDP 的比重仅为 3.76%,尚属于“幼稚产业”,仍处在产业发展的初期阶段,其中民俗文化产业所占分量更少,更需要加大扶持和保护力度。

虽然针对文化产业的相关政策频繁出台,但其中针对民俗文化产业发展的政策仍占少数,主要表现在:

一是对民俗文化产业的扶持力度偏弱。世界诸多发达国家,如法国、英国、澳大利亚、日本、韩国等大都通过政府直接拨款资助,设立专项资金、组建发展基金等方式,来扶持与鼓励民间传统的保护与发展。目前,我国政府对一些民俗文化产业也实行了各种扶持补贴政策,但补贴金额、补贴方式和补贴结构等方面,与法国、英国、澳大利亚、日本、韩国等发达国家相比尚有很大差距。此外，我国政府的信贷、税收等政策对民俗文化产业发展扶持力度也不够。

二是产业政策对国内民俗文化产业的保护力度不够。一般来讲，一国产业政策对相关产业的保护可分为对进口的限制和对外资投资的限制两个方面。目前，我国的民俗文化产业政策无论是对国外文化产品的限制方面，还是对外资投资的限制方面，都存在明显不足。近年来，我国政府出台了一些政策，对外资进入我国文化产业的各种事项都作了具体明文规定，但有些内容仍值得商榷。可以说，目前我国的民俗文化产业政策还不能筑起有效保护民族文化产业的屏障，我国传统文化在应对全球化浪潮冲击上尚有不足。

（三）多头管理政出多门，产业政策缺乏协调性

我国文化产业的主管部门由中宣部、文化部、工信部、国家新闻出版广电总局、旅游局、体育总局等诸多部门组成，容易导致有利互争、互相推诿、政出多门等不良现象，严重制约相关产业发展。

例如，某地打算利用该地区民俗文化特色打造一系列动漫产品，以此来推广该地的区域文化，但是其产品发行的主管部门要涉及宣传部、文化部、工信部、国家新闻出版广电总局等单位。工信部主管着动漫产品的技术开发，文化部拥有民俗文化与非物质文化遗产的文化经营审批权，国家新闻出版广电总局负责影视产品的出版。国家新闻出版广电总局认为他们才是动漫产品审批的主管部门；文化部则强调，以传统民俗文化和非物质文化遗产为基础的衍生动漫作品如果不经文化部审查，就不能正式进入市场；而工信部也不甘大权旁落，将该系列的动漫作品列入电子信息产业进行管理。这种政策环境往往会导致民俗文化产业政策难以统一，甚至互相抵牾，使得民俗文化产业未得其利，反遭其累。因此，划清产业链的责任归属是民俗文化产业发展路程中需要扫除的障碍之一。

（四）民俗文化产业政策落实存在诸多问题

近年来，民俗文化产业相关政策密集出台。虽然政策的导向是积极的，但是在落实效果上仍然存在诸多问题。

当前，我国文化管理仍以行政管理为主，一定程度上影响了政策的可执行力和可预期性。对于小微文化企业而言，国家和地方虽出台了相关支持政策，但总体来说，原则多细则少、门槛多实惠少，政策落地过程中效果存在一层层递减的问题。这暴露出文化政策制定执行中依然存在的一些问题。政策出台在理论上为民俗文化产业的完善与规范提供了诸多渠道的支持，但是政策在“质”的落实方面如何则值得商榷。从实践来看，很多政策实施主体、实施细则不明确，缺乏可操作性。有些政策的制定过程以政府主导为主，社会参与度不足，甚至对微观经济进行直接行政干预。

我国民俗文化产业发展过程中，政府对市场主体干预过多、人为破坏竞争规则的现象依然存在。完善民俗文化产业政策，首先要树立法治意识，加强基本文化法律建设，厘清政府与市场的关系，划清权力界限，政策制定不能越级越位。同时，在政策制定执行过程中，要注重政策的效果评估，建立政策调整退出制度，形成文化政策改进和完善的有效机制。

进一步放开文化市场的自由准入，为新兴民俗文化企业自由竞争创造良好的政策环境是未来文化政策制定的重要方向和原则。形成良性的市场竞争秩序，不仅需要解决“政府越位”，而且还要弥补“政府缺位”，而这无疑需要加强公共文化服务等文化市场支撑体系建设。要促进民俗文化要素市场、信用体系、知识产权保护等市场配套服务机制建设，使文化市场更加完善成熟。

（五）科技创新与民俗文化产业“两张皮”

目前，我国颁布的各项政策文件中，有单独的鼓励科技创新的科技政策，也有促进民俗文化产业发展中鼓励自主研发新技术、提高核心竞争力的政策，但没有一部促进科技创新与文化产业的融合,以科技创新促进民俗文化产业发展的单独的政策文件。虽然很多现有文化产业政策文件中提及要加大科技的投入,而在科技创新的相关政策中却几乎没有涉及民俗文化产业方面的内容。

由于科技创新与民俗文化产业融合的相关政策是散见于各项科技政策和民俗文化产业政策中,而没有专门以此为主体的政策,因此导致相关政策缺乏相应的系统性,只能作为主要政策的附件,可操作性不强。虽然部分民俗文化产业政策中有提及科技创新,但是有关鼓励科技创新的政策大多是宏观上的提倡,缺少细则,相关的配套政策偏少。比如政策中提到推动有关部门对大量运用高新技术的文化企业实行税收优惠政策,但是具体是哪些部门、如何推动等政策细则并没有涉及,导致政策的可操作性和可执行性较差。

(六)产业人才培养与激励政策短缺

当下,民俗文化产业发展的现实要求与产业人才需求的当务之急是培养大量的操作型文化产业人才和综合素质强的高级管理型人才。但是,目前我国文化产业专业培养定位依然不明确。现在国内开办文化产业专业(通常称作文化产业管理)与民俗学专业的院校大都不在经济学院和管理学院,而是多在诸如文学院、历史文化学院、艺术学院、新闻与传播学院等人文学科的院系,但授予的学位却大部分是管理学学士学位和法学学位。这说明了文化产业与民俗学专业的特殊性,以及公众对文化产业与民俗学认识的模糊性。同时,在目前产业人才的培养中,文化产业专业教材建设滞后,水平参差不齐,真正有创新且能够大规模应用的专业教材不多,民俗文化产业培养的师资力量也相对匮乏。高校的民俗学专业、文化产业专业教育存在与社会实践相脱轨的现象,相关学科教育缺乏系统科学的培养方案,还没有形成高质量的学科体系。所以,文化产业人才培养任重道远。

当下,国家和地方政府对民俗文化产业人才的激励政策不足,并且政策缺乏明确的具体的操作制度。一方面,文化人才的绩效管理体系不完善,人才的收入分配仍然按照传统的薪酬管理制度,按部就班和因循守旧是民俗文化产业人才待遇的主要规则。对于高素质的文化产业人才的工资待遇、住房、保险等方面没有实施有效的鼓励和奖励政策。另一方面,人才自由流动的渠道不畅,人才评价体系尚未构建。还没有真正形成靠市场机制、靠科学合理的分配政策来调动人才积极性和创造性的整体人才运行机制。

二、完善我国民俗文化产业政策的建议

(一) 设立民俗文化产业政策的决策机构

"我国文化产业政策产生的诸多问题一个很重要的原因就是当前我国的文化产业政策的决策体制存在着缺陷,突出表现在目前我国条块分割、多头管理、多头执法的文化管理体制造成我国文化产业政策上不统一、不协调甚至互相抵触。因此,如何打破行业分割,实现统一管理、统一执法,形成各政策主体相互协调的产业政策协调机制,就成为我国文化产业健康发展的重要条件"。[①] 我国还没有形成统一领导、协调民俗文化产业发展的综合性组织管理机构,因而经常出现组织管理机构责任归属不清的情况。

为了尽快实现文化部门间的有效协作,当前的权宜之计是成立国家层面的民俗文化产业专责机构,并调整地方民俗文化产业推进机构的设置。在国家层面,应当成立统一的民俗文化产业领导机构,由相关部委组成议事机构,具体协调全国范围内的民俗文化产业的发展大计。在地方民俗文化产业管理方面,尽管许多省市已经成立了民俗文化产业推进机构,但是目前存在的问题是,管理部门设置比较混乱,因此,首要任务是政府部门之间必须进行有效集成,形成完善的政策体系,实现部门间管理职能的协同。地方

① 杨吉华. 文化产业政策研究[D]. 中共中央党校博士论文,2007-05.

上也应该建立会商制度，促进民俗文化产业单项政策在内容上的集成以及各项政策间的系统集成。

此外，当下不同领域不同产业之间的跨界融合趋势明显，政策的制定需要结合不同专业领域知识，考虑多方因素，因而在这种形势下，在形成统一的民俗文化产业领导机构的同时，十分有必要针对政策需要制定、建立跨部门经常性协调机制，逐步就民俗文化产业发展总体政策及各个具体文化门类或项目的政策边界达成共识。同时，提高文化政策和规章的适用范围，以保证政策的实施。

（二）建立政府与民间机构之间的常态化交流机制

为有效落实政策，应建立政府、民间组织、文化机构以及文化产业园区之间的常态化交流机制，打通政府与民间机构的隔阂，使政策落实能够真正惠及民俗文化产业的发展与完善。

以政府为主导，定期举行政策解读以及民俗文化产业管理与发展方面的研讨交流活动，加强政府与民间组织及文化机构之间的沟通与交流。一方面通过政府与民间机构的面对面接触，直接参与民俗文化产业链，真实了解政策制定实施过程前、实施过程中以及政策落实、实施效果后存在的问题和症结，从而形成“落实——沟通反馈——完善——再实践”的机制体系，实现政府政策在制定上面的连续性以及政策落实机制的一致性，切实提高民俗文化产业政策的实践效果；另一方面通过专业人士以及民俗文化产业主管部门对政府政策的专业解读，让文化企业和民间组织及时了解政策的着力点和支持环节、支持方式以及公共财政支持文化产业发展的目标。

（三）建立关于支持民俗文化产业发展的资金监管和考核机制

政府财政政策扶持民俗文化产业发展，一方面要加大前期政策的投入力度，另一方面更要注重财政资金到位落实的具体效果。因此，为防止政策落实大打折扣，保证财政支持真正落实到位，在制定民俗文化产业政策时,需要积极筹划建立政策落实导向制度和公共财政投入的绩效评估体系,保证文化产业财政投入的合理性和公平性以及文化产业财政投入的效率。"一方面应建立财政投入的公示制度,对于财政资金的分配、流向和用途进行年度公示,另一方面要建立文化产业财政政策执行绩效评估体系,将评估结果与文化行业行政管理部门绩效挂钩,强化文化行业行政管理部门的政策执行效率"。①

同时,政府也应及时研究和制定民俗文化产业基本法及相关配套政策,完善和提升民俗文化产业的投融资政策效力,将现有的相关政策性措施提升到法律的高度,借用法律的力度来保障社会资本和民间资本投资民俗文化产业的安全性。

(四)加强对民俗文化的知识产权保护

民俗文化本身具有社会性和集体性的特征,是人民大众共同创造的劳动成果,但是这并不意味着民俗文化产业领域内没有知识产权保护,相反,民俗文化产业发展过程中还更应该注重对非物质文化遗产、民间文学、民间技艺等事项进行立法保护。民俗文化产品创作研发的成本相对较高,是创作者或者创作团队集体智慧的结晶。但民俗文化产品往往复制成本较低,具有可重复使用的特点,这也说明了民俗文化产业知识产权保护的重要性和迫切性。

在这种情况下,不仅要依靠市场自身来实现对民俗文化知识产权的保护,同时也必须依靠政府的力量对民俗文化知识产权进行立法保护,并对侵权行为进行严厉打击。如果忽略了民俗文化产业知识产权保护,致使盗版侵权行为泛滥,不仅会损害创作者的利益,挫伤原创者的积极性,而且会造成民俗文化产业市场的不规范,动摇当地民俗文化产业发展的根基。此外,民间机构也应当成

① 张凤华,傅才武. 我国文化产业投融资及财政政策的成效与优化策略[J]. 学习与实践,2013(8).

立相关维权组织，当正当权益受到侵害时，联合起来维护自身合法权益。

（五）对民俗文化产业政策的落实效果要进行定量的绩效评价与监测

为保证政策的前期观测与后续落实，应建立全国民俗文化企业和民俗文化产业园区发展的动态监测网点。选取民俗文化产业内部不同文化行业中一些发展态势较好的民俗文化企业，作为国家文化财政政策实验研究观测点，建立一个具有代表性的民俗文化产业发展跟踪监测网，为支持民俗文化产业发展的公共财政政策绩效评估以及政策的落实效果和完善提供案例分析依据。只有有效的监督和评估才能使政府的政策发挥更大的效应。

本章小结

从国家开始重视民俗文化与民间文化发展以来，我国民俗文化产业政策从无到有再到逐渐丰富，不断完善，为引导产业发展方向、优化产业发展环境发挥了不可或缺的作用。其内容涵盖了民俗文化产业发展的各个方面。这些政策虽在不同层面上为民俗文化产业的发展起到了促进作用，但仍存在许多问题。民俗文化产业的发展需要进一步优化政策体系，强化执行力度，提高政策的使用效率，将政策的外在推动力逐步转化为民俗文化产业发展的内在驱动力，使市场成为民俗文化产业资源配置的平台，推动民俗文化产业的健康合理发展。

第八章　民俗文化产业的交流与传播

随着全球经济一体化的快速发展，国与国之间、民族与民族之间的沟通交流越来越频繁。民俗文化产业的交流与传播意味着，以中国传统民间风俗、民间技艺、民族文化为依托的产业在世界范围内的销售、传递、开拓与展示，同时也意味着，以民俗文化产品为资本市场的扩大与产业链的延伸。

第一节　发达国家民俗文化产业交流传播的经验

发达国家的民俗文化产业起步早，产业体系相较于我国而言，有着较为完整的产业链体系与完善的运行机制，因而在民俗文化产业的对外交流与传播方面，也积累了比较丰富的经验。因此，我们应依据当下国情，学习和借鉴发达国家在民俗文化产业交流与传播方面的经验，以弥补我国在对外文化贸易中的不足。

一、发达国家民俗文化产业交流传播的模式分析

（一）美国模式

美国是当今世界上文化产业最发达的国家，其民俗文化产业在全球也处于领先地位。美国的民俗文化产业交流与传播的类型模式对我国民俗文化产业贸易的发展具有非比寻常的意义。其模式和经验主要分为四个部分：放松管制的同时对外扩张；着重科技创新和文化创意；完善的资金投入和资本形成机制；借鉴别国民

间文化。

第一,放松管制的同时对外扩张。美国民俗文化产业最大的特色就是自由市场化。由于没有政府部门的过多干涉,美国的文化企业在市场经济中拥有更大的自主经营权,同时也自主承担着相应的风险,成熟的市场机制能够得以有效发挥着自动稳定器的作用。

第二,着重科技创新和文化创意。美国擅长将科技成果运用到各个产业领域中去。自第二次世界大战开始,美国的科技发展在全球范围内一跃领先。科技实力雄厚是美国发展民俗文化产业的强劲优势。20 世纪 90 年代,美国就将网络技术运用到图书和音像制品等产业链中去。例如在民俗博物馆中,高科技与视听产品的结合,使人们仿佛身临其境,感受民间乐曲产生的真实环境。网络视听产品为美国经济创造了很大价值,美国典型的乡村音乐也凭借现代科技的力量风靡世界。

第三,美国拥有完善的资金投入和资本形成机制。首先是多元化的混合资金来源。美国政府支持民俗文化产业发展,除了直接运用资金支持公益性文化领域外,还积极引导社会资金和产业资金流向民俗文化领域。如纽约的新美术馆,资金来源除了纽约市政府文化局、纽约州政府艺术局、联邦美术馆和图书馆协会,还有像菲利普 · 莫里斯烟草基金会、美国运通基金会、大通银行基金会这种来自大企业基金会的资助。其次,直接从国际上融资。美国对外国进口商品课以重税,限制进口,外国资本想进入美国市场只有进行直接投资。

第四,美国擅长借鉴他国文化。例如好莱坞打造的《指环王》系列电影是欧洲神话传说、民间故事等诸多版本的融合、创新与再现;美国动画片《花木兰》取材于中国民间故事;《功夫熊猫》则是一部以中国功夫为主题的动作喜剧电影,其景观、布景、服装以至食物均充满中国元素。

（二）韩国模式

1998 年,韩国正式把文化产业作为 21 世纪发展经济的战略性支柱产业。截至 2003 年,韩国的文化产业总产值就已经占到 GDP 的 5%,迅速成为国家支柱型产业。韩国文化产品给亚洲国家带来很大震撼,特别是影视、音乐、游戏等娱乐文化迅速在亚洲国家和地区掀起一股潮流,而被称为“韩流”。与此同时,也带动了韩国民俗文化产业的快速发展。其产业最具竞争力的是游戏、影视与动漫产品。游戏、影视与动漫都是民俗文化的载体,带动了韩国的服装、饮食、旅游等民俗文化产业进军国际市场,向全世界展示韩国的传统习俗、生活方式和现代时尚。

第一,深深扎根本国传统文化,利用本国民俗文化优势。近几年来,韩国非常重视“申遗”,截至 2015 年 12 月,韩国已有 18 项非物质文化遗产进入联合国教科文组织的非遗名录。“申遗”是韩国发展民俗文化产业迈出的重要一步。非物质文化遗产的产业化进程不仅为韩国民俗文化产品出口创造了巨大经济效益,同时也展示和弘扬了韩国的优秀传统文化。

第二,重视复合型人才的培养。韩国为民俗文化产业交流与传播提供了充分的人才支持、知识支持。韩国政府建立了“文化艺术和文化产业双赢”的人才培养机制。具体的人才培养措施有以下几种:一是完善人才管理系统,成立“CT 产业人才培养委员会”,设立“教育机构认证委员会”,对产业教育实行认证制,奖励优秀的从事产业事业的人才并提供资金支持。二是院校教育培养的加强。韩国在高校设立了民俗文化产业的研究机构和相关专业,有全州文化产业大学、大丘文化开发中心、汉城游戏学院、网络信息学院、清江文化产业大学、传统文化学校等。据有关统计,韩国在大专院校开设的文化产业学科的专业总数超过 900 个,既有两到三年制的专科院校,也有四年制的本科院校,更有不少的研究生院和网络教育院校。除此之外,韩国每年还选派学员到欧美日等发达国家访问研修学习，培养具有全球视野的世界民俗文化产业人才，力图保持在全球民俗文化产业中的前沿地位。

（三）日本模式

日本虽然国土资源有限，但其民俗文化产业在世界范围内的影响力不亚于欧美发达国家。日本的产业传播之所以能取得现今的成就，离不开三个原因：一是日本培养民俗文化产业在海外的社会基础。为顺利开拓海外市场，一方面日本敞开国门，接受西方欧美文化，并对不同于日本的文化产品进行改造，另一方面日本也积极接受以中国为中心的亚洲文化特质，使日本的民俗文化产业兼具东西方文化特色，能够更好地融入国际市场。二是日本在引进国外先进的文化理念、文化设备、文化项目的同时，也注重和本国文化产业市场相结合，使引进的项目可持续发展。三是日本文化产业发展过程中非常看重科技含量，日本的创意创新设计可以利用高科技转化为新颖的且具有竞争力的民俗文化产品和服务。日本民俗文化产业在全球民俗文化产业市场中取得了与其国民经济水平相当的地位。

（四）英国模式

英国作为一个老牌资本主义国家，拥有悠久的历史，对我国发展民俗文化产业具有很重要的借鉴意义。英国民俗文化产业交流与传播模式和经验主要有以下几点：

第一，英国政府对产业发展有充分的规划，并且关注政策参与的效用。为了支持产业发展，英国成立了创意产业部专门负责创意产业的发展。早在1998年，英国政府就成立了文化创意产业专门小组，负责跟踪国际文化创意产业发展的最新趋势，并规划英国创意产业的发展方向，制定税收优惠条款以吸引文化创意产业进行投资。在民俗文化产业的传播与扩布方面，英国政府推进支持民俗文化创意产业的基础研究，划分产业部门，完善产业结构，各个产业部门能互相支撑，互为供给，构成一条完善的产业链。这些政策为产业的进一步发展营造了良好的基础环境与系统的运作机制。

第二,确立全球化发展战略,重视民俗文化产业的对外贸易。政府通过确立民俗创意产品和企业走向世界的国家战略,全力发展英国民俗文化产业。英国利用国家力量来推动民俗文化产业与世界各国的全方位合作,展示良好的国际形象,支持本国民俗文化产业的海外传播,开拓国际市场。如 2003 年以来,英国驻华大使馆和英国文化协会在北京、上海等地举办的“创意英国”系列活动,目标就是从文化、教育、艺术、科学等方面塑造积极开发、充满创新和革新精神的现代英国形象。2006 年,英国资助发起了“世界创意之都”项目,曾经在印度和中国设立五个创意产业中心,以促进英国本土企业和当地的创意新型企业合作。英国政府和有关组织还通过 BBC 电视台、《金融时报》等主流媒体向全球发布创意产业资讯,向世界推销本土特色产业项目。

(五)法国模式

在法国,政府对民俗文化的资助主要是委托非政府机构来完成的。政府通过非政府公共文化机构实现对公益性民俗文化事业和营利性民俗文化产业的支持。博物馆、美术馆、图书馆等大型国有文化单位都是独立的运作机构。各类非政府公共文化机构通过具体分配拨款的形式,资助全国各个民俗文化创意产业领域的文化艺术团体、机构和个人,形成全国性的产业管理体系。同时,这些对民俗文化领域的资助并非是无条件执行的,政府会对接受资助的企事业进行前期考核,后期监督等。产业与事业的清晰划分,使政府与市场能够有效区分责任,系统的完备是民俗文化产业进一步传播与交流的基础。除了财政支持外,法国还利用基金会对产业进行投资。基金是介于企业和政府之间的第三方机构,投资主要以非营利为主,有公益色彩,例如国家彩票基金项目就是利用社会集资的方式投资民俗文化产业。这种将国内内需转变为民俗文化产业交流与传播的财政支持方式，是民俗文化产业“走出去”的强劲动力。

二、发达国家民俗文化产业交流传播的基本特点

一国民俗文化产业的交流与传播必须符合自己国家的当下具体国情，要与自身的产业发展进程、经济实力、政策法规、内需结构等相适应。如果闭关锁国，不参与国际文化贸易的竞争，则会失去诸多经济发展机遇，导致其传播进程缓慢，尤其会对竞争力较弱的产业产生威胁进而影响自身的发展，甚至阻碍产业链的更新完善。“发达国家在文化产业‘走出去’的过程中，以文化内容含量较高的核心产品为主，在文化服务贸易领域占据主要份额，并实现对他国的文化影响和渗透，提升了本国的软实力”。[①] 发达国家的经济基础雄厚，文化产业起步早，因而民俗文化产业发展基础较好，具有产业优势，这也是发达国家在当下国际文化贸易中占据主要地位的原因之一。综合来看，发达国家民俗文化产业在交流与传播中的总体优势特点如下：

第一，在全球文化贸易的内容结构中具有优势地位。在经济全球化的发展进程中，发达国家采取建立跨国文化企业的全球战略，从资金、技术信息等要素的全球自由流动中受益，获取高额垄断利润，扩张海外销售市场，占据国际竞争的有利地位，其影响力日益增大。在新闻出版传媒、音像制品等文化含量较高的产品中，尤其是视听和出版，发达国家 2012 年出口比重高达 83.3% 和 78.5%，这种对外扩张的程度是发展中国家远不能比的，尤其在一些关系国民经济命脉的产品进出口方面，发达国家更是处于国际贸易中的核心地位。比如美国在针对他国的文化价值观输出方面，往往占据强势地位，美国快餐在世界各地无处不见，体现美国

① 迟莹，齐晓安. 发达国家文化产业“走出去”模式及启示[J]. 税务与经济，2014(6).

价值观的快销产品遍布全球，而他国的民俗文化产品，如服饰、食品、玩具等在进入美国市场时却要被严格审查。2014 年美国又颁布了《纺织纤维产品识别法》的新规定，要求进口纺织品及服装必须加施标志或标签，标签必须采用英文标志，且必须符合相关规则，并要求对纤维成分的标注必须采用非商标纤维名称，且应按重量的百分比由大至小顺序排列；纤维名称要使用联邦贸易委员会或国际标准化组织批准的纤维名称；纤维成分可于标签背面标明，但有关资料必须容易找到等。

第二，擅长借助国际优势传播本国民俗文化产业。一方面，欧美发达国家长期以来以其在国际上的优势来支持本国文化商品占领国际市场，并积极倡导包含民俗文化产业在内的“贸易和投资领域自由化”原则，为其文化商品输出提供保障；另一方面，发达国家借用国际市场来刺激国内市场，用外需来拉动内需、用外需来推动内需增长、用外需来影响国内市场的国际竞争，从而为自身民俗文化产业的发展提供了更开阔的平台。例如欧盟自由贸易联盟、WTO、欧洲经济共同体等，这些组织成立之初，旨在打通以欧美为中心的发达国家的贸易市场，共同维护发达国家在市场流通上的自由与平等，而广大发展中国家在文化贸易出口方面却无法享有与发达国家同样的优势。发达国家借用民俗文化产业进行价值观渗透和软实力扩展。自全球化开始以后，发达国家的民俗文化产业依附于跨国公司，如时代华纳、迪士尼、新闻集团等，利用自己的资金、人才、技术等优势，通过多种形式向全球进军，用自己的文化产品使全球消费者接受潜移默化的意识形态渗透。早在 1992 年，日本不惜花巨资，买下了美国好莱坞哥伦比亚电影公司的大部分股权，成为索尼旗下的子公司。日本此举既借用好莱坞的影响力使其成为为日本文化发声的喉舌，也实现了对其他国家的文化渗透。民俗文化产业的交流与传播需要一定的资金基础为保障，发达国家经济实力雄厚，国际影响力较大，这也是其能够有效抢占市场的原因之一。

第三,实行商业化运作和市场化经验。在市场经济的条件下,一国的民俗文化试图走出国门,必须尊重市场营销规律,加入到市场高速运转的产业链中才能寻求更大的发展空间与需求市场。民俗文化产品的交流与传播最终都必须落实到文化产品的消费中去。文化消费在带动民俗文化产业传播与销售的同时,也会促进整个国民经济的发展和循环,增强本国的文化竞争力。发达国家在发展本国民俗文化产业时,多坚持以市场为主导,减少政府干涉的原则,使产品能够真正实现自主商业化运作,也利于融入市场、融入国内外经济大潮,步入可自行造血、输血的良性循环。而我国当下民俗文化产业规模较小,文化精品不多,消费热点较少,应向发达国家学习,在民俗文化产品的销售、定价、推广、品牌等各个方面逐步完善。

三、发达国家民俗文化产业交流传播的经验启示

发达国家的民俗文化产业交流与传播模式为我国民俗文化产业在当下的发展提供了丰富的经验启示。

第一,以政策、产品、人才和资本四大板块为基础。在政策法规、产品设计、人才培养、融资渠道四方面,发达国家分别有着较为完善的体系构建,值得我国学习。例如,对于不同国家而言,政策可能是其产业发展的冷却剂也可能是强心针。如,对于韩国来说,政策具有非比寻常的意义,韩国的"文化立国"政策,高度重视文化产业和对外文化贸易,且发挥着政府的引导作用,其产品策略则是深深扎根本国民俗文化,积极参与世界"非遗"申请。在英国,政府对促进民俗文化产业交流与传播则是在政策保证的前提下予以市场部分自有和公益事业的加入,其产品策略则是对出口文化贸易商品进行优惠。美国注重产品的科技创新和文化创意,并善于吸纳别国民俗文化与传统经典。日本在产业传播方面更善于完

善民俗文化产业周边配套设施，促进文化贸易发展。在人才培养方面，发达国家在发展民俗文化产业中都意识到创意人才是产业发展的中坚力量。美国在吸纳世界各国人才的时候，也不放松培育本土人才，韩国则是重视复合型人才。在资本投入方面，美国是世界上最大的发达国家，也是民俗文化产业世界市场中的主导力量，美国拥有完善的资金投入和资本形成机制；韩国国土资源有限，因此在筹资上则是以多渠道融资为主，在资本运作上也形成了一套“基金会、文化产业专门投资组合、政府财政预算”三位一体的资本形成机制；在日本，民俗文化产业的资本投资则是以民间企业投资为主，政府投资为辅；在英国，资金来源则是以政府和基金的投资双管齐下。

第二，积极主动参加国际上的民俗文化产业竞争。从民俗文化产业发展过程可以看出，发达国家都制定了文化发展战略，加快本国民俗文化“走出去”。例如，美日采用市场主导模式，韩国采取政府主导模式，英国采用政府和市场相结合方式。① 我国民俗文化产业起步晚，经验不是很丰富，并且产业缺乏世界市场观念，没有世界受众意识，盲目地局限于国内市场的安逸环境，结果不仅使内容的生产缺乏原创的想象力，而且使国内的文化消费需求在国际文化产品面前大量流失。因此，我国要积极学习发达国家的产业扩张战略，在政策上制定民俗文化产业参与世界市场竞争的战略方针，并设立一套行之有效的政策体系。同时，在学习借鉴别国成熟产业体系经验的时候，不能忽视中国特色。我国应发展符合本国自身实际、富有民俗特色的文化产品及文化服务。

第三，处理好政府和市场的关系，扩大民俗文化产业投资渠道。在我国外贸体制的总体结构中，文化外贸的比重很小，而且中国民俗文化产品在国际上的传播很大程度上还是停留在文化的自

① 迟莹，齐晓安. 发达国家文化产业“走出去”模式及启示[J]. 税务与经济，2014(6).

然经济阶段，主要还是属于文化资源消耗性产品，如京剧、旗袍、昆曲等，影响力往往局限于外交场合，并未进入世界主流文化市场。因此，我国在民俗文化产业交流与传播的时候，需要厘清政府外交与市场竞争的各自范围，使产业、事业、政治能够有效地各自行事、各负其责。尤其在产业发展过程中，政府和市场的角色关系不能混淆，要确定政府和市场的各自职责和范围，避免政府越位、缺位、错位，造成市场混乱。在市场与政府的关系方面，美国有着较完善的法律政策体系和成熟的市场体系。例如，美国发挥自由市场机制，让市场在资源配置中发挥主导作用。同时，政府完善相关产业的法律政策，避免因市场盲目无序竞争导致市场混乱或出现投机倒把行为。法律法规的建立为自由市场加上了一把安全锁，有效调整、规范了市场关系。我国政府要在民俗文化产业交流与传播的过程中，在维护国内文化安全，保障市场机制有效运转的前提下，减少行政干预，给民俗文化产业参与国际市场竞争以足够的自由空间。

第四，注重国内国外竞争相结合，选择多样性的民俗文化传播方式。从经验上来看，发达国家的民俗文化产业在海外传播之前，国内的消费程度和竞争力就已经达到一定上限。但是我国国内的民俗文化产业市场还未能满足自身产业的发展需求，国内的竞争力尚且不足，盲目地参与国际市场的文化贸易只会使我国的民俗文化产业在发展初期遭受重创。因此，坚持民俗文化产业交流与传播，意味着要立足国内市场，在自身产业链较为完善的基础上，参与国际竞争，这样我国的文化产业体系才会得到进一步提高。民俗文化产业“走出去”战略要根据自身实际情况，利用政策优势和市场优势，灵活采用多种融资模式，在完善自身，借鉴别国经验的条件下，寻找适合本国国情的产业发展模式。不同国家的民俗文化产业的情况不同，国情不同，因而相关的产业政策也会有所不同。

第二节　我国民俗文化产业交流传播的路径选择

如今,随着市场的进一步开放,民俗文化产业在我国国民经济中已占据一定的份额。在文化产业发展的战略框架下,我国民俗文化产业在当下的发展总体上趋势向好,产业本身也得以在政策条件下,与现代企业经营模式、高科技水平、创意理念等融合,整体产业链条向上下游延伸。虽然当下我国民俗文化产品和服务贸易逆差仍然存在,但全国各区域民俗文化产业已初见格局。

一、我国民俗文化产业交流传播的作用与意义

(一) 我国民俗文化产业交流传播的作用

我国民俗文化产业走出国门,不仅是发展我国文化产业的需要,也是进一步提高我国经济实力和综合国力的需要。对于我国国内现状而言,一方面与产业相关的经济结构、贸易结构会因之调整、转型,从先前的以劳动密集型产品出口为主与文化产业对外贸易逆差的状态转向以创意型文化产品出口为主与合理的产业贸易结构。另一方面,与民俗文化相关的非物质文化遗产保护工作也更趋完善,中国民间文化将从先前沉寂的、被忽视、被轻视的状态中走出来,逐渐成为拉动经济增长的重要动力。对于世界范围内的文化产业贸易而言,我国积极参与民俗文化产业国际贸易间的竞争,将改变以欧美发达国家为主导的西方文化强势地位,为人类的文化多样化贡献一己之力。

1. 推动我国经济转型

当今世界,文化不再高高悬浮于经济基础之上,而是与一国的经济、政治互相交融,不可分割。民俗文化产业的交流与传播开拓了文化贸易的市场,拉动了产业需求,使原本闭塞的市场环境活化

运转，同时，活化运转的市场机制也增强了我国的文化软实力。

民俗文化经济有着其他产业经济所不具有的特色。一方面，我国民俗文化具有千年延续不断的历史，这成为我国民俗文化产业交流与传播的动力源泉；另一方面，民俗文化产业以文化为内核，市场为主体，产业的交流与传播能够提升经济发展质量与产业发展空间、增强国际贸易竞争力和促进消费结构升级。市场的开拓也将带来民俗文化产品衍生出后期相关产品，促进产业价值链的形成，以带动整个对外贸易的增长，提升国家对外贸易的整体竞争力。同时，民俗文化贸易的增长也将进一步推动我国经济增长方式的转型。

此外，民俗文化贸易的扩大能够发挥其辐射连带作用，在产生直接经济效益的同时，可以增加就业岗位，维护国家和地区的稳定，提升国家形象，促进经济发展。① 所以说，民俗文化产业的交流与传播对经济发展具有促进作用。

2. 维护国家文化安全

对于民俗文化产品来说，对外贸易带来的直接收益仅仅是利润的一部分，民俗文化贸易更大的影响是大量民俗文化衍生品的开发，比如旅游开发、公共设施建设、游戏玩具及周边产品等，这些民俗文化衍生品包含着中国文化的价值观与行为方式，并借以商业外壳，利用传播渠道推广开来。美国在销售推广美国文化方面比较成熟，例如充满美国西部牛仔风情的本土电影《关山飞渡》《西部往事》等，不仅带来了极高的票房收入和后续不断的国际旅客，而且将美国富有冒险、崇尚自由、吃苦耐劳的精神在世界范围内广为传播，其影响已经远远超出产品本身的价值。我国民俗文化产业发展还处在初级阶段，应该学习西方国家的经验，通过民俗

① 林拓，李惠斌，薛晓源. 世界文化产业发展前沿报告（2003～2004）[M]. 社会科学文献出版社，2004：148.

文化产业的交流与传播使我国传统民俗文化成为文化产品输出的核心要素。

民俗文化产品在国外销售的同时，也在不自觉地肩负起维护中国文化安全的责任。发达国家往往凭借其在科技、传媒方面的领先优势，以强势文化占领国外市场，同时也把他们的思想文化强势渗透到发展中国家，因而加大我国民俗文化产业的出口将会有力捍卫国家文化安全。

3. 促进可持续发展

1987 年世界环境与发展委员会在《我们共同的未来》报告中指出，可持续发展，指的是在满足当代人需求的条件下，又不损害后代人的需求，进而保护环境。经济、社会、资源和环境保护协调发展，既要达到发展经济的目的，又要保护人类赖以生存的土地、森林以及水等资源。

工业革命与社会经济发展的同时，带来了环境的恶化，阻碍了经济的发展，并威胁到人与自然的关系。民俗文化产业是绿色产业，产业的交流与传播“既可以通过运用文化、知识和科技，消除对土地、能源和资金等要素的依赖，又能够产生多重效益，为经济增长提供新的动力”。① 这种新的经济增长方式不同于资本密集型产业。民俗文化产业的交流与传播以较少的成本投入，较多的文化内容生产为发展方向，在走出国门之后拥有更大的稀缺性和更大的市场需求。因此，推动民俗文化产业的交流与传播将会在拉动产品出口增长的同时，肩负起推动文化、经济、环境可持续发展的战略重任，也能为我国改革开放和现代化建设营造更加有利的国际舆论环境。

4. 保护世界文化多样化

2008 年，资本主义社会爆发的经济危机严重动摇了欧美国家

---

① 杨建龙. 文化产业助推经济转型升级[N]. 人民日报，2013－09－26.

的经济地位。从表面上看,经济危机的爆发是西方资本主义发展积累的体制问题,从深层次来看,则是西方文化价值取向的问题。长期以来,以西方文化崇尚个人主义与自由主义为主导的产业体系在世界范围内占据重要地位,但是随着全球化的加剧,文化融合趋势加强,以西方资本主义文化价值观为基础的产业体系遭受诸多质疑。

我国民俗文化产业的交流与传播正是在此种情况下出现的,其以完全不同于西方文化产业价值体系的方式进入世界产业体系中,并以中华文化千年积淀为底蕴,以内敛含蓄、大气包容、仁爱中庸为基调,展示中国56个民族的民俗文化特色。因此,我国民俗文化产业的交流与传播在吸收世界各国民俗文化产业发展模式的同时,将为文化产业的丰富性和多样性提供更多的范例和样本。

5. 改变文化贸易逆差局面

虽然我国的对外贸易总额和整体经济实力已经超过部分发达国家,并跃居于世界第二位,但在文化对外贸易方面却较为薄弱,民俗文化产业贸易也长期处于逆差状态,与中国作为世界范围内领先的经济体和出口大国的地位呈现出鲜明反差。因此,实施民俗文化产业的交流与传播,将会拉动国内文化产业的内需,对改变我国的文化贸易逆差来说有着特别的经济意义。而文化贸易逆差的改变也将随之带来国内整个经济结构的调整。

(二)我国民俗文化产业交流传播的意义

我国过去文化资源的传统利用方式长期主要靠国家的有限投资或民间企业的小本经营,受限在一国一地的市场内,制约了民俗文化产业市场的开拓、商业价值与获利能力的发挥,阻碍了我国民俗文化产业的发展。加强交流与传播将为产业谋求更开阔的发展平台与市场机遇,同时,也为中国传统民俗文化的扩布与交流提供了东风之便。

1. 有利于开拓我国民俗文化产业的国际市场,扩大成长空间

我国国内民俗文化市场虽已初见格局,但各地之间由于交流不畅仍存在着较为严重的分割,导致了文化资源和生产要素得不到最优的配置,民俗文化产业间存在不充分竞争的缺点。此外,虽然新兴文化业态,如数字电影、数字电视、数字出版等行业有巨大的规模效应,发展潜力大,文化产品附加值大,但是这些产业在我国民俗文化产业的领域内没有得到很好的应用和实践,这都导致了我国民俗文化产业市场有限,同时也影响了需求。

相对于国内市场而言,海外贸易则是一个相对庞大,竞争力较强的市场。中国有超过6 000万的海外华侨,还有广大的中华文化圈。民俗文化产业的交流与传播,首先面对的是海外华人和中华文化圈市场,这将成为国内产业链争取海外贸易的最初突破点。此外,国外普通消费者也对中国文化有需求。随着中国经济的崛起,全球掀起了中国文化热。传统的中国民间文化充满着智慧和神秘色彩,有盘古开天辟地传说、中国功夫、中国八大菜系等文化符号,汉语热的出现也为民俗文化产业在世界范围内的竞争开辟了空间。海外市场的需求使中国民俗文化产业在世界文化贸易中占据了重要地位,拥有了话语权,也更好地促进了国内文化产业的发展。

2. 有利于改善我国的对外贸易结构,优化产业结构

目前我国产业还是处于劳动密集型阶段,民俗文化产业发展处于较低水平,但是积极参与国际市场的文化贸易与产业竞争,可以优化我国民俗文化产业结构,改变民俗文化产业劣势地位,从低附加值的传统劳动密集型产业向具有高附加值的新型劳动密集型产业升级,最终完成民俗文化产业升级和产业结构优化。交流与传播的同时,可以吸收接纳代表民俗文化产业未来发展方向的具有高附加值的新兴民俗文化产业业态。民俗文化产业的交流与传播,可以学习借鉴国外新兴民俗文化产业业态,更新产业链,淘汰

部分传统的民俗文化产业旧模式,使民俗文化产业保持活力,促进民俗文化产业结构的优化升级。

3. 有利于产业技术外溢,促进产业技术进步

我国民俗文化产业的交流与传播,有利于产业技术外溢。技术外溢是指外商投资、跨国贸易等对东道国相关产业或企业的产品开发技术、生产技术、管理技术、营销技术等产生的提升效应。技术外溢有尾随优势和"干中学"优势等。尾随优势是指虽然企业在行业中处于较低地位,但是,通过和优势企业的合作,弱势企业可以参与优势企业当前的产品研发、开发等活动,并从中获得好处。"干中学"是指弱势企业在边干边学中就可以获得先进技术。民俗文化产业是知识密集型产业,对研发潜力与创意内核要求较高,需要吸收国外同行的先进技术,通过对技术的吸收、模仿再到创新,可以避免初期走弯路,有利于提高我国民俗文化产业技术水平,促进国内民俗文化产业技术进步。此外,交流与传播不仅对国内民俗文化企业有推动技术进步的作用,也会促进民俗文化产业相关产业链的完善。

4. 有利于参与国际分工,构筑我国民俗文化产业全球产业链

民俗文化产业有很多环节,一个种类的文化产品往往涉及多个领域的专业知识,因而产业链的延伸亦是环环相扣。但是,价值产业链上的每个环节创造的价值是不一样的,产业链中产生价值最高的是文化产品的创意、市场推广和品牌延伸,价值较低的链条是简单的加工制造。我国目前还处于较低的产业链部分,企业多以劳动密集型为主,因而在市场竞争中处于劣势地位。民俗文化产业的交流与传播,不仅可以缓解我国产业现在面临的技术创新能力、开发人才不足等问题,还可以加速淘汰和转移民俗文化产品生产环节中的低附加值部分,从而能够集中资源,大力发展高附加值部分。同时,随着我国民俗文化产业低成本优势的丧失,参与世界贸易的竞争可以使我国民俗文化产业摆脱粗放式的发展模式,

实现低端民俗文化产业的优化升级,从低附加值走向高附加值,把较低的技术转化为较高的技术。通过以上措施,可以实现经济结构的合理调整,更好地参加到全球性的国际分工中。

二、我国民俗文化产业交流传播的方针与模式

加强文化产品和文化服务的对外贸易,向全世界传播中华文化,是国家文化产业发展的重要宏观战略决策。文化产业作为当下促进与转变经济增长的方式之一,正日益引起国际社会的普遍关注,成为世界各国竞相发展的战略高地,并开始对世界格局产生前所未有的战略性影响。因此,作为文化产业发展的动力之一的民俗文化,也逐渐从文化产业中分出一隅,成为一国文化之代表,经济之兴盛的标志之一。民俗文化产业对外贸易,也越来越成为各国文化产业发展中关注的重点。

(一)我国民俗文化产业交流传播的战略方针

长期以来,在对外贸易方面,虽然我国进出口贸易一直增长强劲,但主要是集中在制造业,文化服务贸易一直与制造业的顺差存在反差。中国传统文化更是面临着欧美强势文化的冲击而不能有效传承。2001 年,中央在《"十五"规划建议》中提出,要进一步对外开放,发展外向型经济,必须实施"走出去"战略。2006 年,我国在《国家"十一五"时期文化发展规划纲要》中提出了中国文化"走出去"的战略方针,中国文化产业迈开了"走出去"的步伐。

"走出去"战略方针最早出现在经济发展的规划建议中,之后随着文化产业在综合国力中占据重要地位,政府提出了文化产业"走出去"的战略方针。关于"走出去"的概念,齐勇锋、蒋多认为,"文化走出去模式,指的是通过发展文化贸易特别是文化服务贸易,促使中国的文化产品特别是内容产品进入国际市场,向全世界传播中华文化,在获取文化产品出口和投资收益的同时,提高国家

的文化软实力和影响力”。[①] 因此，“走出去”战略又称国际化经营战略、海外经营战略或全球化经营战略，其意味着，使国内的产品、企业、技术、服务、创意、资本等走出国门，面向国际市场开展竞争与合作。胡惠林认为，实施“走出去”战略，不仅可以参与新的世界文化秩序的重建，而且，更重要的是，在这个过程中，可以获得文化增长所必不可少的来自需求的动力。[②] 徐庆峰、吴国蔚认为，文化产业“走出去”，不仅是一般意义上应对 WTO 挑战的被动举措，而且是自觉提高我国文化原创能力和生存空间的主动选择，也是推进我国文化产业结构战略性调整的重要策略。[③] 冯子标、焦斌龙认为，文化产业“走出去”战略不是传统意义上的对外文化直接投资，而是集国际文化贸易和对外文化投资为一体的广义的“走出去”，是我国文化产业主动整合国外资源，开发国外市场的重大战略举措。[④] 文化产业“走出去”蕴含了深刻的国家战略，是提高国家文化竞争力和文化贸易发展水平的系统工程。

在文化产业“走出去”战略方针的指导下，民俗文化产业也面临着开拓国际市场、实现多领域合作的挑战与机遇。民俗文化产业“走出去”是我国文化产业“走出去”战略的一个组成部分，它是根据国家发展的整体利益、顺应全球经济和文化发展规律而提出的一项综合性的战略方针。其意味着：一方面是国家及民族中民俗文化的传播与扩布，也即其物质与精神的文化现象的对外扩展；另一方面，民俗文化的传播以商品为载体，产业的“走出去”则更多地意味着以中国本土文化为载体的对外贸易的增长。民俗文化产业的传播与扩展将会带来产业市场领域的进一步开拓、中国经

① 齐勇锋，蒋多. 中国文化走出去战略的内涵和模式探讨[J]. 东岳论丛，2010(10).

② 胡惠林. 论中国文化产业发展的“走出去”战略. 思想战线[J]，2004(3).

③ 徐庆峰，吴国蔚. 对我国文化产业“走出去”策略的探讨[J]. 经济问题探索，2005(12).

④ 转引自王聪. 我国文化产业“走出去”模式研究[D]. 山西财经大学硕士论文，2013－03.

济增长方式的转变与中国风俗文化在世界范围内跨文化的交流与传播。

2012年11月，习总书记在中共十八次代表大会上首次提出“中国梦”的概念，其实施手段是政治、经济、文化、社会、生态文明五位一体建设。随着资本市场20余年的发展，正在加快形成多层次的市场体系，其中，“走出去”的战略方针肩负着文化的传播与扩展，民俗文化产业正逐步成为实现“中国梦”的重要载体。“中国梦”是一个内涵丰富的崭新词语，在文化方面包括民俗文化、传统文化、审美精神、中国人的生活方式等诸多内容。“中国梦”的提出，为中国民俗文化产业“走出去”战略的深入发展创造了新的条件。民俗文化产业的传播与扩布是实现“中国梦”的必经之路。同时，实现中国梦，也必须坚定不移地贯彻落实中国文化“走出去”的战略方针。

（二）我国民俗文化产业交流传播的路径模式

民俗文化产业的交流与传播是在文化产业“走出去”模式的实践经验下开展的。关于文化产业交流与传播的路径模式，花建认为，中国文化企业“走出去”有七种形式：商品出口、服务贸易、合作研发、委托国际代理、兼并控购、直接投资、结成战略联盟。其中核心要素是要创作出大批既代表中国民族文化、又为国际文化市场所欢迎的优秀产品。① 聂震宁认为，我国的文化产业“走出去”有三个层次，第一个层次是文化产品“走出去”；第二个层次是版权“走出去”；第三个层次是资本“走出去”。② 贾佳在分析北京地区文化贸易现状时，提出文化产业交流传播的三种模式：“出口不出国”模式、“集成创新”模式、“借船出海”模式。③

① 转引自王聪. 我国文化产业“走出去”模式研究[D]. 山西财经大学硕士论文，2013－03.

② 邹琳. 聂震宁：文化产业“走出去”应实施本土化战略. 中国网，http://www.china.com.cn/news/2012lianghui/2012－03/09/content_24851836.htm.

③ 贾佳. 北京地区文化贸易走在全国前列[D]. 中国文化报，2012－04－23.

民俗文化产业与文化产业一脉相承，借鉴文化产业对外发展模式，民俗文化产业开展自身交流传播的“走出去”模式主要有：

1. 通过自主知识产权的模式“走出去”。民俗文化产业运用此种模式的主要优势在于：中国博大精深的民间文学、民间技艺以及多民族国家的风俗民情等民俗民间文化资源。中国是世界历史上唯一没有中断文明的国家，其文化底蕴的深厚与文化开放的包容性，泱泱大国的民众智慧与多民族的创造力形成了中国文化的独特魅力。而这种独特魅力以民俗文化产业为载体将会成为其“走出去”的原动力之一。2015 年 3 月，中国烹饪协会与美食企业携中国非遗美食走进联合国教科文组织总部，举行了四天的中国美食品鉴会，获得联合国教科文组织和非物质文化遗产审核委员会专家的称赞。之后，中国正式提交了中国美食入选世界非遗名录的申请。中国美食申请世界非遗迈出了民俗文化产业借助自主知识产权“走出去”的第一步。

2. 利用国际渠道销售和传播模式“走出去”。这种模式也多见于影视业、出版业、节日会展业等，具体内容涵盖会展演出、海外中介机构销售电视剧和电视节目、图书出版、多语种发行等。利用国际渠道传播扩布也即“借船出海”模式，大型民俗文化企业可以自己在国外建立强大的代理分销网络甚至建立分公司系统，完全能够控制和拥有自己的产品流通渠道，而中小企业往往借助大型企业的资源实行国际营销。2006 年华谊兄弟公司和中国出口信用保险公司合作，出口信用公司提供出口信用担保，使华谊与海外发行商建立保底分账模式，这种创新模式为许多国产民俗电影与国产民俗动漫打开了“走出去”的大门。同时，众多民间中小企业，如民间茶叶私人企业携手国际知名咨询策划公司，打造了在全球范围的营销策略。

3. 团体间文化交流模式。这种以文化节或文化使团出访的“走出去”模式，一般分为两种：一种是中央政府或地方政府间展开的,由国家扶持资金作保障的“走出去”战略。由政府资助的合作与交流一般规模较大,且具有较完善的资金链。“2013 俄罗斯·中国浙江文化节”由浙江省政府资助牵头,在莫斯科举行,期间,来自浙江省的众多民间企业与民间艺人将龙泉青瓷、鸡血石雕、王星记扇子、硖石灯彩、乐清细纹刻纸、海宁皮影、瓯塑等诸多浙江风情展现给俄罗斯民众。团体间的走访不仅能传递中华文化,还能让艺术表演人员感受到外国的民俗文化。另一种是民间自发组织的民俗文化企业间的交流。此种模式具有较强的针对性,能够有效促成产业间的商业洽谈、企业管理交流等。例如,这几年中韩间“非遗”保护民间机构的交流与合作促进了非遗产业化发展,为民俗文化产业的交流与传播开拓了空间。

4. 对外直接投资或与国外企业合作。随着中国经济实力的逐步增强,出现了中国企业收购海外企业的诸多案例。如 2004 年,联想集团收购 IBM 全球 PC 业务,使联想集团一跃跻身世界舞台,迅速成为世界 500 强;2010 年,浙江吉利控股集团有限公司完成了对沃尔沃轿车的全部股权收购。我国民俗文化产业的交流与传播也需要通过此种模式来开拓国外市场。对外直接投资意味着国内的民俗文化企业通过并购、兼收等方式,通过在国外开设子公司或收购原国外企业股权的方式开拓自身品牌在国外的发展市场,这也是我国民俗文化产业加快参与世界贸易,开拓国际市场的有效途径和方法。对外直接投资的模式同时也将带来对并购企业的新技术新模式和不同企业文化的接纳和学习,有利于我国民俗文化产业迅速适应别国的市场环境。与国外企业合作则意味着,将国内民俗文化产业的发展模式和理念融入国际市场,同时接受国外不同领域市场的发展方式,由国外企业为我国民俗文化产业进驻其市场量身打造市场规划,避免了因不了解国外市场行情而走弯路。

我国民俗文化产业在进军国际市场,跻身不同国家的文化产品销售行列时,更不能忽视以下几点:一、不能忽视各个国家和地区的经济发展状况。因为不同国家的经济文化发展程度不一，市场贸易状况有所差别，应依据当下实际情况而决定我国民俗文化产业采用的模式类型；二、不能忽视各个国家和地区的文化、历史与生活习惯的差异。因为一国的历史与文化决定其当下对异国文化产品的接纳程度，例如在东亚文化圈内，中、日、韩等国有着文化同根性，这也就决定了我国民俗文化产品在出口这些地区时不会遇到较大的困难与阻碍，而在出口欧美国家时，例如中国旗袍的尺寸与风格样式，中国美食的口味与喜好应根据不同国家的具体情况在保有自身特色的基础上稍作调整；三、不能忽视各个国家和地区当下的国情。例如部分中东国家陷入内乱引发战争，或有些国家因自然灾害而面临诸多问题，我国民俗文化产品在出口这些国家时应充分考虑到其国家所处的国情条件，适时增加安全防范措施与政策调整。

三、我国民俗文化产业交流传播的问题与建议

（一）我国民俗文化产业交流传播存在的问题

进入21世纪以来，各国文化产品在国际上的传播与销售已成趋势。当下，尽管我国民俗文化产业在对外输出方面已经如火如荼地开展起来，但是从其产业发展模式和产业规模来看，我国民俗文化产业的交流与传播进程仍属于初级阶段，并存在诸多尚需完善的问题。从其外部环境来看，存在着政策支持不足、民间文化资源利用率不高、文化体制改革滞后等问题；从其自身发展规律来看，我国民俗文化产业基础薄弱、创新不足，以至于不能积极面对国际市场贸易的压力与挑战。

1. 产业基础薄弱

从改革开放算起，民俗文化产业的起步与发展也不过是近些年的事情，相比发达国家，我国的民俗文化产业起步晚，起点低，在对外交流与传播方面尚不成熟。

民间最有价值的品牌调查数据显示：全球 100 个最有价值的品牌，美国有 68 个，欧洲有 25 个，日本有 6 个，而中国一个也没有。不仅如此，中国文化对外贸易还长期处于逆差状态。欧美各国在注重对自身民俗文化、“非遗”保护与传承的同时，积极开拓国际市场，打造自身特色的文化品牌项目。而新中国在成立初期，不注重对传统文化的保护与传承，后又经历“文革”，使民间文化遭受冲击。改革开放之后，中国经济飞速发展，同时带动民俗文化产业的起步。但是，由于尚处在发展初期，民俗文化产业的基础较为薄弱，制约了其交流与传播的空间，主要表现在：其一，我国对外文化战略不够系统，缺乏民俗文化产业国际化发展规划，成为产业进一步发展的一大限制；其二，民俗文化产业市场化程度较低，知识产权保护力度不够，使国内产品在面对全球市场竞争时不能有效规避风险；其三，在实施民俗文化产业“走出去”方针的时候，亟需大量新型人才，但是我国在产业人才培养方面不够完善，使产业发展缺乏后续动力。这些都成为阻碍我国民俗文化产业拓展交流与传播空间的原因。

2. 缺乏创意与科技创新

发达国家的民俗文化产业之所以能够走出国门，在世界范围内得到认可和推广，很大程度上源于其产业内在的创造力和独特性。在英国，文化产业又被称为创意产业，正是创新赋予了英国民俗文化产业交流与传播的创新概念，促进了英国民俗文化产业的“走出去”。美国尽管历史较短，但是美国在发展其民俗文化产业时汲取他国的民俗文化资源为己所用，将国外民间故事传说改编为好莱坞电影，例如《指环王》就是取材于北欧神话。

我国拥有 56 个民族，地域广阔，民俗文化资源非常丰富，但是长久以来我国民俗文化产业乏善可陈，一直依靠国家政府的力量扶持，市场主体参与度不够，中小企业在产品生产方面缺乏创意与特色，过多地依赖政府政策的力量。例如云南省非物质文化遗产彝族刺绣,在面向市场的发展初期成立某企业,依靠政府财政扶持进行生产,产品没有竞争力,无法走出国门,以致企业发展后期陷入困境。当下我国出口的民俗文化产品多以传统的民间技艺为主,如民间手工艺品、器物等,这些产品在出口初期进入市场可获得较大需求空间,但由于后续缺乏创造力,一成不变,产品逐渐被市场抛弃,陷入无法发展的境地。因而需要发挥创造力,对基础民俗文化产品进行创新性加工,创造更高的经济价值。

另一方面,我国民俗文化产业在谋求交流与传播的情况下,对现代科技与新媒体的利用率不够,以致部分企业仍停留在传统意义的营销模式上。不能及时更新产业链与产业技术,对新科技的捕获不够敏锐都成为制约民俗文化产业走出国门的瓶颈。

3. 政策支持不足

无论是中央还是地方,都出台了大量支持民俗文化产业发展的相关政策,从法律法规到财政支持,从市场调配到完善机构等,一定程度上促进了民俗文化产业的发展。但是,针对民俗文化产业对外交流与传播的政策却微乎其微。如今,国内大部分民俗文化企业的产品仍停留在本省或一定区域内自产自销的状态,区域内的相关政策也是围绕着产业当下的完善与发展。政策上缺乏扶持民俗文化产业"走出去"的力度,主要表现在:其一,政策上没有出台系统完善的支持民俗文化产业交流与传播的计划与方针;其二,支持民俗文化企业跨国合作营销发展的相关政策较少;其三,关于民俗文化产业交流与传播的财政支持较少。

我国目前的民俗文化产业主要是为国内提供服务,是一个内需产业,其进一步的交流与传播离不开政策的支持。

4. 对民间文化挖掘利用不足

我国民俗文化产业对传统文化资源的挖掘利用远远不够,许多中国宝贵的文化资源被别人重新诠释并赋予西方的价值观……中国经济的文化含量亟待提高。民俗文化产业的交流与传播其核心在于文化，如果不能有效挖掘传承民间文化、民俗文化，其产业的交流与传播也就丧失了发展的内在动力。

因此，为保证我国民俗文化产业"走出去"充分面对国际市场竞争，首先要尊重自身的文化特色。一方面，中央和各地政府应委派相关学者或学术机构深入民间采风，挖掘、记录遗失的民俗民风、民间技艺等，将散落民间的文化珍珠一一拾起，予以有效的保护和传承；另一方面，对现存的，正在产生和变化的民俗民间文化予以尊重和接纳。其次，民间艺人也应积极参与其中，努力提高自身的文化知识水平，接受新思想新变化，为自身技术与产品进驻国际市场革新创造，献言献策。

5. 文化体制改革滞后

同经济体制改革、政治体制改革、教育体制改革、科技体制改革等一样，文化体制改革与改革开放相伴相生。进入 21 世纪后，市场力量开始向传统文化领域渗透。但长期以来，制约我国民俗文化产业发展的一个重要因素，就是把公益性民俗文化事业和经营性民俗文化产业相混淆，一些事情由政府统包统揽，缺乏市场竞争力，一些事务由民间机构代劳，组织散漫，这就导致了应该由政府主导的公益性民俗文化事业长期投入不足，而应该由市场主导的经营性民俗文化产业却长期依赖政府，束缚了民俗文化产业的发展，使文化与市场的内在活力无法发挥出来。深化文化体制改革，是解放和发展文化生产力的根本途径，也是民俗文化产业进一步交流与传播的必要条件。加快文化体制机制改革创新，才能在民俗文化产业发展上取得新进展。因此，政府应需厘清事业与产业的区别，转变政府职能，推进转企改制，建立现代企业制度，完善法人治理结构，推动跨地区跨行业整合，才能更好地推进我国民俗文化产业的交流与传播。

除以上问题，我国的民俗文化产业在传播交流中还存在其他问题：一方面，我国民俗文化产业存在规模不大，竞争力不足的缺陷，无法与西方文化强国进行有效的竞争；另一方面，我国作为一个典型的东方国家，虽然在汉字文化圈有一定影响力，但是在欧美国家，文化上的沟通理解仍存在一些困难，这也导致了我国文化市场开放程度有限，比如进口好莱坞电影仍然采取配额制。因此，在有局限性的环境背景下，我国民俗文化产品占领国际市场仍需要时间。

（二）我国民俗文化产业交流传播的对策建议

我国民俗文化产业的交流与传播尚有许多不足，这不仅需要政府的政策引导来扶持完善，也需要各界人士的积极参与、民间企业的力量支持。针对上述问题，提出以下建议：

1. 完善相应政策法律体系

政策的制定不仅在于强化政府的服务功能还在于建立完善的版权保护制度。首先要建立一个权威性的专门主管民俗文化产业对外贸易的机构，并完善建立无障碍行政通道。我国民俗文化产业政出多头，朝令夕改，导致行政效率低下，建立专门性部门有利于提高行政效率。其次，我国现在的知识产权立法还不够完善，要完善民俗文化产业相关法律，加强对民俗文化知识产权的保护。尤其在我国进入 WTO 后，面对复杂的国际贸易环境，我国的民俗文化产业政策法规更应该注重对自身知识版权的保护，制定完整的应对市场竞争的政策体系，并充分利用 WTO 提供的全球文化市场平台，积极参与民俗文化产业间的贸易竞争。

2. 引导队伍建设，培养创新型人才

人才是产业发展的根本，也是民俗文化产业实施“走出去”战略的关键。纵观欧美发达国家，产业人才队伍是其持续不断创新发展的后备军。美国的大型跨国文化贸易公司凭借高回报的激励政策和宽松的文化环境，不断吸引大批国际人才涌入；英国政府制定了相关优惠政策扶持产业人才培养。针对人才相对缺乏的劣势，我国应当首先以高校为阵地，加强教育改革，完善高校文化产业、民俗学等相关教育体系，鼓励更多的知识分子加入到民俗文化产业交流与传播的队伍中来；其次，各地政府应当建立一些培训机构，针对产业人才不足的情况，展开免费的文化贸易从业人员的文化艺术与专业知识培训。

3. 积极培养具有竞争力的品牌企业

民俗文化产业的交流与传播不仅需要政府的政策支持，更需要依靠企业自身“走出去”的力量。只有真正依靠产业自身的竞争力和产品价值占领市场，才能够保证整个民俗文化产业链不中断，其间离不开中小企业、民营企业家的力量。一个成功的品牌企业不仅是一国文化的代表，而且能够有效带动边缘企业交流与传播的完善发展，例如韩国的烟草人参公社入选《财富》和《福布斯》的上榜企业，以其经营的韩国特色高丽参及其相关食品、药品在国际市场上谋得一席之地。但是我国在这些方面尚有很大缺陷，未能以自身品牌占领市场。因此，应积极培育具有国际竞争力的跨国品牌企业，使之成为我国民俗文化产业开拓国际市场、应对国际产业竞争的先锋队和主力军。

4. 优化民俗文化产业贸易结构

目前，我国民俗文化产业在出口方面主要集中在手工成品，如中国明式家具、刺绣、旗袍、瓷器等深受国际市场欢迎，而其他以民俗文化为基础的再创造产品却“遇冷”，未能迎来旺盛的国际市场需求。例如，以我国的民间文学作品、民间传说打造的动漫，以及快消品等很难走出国门。就民俗文化产品出口拉动而言，作为外部需求的出口能够通过后向关联和前向关联来拉动国内民俗文化产业发展，从而拉动国内第一、第二、第三产业的结构调整。因此，要优化民俗文化贸易结构，使产业结构水平和效率不断提高的同时，达到产业结构与资源供给结构、技术结构、需求结构相适应的状态。

5. 实施“走出去”与“引进来”相结合

各界学者针对我国文化如何对外输出、产业如何应对国际市场竞争提出了诸多建议。例如龙永图认为,可以充分利用国外资金、技术和人才,加快中国文化走向世界。在制定文化贸易扶持政策时要考虑到文化企业出口方式的创新,并为这些创新的实施提供便利。熊澄宇认为,如果能够支持中小企业按市场规则在市场中发展,则更有利于文化产品"走出去"。徐庆峰、吴国蔚认为,应该实施市场营销战略,在文化产品、服务方面采取不同载体和表达方式,营销我国的文化产品。文化与贸易的结合只有在兼容并包的环境中才能发挥最大价值。因此,我国在坚持民俗文化产业交流与传播的同时,不能够忽视对外来文化、外来技术的学习与接纳。开拓国际市场意味着我国产业文化的输出,同时也意味着,各国文化元素、贸易模式、科学技术等进入我国的产业领域。"引进来"与"走出去"是并驾齐驱的产业发展战略,"走出去"是我国民俗文化产业发展外向型经济贸易的必由之路,"引进来"也是国内民俗文化产业参与国际市场竞争的重要条件。"引进来"意味着在对外来民俗文化产业有所选择的基础上,去其糟粕,取其精华,学习创新,为我所用,是国内民俗文化产业发展与壮大的先决条件。"走出去"与"引进来"相结合将实现国际市场开拓和国内产业集群建设的结合,完善文化贸易的输出与引入体系。

本章小结

我国民俗文化产业的交流与传播进程仍处在初级阶段,并存在诸多尚需完善的问题。从其外在环境来看,存在着政策支持不足、对民俗文化资源挖掘利用率不高、文化体制改革滞后等问题;从其自身发展规律来看,我国民俗文化产业基础薄弱、缺乏创新,以至于不能积极面对国际市场贸易的压力与挑战。因此,应积极借鉴发达国家民俗文化产业在交流与传播方面的经验,学习发达国家民俗文化产业交流与传播的完善之处,并结合我国当下国情与社会实际,以国家层面“走出去”战略方针为指导,以培养本民族的品牌民俗文化企业为根本出发点,以市场营销与现代传媒为传播渠道,努力打造中国特色的原创民俗文化产品与服务,提升中国民俗文化在国际上的影响力和竞争力。

主要参考文献

一、著作

[1] 钱穆. 中国学术通义(新校本)[M]. 九州出版社,2012.
[2] 钟敬文. 话说民间文化[M]. 人民日报出版社,1990.
[3] 仲富兰. 中国民俗文化学导论[M]. 浙江人民出版社,1998.
[4] 胡惠林. 文化政策学[M]. 上海文艺出版社,2003.
[5] 胡惠林. 文化产业发展与国家文化安全[M]. 广东人民出版社,2004.
[6] 林拓,李惠斌,薛晓源. 世界文化产业发展前沿报告(2003—2004)[M]. 社会科学出版社,2004.
[7] 花建等. 文化产业竞争力[M]. 广东人民出版社,2005.
[8] 蒋晓丽等. 全球化背景下中国文化产业论[M]. 四川大学出版社,2006.
[9] 王文章. 非物质文化遗产概论[M]. 文化艺术出版社,2006.
[10] 吕庆华. 文化资源的产业开发[M]. 经济日报出版社,2006.
[11] 欧阳友权. 文化产业通论[M]. 湖南人民出版社,2006.
[12] 熊澄宇等. 文化产业研究战略与对策[M]. 清华大学出版社,2006.
[13] 厉无畏. 创意产业导论[M]. 学林出版社,2006.
[14] 厉无畏等. 创意产业:转变经济发展方式的策动力[M]. 上海社会科学院出版社,2008.
[15] 陈正良. 中国软实力发展战略研究[M]. 人民出版社,2008.
[16] 钟敬文. 民俗学概论[M]. 上海文艺出版社,2009.
[17] 胡惠林. 我国文化产业政策文献研究综述 1999—2009[M]. 上海人民出版社,2010.
[18] 冯子标,焦斌龙等. 文化产业运行论[M]. 社会科学文献出版社,2010.
[19] 祁述裕. 中国文化产业发展前沿——“十二五”展望[M]. 社会科学文献出版社,2011.
[20] 花建等. 文化产业的集聚发展——从创意集群到文化空间[M]. 上海人

民出版社,2011.
[21] 黄永林. 从资源到产业的文化创意——中国文化产业发展现状述评[M]. 华中师范大学出版社,2012.
[22] 姚伟钧等. 从文化资源到文化产业——历史文化资源的保护与开发[M]. 华中师范大学出版社,2012.
[23] 张京成,沈晓平,张彦军. 中外文化创意产业政策研究[M]. 科学出版社,2013.
[24] 刘昂. 民间艺术产业开发研究[M]. 首都经济贸易大学出版社,2012.
[25] 肖丰,陈晓娟,李会. 民间美术与文化创意产业[M]. 华中师范大学出版社,2012.
[26] 胡惠林,王靖. 2013: 中国文化产业发展指数报告(CCIDI)[M]. 上海人民出版社,2013.
[27] 齐崇文. 苏绣产业化之困——以镇湖刺绣业为考察对象//中国文化产业评论 · 第18卷[M]. 上海人民出版社,2013.
[28] 花建等. 文化软实力——全球化背景下的强国之道[M]. 上海人民出版社,2013.
[29] 朱旭光. 文化改革发展论——文化建设的冷热思考[M]. 中国广播电视出版社,2013.
[30] 芮明杰. 第三次工业革命与中国选择[M]. 上海辞书出版社,2013.
[31] 陈庆德,郑宇,潘春梅. 民族文化产业论纲[M]. 人民出版社,2014.
[32] 齐勇锋. 中国文化产业的根基: 特色文化产业研究[M]. 光明日报出版社,2014.
[33] 吴小越,李冬芹,张强. 民俗节庆文化与旅游创新研究[M]. 华中师范大学出版社,2014.
[34] 文化部文化产业司. 中国特色文化产业案例集[M]. 社会科学文献出版社,2015.
[35] 黄江平. 挖掘民俗文化先进内涵　谱写城市现代化新篇章//上海市邓小平理论和“三个代表”重要思想研究中心. “三个代表”重要思想与上海发展[M]. 上海人民出版社,2004.

二、期刊论文

[1] 吴忠军. 民俗旅游学的几个问题. 桂林旅游高等专科学校学报[J], 1999(1).

[2] 曾宪伟. 重视经营模式创新[J]. 企业活力,2001(1).

[3] 李江帆. 文化产业：范围、情景与互动效应. 经济理论与经济管理[J], 2003(4).

[4] 范能船. 龙华旅游区深度开发的原则和设想. 旅游科学[J],2005(1).

[5] 张士儒. 地方政府在运行公司加农户模式过程中应当注意的几个问题[J]. 辽宁师专学报,2005(3).

[6] 黄凤兰. 从民俗影视片的特点谈非物质文化遗产保护[J]. 江西社会科学,2005(12).

[7] 徐庆峰,吴国蔚. 对我国文化产业"走出去"策略的探讨[J]. 经济问题探索,2005(12).

[8] 陈建设,吴忠军. 少数民族村寨旅游开发中的经济激励研究[J]. 广西民族学院学报,2005(S2).

[9] 赵文广. 中国民俗文化产业知识产权保护问题研究[J]. 社科纵横, 2006(2).

[10] 刁统菊,曲洪炜,刘爱昕. 我国民俗文化的现状分析[J]. 河北师范大学学报,2006(5).

[11] 杨吉华. 论文化产业政策的实施机制[J]. 湖南工程学院学报,2007(1).

[12] 吴声怡,许慧宏. 论民俗文化的产业开发——福建省农村文化产业发展的模式选择[J]. 农业经济问题,2007(1).

[13] 安德明. 非物质文化遗产保护：民俗学的两难选择[J]. 河南社会科学, 2008(1).

[14] 秦瑶,陆昕. 创意产业统计核算方法及实证研究[J]. 统计研究, 2008(3).

[15] 崔向阳. 南京都市圈文化产业与信息产业互动研究[J]. 南京社会科学, 2008(3).

[16] 邵玲. 对移植性民俗文化旅游产品开发的再认识[J]. 工会论坛, 2008(5).

[17] 卢润德,张晓春,宁绍强. 广西文化创意产业发展模式探析[J]. 中国广

告,2009(1).
[18] 王贵生. 甘肃民俗文化产业开发的“生态化”战略[J]. 甘肃社会科学,2009(1).
[19] 王国华. 文化创意产业集聚区经营理念探析——以北京宋庄原创艺术与卡通产业集聚区为例[J]. 北京联合大学学报,2009(2).
[20] 赵爽,邓江湖. 吉林省创意产业发展规模结构及经济贡献率分析[J]. 长春金融高等专科学校学报,2009(3).
[21] 杨东篱. 民俗文化的产业化与“伪民俗”[J]. 天府新论,2010(1).
[22] 金元浦. 我国文化创意产业发展的三个阶梯与三种模式[J]. 中国地质大学学报,2010(1).
[23] 张梅青,张蕾. 文化创意产业与社区交融互动模式研究——借鉴台湾社区营造实例[J]. 山西财经大学学报,2010(2).
[24] 齐勇锋,蒋多. 中国文化走出去战略的内涵和模式探讨[J]. 东岳论丛,2010(10).
[25] 周耀林,程齐凯. 非物质文化遗产的可视化图谱表示[J]. 信息资源管理学报,2011(3).
[26] 刘士林. 文化产业语境下的民俗文化创新[J]. 民族艺术,2011(2).
[27] 路宪民. 民族文化创新论[J]. 当代教育与文化,2011(6).
[28] 熊澄宇,傅琰. 关于当前我国文化产业分类标准的研究[J]. 社会科学战线,2012(1).
[29] 凌六一,胡中菊,郭晓龙,梁樑. 单一市场和组合市场下的“公司加农户”交易模式[J]. 系统管理学报,2012(3).
[30] 吴一文. 民俗文化创意产业中的传统知识产权保护问题——以剑河县大稿午苗族水鼓舞为例[J]. 黔南民族师范学院学报,2012(5).
[31] 刘文芳. 民俗文化资源产业化的经济优势分析:以四川省为例[J]. 社科纵横,2012(5).
[32] 钱丹青. 民俗文化资源开发与文化创意产业发展研究[J]. 经济视角(中旬刊),2012(5).
[33] 开健,占峰. 关于桐城民俗文化产业开发的思考[J]. 合肥学院学报,2012(6).
[34] 赵渊. 文化产业跨界整合式发展:模式、策略及路径[J]. 北方经济,

2012(9).
[35] 陈大民. 捍卫国家文化安全[J]. 求是,2012(16).
[36] 黄永林,侯顺. 湖北地方特色文化与文化产业融合存在的问题与对策研究[J]. 理论月刊,2013(4).
[37] 史宝娟,刘敬. 文化产业的一个新的分类[J]. 河北联合大学学报,2013(4).
[38] 苑鹏. "公司 + 合作社 + 农户"下的四种农业产业化经营模式探析——从农户福利改善的视角[J]. 中国农村经济,2013(4).
[39] 齐勇锋,吴莉. 特色文化产业发展研究[J]. 中国特色社会主义研究,2013(5).
[40] 麻国庆,朱伟. 社会主义新传统与非物质文化遗产研究[J]. 开放时代,2014(6).
[41] 张凤华,傅才武. 我国文化产业投融资及财政政策的成效与优化策略[J]. 学习与实践,2013(8).
[42] 常凌. 文化产业的概念与分类[J]. 新闻与传播研究,2013(12).
[43] 林彦. 民俗文化产业创新发展与知识产权保护[J]. 传播与版权,2014(1).
[44] 杨宁. 对河南民俗文化产业可持续发展的思考[J]. 周口师范学院学报,2014(4).
[45] 蔡清辉. 厦门民间文化的产业化分类及发展对策[J]. 厦门特区党校学报,2015(1).
[46] 谈国新,郝挺雷. 科技创新视角下我国文化产业向全球价值链高端跃升的路径[J]. 华中师范大学学报,2015(2).
[47] 刘敏,潘贵渝,张荣,方新芬,杨泳江. 民俗旅游与生态旅游比翼双飞——浅论黔西南民俗文化产业的开发[J]. 城市旅游规划,2015(5)下半月刊.
[48] 吴祖鲲,王慧姝. 强化优秀传统文化认同　提升中华民族凝聚力[J]. 红旗文稿,2015(9).
[49] 裴艳艳. 民俗文化产业发展的创新路径——以河洛地区为例[J]. 理论与改革,2015(3).
[50] 魏雅姝. 民俗旅游发展分析[J]. 合作经济与科技,2015(17).

三、学位论文

[1] 杨吉华. 文化产业政策研究[D]. 中共中央党校博士论文,2007.
[2] 王丽明. 中国传统民间吉祥物研究[D]. 华中师范大学硕士论文,2008.
[3] 黄立群. 贵州民俗文化产业发展研究[D]. 湖南大学硕士学位论文,2011.
[4] 张慧娟. 美国文化产业政策及其对中国文化建设的启示[D]. 中共中央党校博士论文,2012.
[5] 石宁. 西安市文化产业集聚多重效应研究[D]. 陕西师范大学硕士论文,2013.
[6] 杨甜. 龙山县民俗文化旅游资源开发研究[D]. 吉首大学硕士论文,2013.
[7] 王聪. 我国文化产业"走出去"模式研究[D]. 山西财经大学硕士论文,2013.
[8] 吴琼琼. 利用品牌战略提升中国产品国际竞争力研究[D]. 河北经贸大学硕士论文,2014.
[9] 张珂鸣. 创新驱动发展战略背景下我国文化产业发展研究[D]. 山东大学硕士论文,2014.
[10] 李兵. 传统工艺传承与民俗文化产业发展研究——以杨凌上川口村铜鼓乐器产业为例[D]. 西北农林科技大学硕士论文,2014.
[11] 晏雄. 丽江民族文化产业集群式发展研究[D]. 云南大学博士论文,2014.

四、报纸文章

[1] 贾佳. 北京地区文化贸易走在全国前列[N]. 中国文化报,2012-04-23.
[2] 杨建龙. 文化产业助推经济转型升级[N]. 人民日报,2013-09-26.
[3] 先朝阳. 高天厚土竞风流　民俗文化展异彩——庆阳市香包民俗文化产业发展纪实[N]. 甘肃日报,2014-05-29.
[4] 鲁元珍. "互联网+":给文化产业带来什么[N]. 光明日报,2015-03-19.
[5] 宋慧中,王鲁非,于松涛. 深化文化产业与金融合作的思考[N]. 金融时报,2014-05-26.

[6] 于建玮. 文化产业发展现状及趋势[N]. 金融投资报,2015－07－17.

五、主要网站:

[1] 中国经济网,http://www. ce. cn/.
[2] 中国文化产业信息网,http://www. ci－360. com/.
[3] 中国文化产业协会,http://www. chncia. org/.
[4] 中国城市文化网,ttp://www. citure. net.
[5] 中国民俗学网,http://www. chinesefolklore. org. cn.
[6] 百度百科,http://baike. baidu. com/.

后　　记

本书为上海社会科学院文化产业创新工程推出的《文化产业创新研究丛书》之一种。民俗文化产业作为文化产业中的一个分支，目前的理论研究尚处于起步阶段，还未形成理论体系。本书在广泛吸收现有研究成果的基础上，结合我国民俗文化产业的发展实际，探讨了民俗文化产业的内外部规律，从基础理论到开发经营、从创新发展到品牌建设、从跨界融合到产业集群、从政策法规到传播交流等方面，尝试对民俗文化产业理论体系进行整体性建构，并对如何推动我国民俗文化产业发展提出了诸多建设性建议。

本书是师生合作的成果，本书的研究和写作，为师生之情留下了美好回忆。感谢《文化产业创新研究丛书》总策划刘轶研究员提供了这样一个十分难得的机会。本书具体分工如下：黄江平负责本书的策划和框定本书的篇章结构，负责统稿、修改和定稿，并具体撰写了绪论、第一章和第二章；程珊珊具体撰写了第三章、第四章和第五章；谢灵君具体撰写了第六章、第七章和第八章。

本书在民俗文化产业理论研究领域还只是一个初步尝试，而且一切尚在不断地发展变化之中，加之写作时间比较紧，书中难免有不当之处，敬请方家不吝赐教！

黄江平

2015 年 12 月 28 日

图书在版编目(CIP)数据

民俗文化产业论纲/黄江平,程珊珊,谢灵君著.
—上海:东方出版中心,2016.7
(文化产业创新研究丛书)
ISBN 978-7-5473-0981-0

Ⅰ.①民… Ⅱ.①黄… ②程… ③谢… Ⅲ.①风俗习惯-文化产业-研究-中国 Ⅳ.①K892②G124

中国版本图书馆CIP数据核字(2016)第139105号

民俗文化产业论纲

出版发行:东方出版中心
地　　址:上海市仙霞路345号
电　　话:(021)62417400
邮政编码:200336
经　　销:全国新华书店
印　　刷:常熟新骅印刷有限公司
开　　本:890×1240毫米　1/32
字　　数:205千字
印　　张:8.375
版　　次:2016年7月第1版第1次印刷
ISBN 978-7-5473-0981-0
定　　价:38.00元

东方出版中心邮购部　电话:(021)52069798